Intelligenz und Begabung, Unterricht und Klassenführung

Detlef H. Rost (Hrsg.)

Intelligenz und Begabung, Unterricht und Klassenführung

Waxmann 2015
Münster • New York

Bibliografische Informationen der Deutschen Nationalbibliothek
Die Deutsche Nationalbibliothek verzeichnet diese Publikation in
der Deutschen Nationalbibliografie; detaillierte bibliografische
Daten sind im Internet über http://dnb.d-nb.de abrufbar.

Print-ISBN 978-3-8309-3247-5
E-Book-ISBN 978-3-8309-8247-0

© Waxmann Verlag GmbH, Münster 2015
Steinfurter Straße 555, 48159 Münster

www.waxmann.com
info@waxmann.com

Umschlagabbildung: © contrastwerkstatt – Fotolia.com
Umschlaggestaltung: Inna Ponomareva, Jena
Satz: Sven Solterbeck, Münster

Gedruckt auf alterungsbeständigem Papier,
säurefrei gemäß ISO 9706

Printed in Germany

Alle Rechte vorbehalten. Nachdruck, auch auszugsweise, verboten.
Kein Teil dieses Werkes darf ohne schriftliche Genehmigung des Verlages
in irgendeiner Form reproduziert oder unter Verwendung elektronischer
Systeme verarbeitet, vervielfältigt oder verbreitet werden.

Vorwort

Im Jahr 2014 konnten die Begabungsdiagnostische Beratungsstelle *BRAIN* an der Philipps-Universität Marburg einerseits und die Hochbegabtenförderung im hessischen Schulwesen andererseits auf ihr jeweils 15-jähriges Bestehen zurückblicken. Aus diesem Anlass veranstalteten sie am 04.07.2014 eine gemeinsame Jubiläumstagung in der Alten Aula der ehrwürdigen Philipps-Universität mit hochkarätigen Fachbeiträgen, welche in diesem Buch für die interessierte Öffentlichkeit dokumentiert werden.

Die Geburtsstunde der Begabungsdiagnostischen Beratungsstelle *BRAIN* lag im Jahr 1999, als der seinerzeitige Hessische Kultusminister Hartmut Holzapfel dafür dankenswerterweise die Gründungsmittel in seinem Hause bereitgestellt hatte. *BRAIN* konnte sich von Anbeginn an auf die umfangreichen Erkenntnisse des „Marburger Hochbegabtenprojekts" stützen.

„Begabung" und „Hochbegabung" waren zuvor in der hessischen Schulpolitik nicht ernsthaft vorgekommen. Erst die persönliche Darstellung der (unspektakulären und beruhigenden) Ergebnisse des „Marburger Hochbegabtenprojekts" im Hessischen Kultusministerium im Dezember 1998 hatte das Eis nachhaltig zu tauen vermocht und den Weg für eine sachgerechte schulische Begabten- und Hochbegabtenförderung frei gemacht. Seitdem stellt diese einschlägige erfahrungswissenschaftliche Forschung die Grundlage für jegliche Umsetzung an den hessischen Schulen und im Unterricht dar. Die hessischen Eltern hatten dafür insbesondere vier zentrale Wünsche vorgetragen, deren Realisierung bis heute verfolgt wird:

- Als erstes war ihnen die Gründung einer mit wissenschaftlicher Autorität ausgestatteten zentralen Beratungsstelle zum Thema Hochbegabung wichtig gewesen. Dem war noch 1999 mit der Gründung von *BRAIN* entsprochen worden.
- Als zweites begehrten die Eltern regionale Kontaktpersonen zwecks Vermittlung zwischen Eltern und Schulen vor allem in Konfliktfällen. Dazu waren im Jahr 2000 in allen Staatlichen Schulämtern schulpsychologische Ansprechpartnerinnen und -partner mit der Generalia für Hochbegabung installiert worden.
- Weiterhin wünschten die Eltern die Hochbegabtenförderung in der Lehreraus- und -fortbildung verankert zu sehen. Seit 2001 findet landesweit wie auch dezentral eine Fülle von entsprechender Lehrerfortbildung in Hessen statt. Seit 2005 wurden dazu eigens zwei Module zur integrativen Hochbegabtenförderung für alle drei Phasen der Lehrerbildung ins Leben gerufen.

- Zentrales Elternanliegen war die Bereitstellung konkreter Förderangebote an möglichst vielen Schulen unterschiedlicher Schulformen im Lande, und das möglichst heimat- bzw. wohnortnah. Dies wurde seit 2002 zunächst in einem zweijährigen Grundschulprojekt zur Hochbegabung und ab 2004 durch ein landesweites Gütesiegel-Hochbegabung-Programm realisiert. Letzterem gehören im laufenden Schuljahr 2014/2015 insgesamt 164 (freiwillig teilnehmende) Schulen verschiedener Schulformen (Grundschulen, Förderschulen, Gesamtschulen, Berufliche Schulen und Gymnasien) in allen 15 Staatlichen Schulamtsbereichen an.

Die Begabungsdiagnostische Beratungsstelle *BRAIN* war und ist jederzeit der zentrale Eckpfeiler der gesamten unterrichtlichen Hochbegabtenförderung im hessischen Schulwesen. Die kontinuierlich-vertrauensvolle Zusammenarbeit zwischen *BRAIN* und dem zuständigen Fachreferat im Hessischen Kultusministerium war stets der Garant für eine reibungslose Umsetzung im öffentlichen Schulbetrieb wie auch für die breite Akzeptanz und Nachfrage von Seiten der Schulen wie auch der Elternschaft. So war es auch niemals zu öffentlichkeitswirksamen Thematisierungen des ansonsten häufig polarisierenden Themas Hochbegabung in Hessen gekommen, weder im Landtag noch in der Presse oder zwischen Elternvereinigungen.

Vor diesem Hintergrund konnte die Fachtagung am 04.07.2014 in der Marburger Philipps-Universität auf eine breite und lange Erfolgsgeschichte zurückblicken. Die in diesem Buch dokumentierten Fachbeiträge umfassen eine Fülle von Aspekten zu den Themen „Intelligenz", „Hochbegabung" und „Unterricht" und belegen damit das anspruchsvolle, weil zu jeder Zeit eng an die wissenschaftlichen Befunde angelehnte Fundament des in Hessen seit über 15 Jahren gewählten Umsetzungsweges.

- Als Einstieg stellt Detlef H. Rost das Konstrukt der „Intelligenz" vor, das innerhalb der empirischen Psychologie den unscharfen Begriff „Begabung" abgelöst hat. Als Ergebnis der über hundertjährigen erfahrungswissenschaftlichen psychologischen Forschung liegt eine kaum noch überschaubare Fülle an Befunden vor, welche das (fächer- bzw. bereichsübergreifende) Konstrukt „Intelligenz" derart gut belegt hat, dass dieses mit Fug und Recht als das mit Abstand am besten erforschte psychologische Konstrukt überhaupt gelten kann. Es korreliert mit vielen anderen vorstellbaren persönlichen und sozialen Merkmalen – keineswegs nur solchen kognitiver Art – und stellt damit einen übergreifenden Gradmesser für den Lebenserfolg jeglicher Art dar. In seinem Beitrag betrachtet Rost die „Intelligenz" aus verschiedenen Blickwinkeln insbesondere der Verwendung und Akzeptanz dieses Begriffs im wissenschaftlichen und

öffentlichen Kontext und stellt einige renommierte empirisch fundierte Intelligenztheorien vor.
- Im zweiten Beitrag fragt Frank M. Spinath „Intelligent geboren oder schlau gemacht? Falsch gestellte Fragen und bessere Antworten". Sein Anliegen besteht darin, mindestens ein halbes Jahrhundert umspannende Forschung zur Bedeutung von Anlage und Umwelteinflüssen auf menschliches Erleben und Verhalten, ohne ideologische Verbrämungen, komprimiert zur Geltung zu bringen. Auch mit Blick auf die Intelligenz spricht die aktuelle Befundlage eindeutig dafür, dass genetische Einflüsse einen substantiellen Beitrag zur Erklärung individueller Unterschiede in der kognitiven Leistungsfähigkeit leisten. Weiterhin fragt Spinath nach der Bedeutung des elterlichen sozioökonomischen Status und Bildungsgrades, nach Kompensationsmöglichkeiten für in benachteiligten Umwelten aufgewachsene Kinder, nach der Wirksamkeit von Frühförderprogrammen und nach der Assoziierung von Genen mit Intelligenzunterschieden.
- Im dritten Beitrag berichtet Gerhard Roth über Zusammenhänge zwischen Intelligenz, Hochbegabung und Persönlichkeit. Als neurobiologische Grundlage der allgemeinen Intelligenz spricht er vor allem das Arbeitsgedächtnis an. Für die Entwicklung eines komplexen Merkmals wie der Intelligenz betont er in Übereinstimmung mit der Psychologie die Bedeutung der Gen-Umwelt-Interaktion. In der psychologischen und neurobiologischen Persönlichkeitsforschung wird davon ausgegangen, dass im Alter von 15 Jahren die Persönlichkeit eines bestimmten Menschen in ihren Grundzügen weitgehend festliegt und man daher seine Persönlichkeit im Erwachsenenalter relativ gut vorhersagen kann. Hinsichtlich der Förderung sind sich viele Experten darin einig, dass man hochbegabte Schüler gut im normalen Klassenverband belassen kann, wenn sie gleichzeitig besondere Lernanreize und eine besondere Betreuung erfahren.
- Der vierte Beitrag stammt von Elsbeth Stern: Der Autorin geht es um die Voraussetzungen für geistige Leistungen in anspruchsvollen akademischen Inhaltsgebieten. Dazu bezieht sie sich u. a. auf die Ergebnisse der Expertiseforschung und auf die Vorhersage von Leistungsunterschieden. Sobald bereichsspezifisches Wissen in die Analyse aufgenommen wird, verlieren Persönlichkeitsunterschiede an Vorhersagekraft. Kompetenzen werden stets in bestimmten Kontexten erworben und sind auf diese beschränkt. Voraussetzung für lernwirksamen Unterricht ist, dass die Lehrpersonen das Fachwissen „durch die pädagogische Brille" sehen und „kognitive Empathie" zeigen, d. h. sich in die Lernschwierigkeiten ihrer Schüler hinein versetzen. Es häufen sich die Belege dafür, dass diese Fähigkeit zentral für lernwirksamen Unterricht ist. Insgesamt betont Stern die recht begrenzte Leistungsfähigkeit des aktuellen Standes der Neuro-

wissenschaften im Dialog mit Kognitionspsychologie und Unterrichtsforschung.

- Im fünften Beitrag erläutert Rainer Dollase die Bedeutung von Klassenführung und lehrergeleitetem Unterricht. *Classroom management* ist die Voraussetzung für jeden gelingenden Schulunterricht. Effektive Klassenführung im Sinne eines komplexitätsreduzierenden Umgangs mit einer Schulklasse kann die Nachteile, die sich ergeben, wenn man mit mehreren Menschen gleichzeitig lernen soll, kompensieren. Von der grundlegenden Studie von Kounin aus dem Jahr 1970 bis hin zu den aktuellen Überblicksergebnissen von Hattie, referiert Dollase wichtige vorliegende Ansätze und wägt ihre Resultate gegeneinander ab. Klassenführung und lehrergeleiteter Unterricht stellen einen erfolgversprechenden Weg zur Bewältigung von Heterogenität im Unterricht dar.

Die Beiträge dieses Buchs führen kompetent und faktenbezogen in verschiedene Forschungsfelder ein, die alle (auch) für Intelligenz, (Hoch)Begabung und schulische (Hoch-)Begabtenförderung relevant sind. Ihre Lektüre kann dazu beitragen, die häufig noch emotional belasteten einschlägigen Diskussionen zu versachlichen.

Wiesbaden, 1. März 2015

Walter Diehl, MA
Hessisches Kultusministerium

Inhalt

1. Das Konstrukt der Intelligenz 11
   Detlef H. Rost

2. Intelligent geboren oder schlau gemacht?
   Falsch gestellte Fragen und bessere Antworten. 47
   Frank M. Spinath

3. Intelligenz, Hochbegabung und Persönlichkeit 73
   Gerhard Roth

4. Von der Synapse in die Schule?
   Lehren heißt, das Lernen verstehen – aber was genau
   bedeutet das? 117
   Elsbeth Stern

5. Klassenführung und lehrergeleiteter Unterricht
   Ergebnisse der internationalen Unterrichtsforschung 171
   Rainer Dollase

1
Das Konstrukt der Intelligenz[*]

Detlef H. Rost

Der Begriff *Intelligenz* (engl. *intelligence*) geht auf das lateinische *intellegentia, intellectus, intellegere* zurück, was *Einsicht, Verstand, einsehen* bzw. *verstehen* bedeutet. In der psychologischen Fachliteratur werden als Synonyme auch *geistige Fähigkeit, mentale Fähigkeit* (engl. *mental ability*) oder *(intellektuelle) Begabung* gebraucht. Wenn man bei uns von *Hochbegabung* (engl. *giftedness*) spricht, meint man fast immer ein *breites* – inhaltsübergreifendes – *und hohes intellektuelles Leistungpotenzial*, also eine Möglichkeit, unter gegebenen Rahmenbedingungen eine gute oder sehr gute Leistung zu erbringen. Genau das aber wird in der Psychologie seit Jahrzehnten mit *Intelligenz* bezeichnet. Ob dieses Potenzial dann in eine entsprechende Leistung umgesetzt werden kann, hängt ab von weiteren Merkmalen der Person (z. B. Selbstkonzept, Konzentrationsfähigkeit, Leistungsmotivation, Arbeitsverhalten, Interesse, klassischen Persönlichkeitsvariablen wie Neurotizismus, Extra-/Introversion, Psychotizismus oder Gewissenhaftigkeit usw.) und von Umgebungsvariablen (z. B. Schul- und Unterrichtsqualität; Unterstützung durch das Elternhaus etc.). Umgangssprachlich wird „Hochbegabung" oft mit Genie assoziiert. Genie stellt eine Anerkennung schon gezeigter, gesellschaftlich relevanter und akzeptierter, weit herausragender und sehr seltener Spitzenleistungen dar. *Talent* dagegen bezieht sich auf eine bereichsspezifische Leistungsfähigkeit, oft im nicht-intellektuellen Bereich (z. B. im Sport, in Kunst, in der Musik etc.).

Manche deutschsprachigen Bildungsforscher vermeiden in ihren Publikationen das Wort *Intelligenz* wie der Teufel das Weihwasser und sprechen von *kognitiver Grundfähigkeit*, wenn sie die Ergebnisse eines Intelligenzsubtests (z. B. *figurale Analogien*) mitteilen (z. B. Leutner, Klieme, Meyer & Wirth, 2004). Dieser verbale Kotau ist offenbar einer politischen Ideologie der Geldgeber, sprich der Kultusministerien, geschuldet: Die Mehrheit der Bildungspolitiker in Deutschland sieht es nicht gern, dass Bildungsforscher

---

[*] Dieses Kapitel basiert teilweise auf Ausführungen in den Kapiteln 1 (S. 11–38) und 2 (S. 39–107) von Rost, D. H. (2013), Handbuch Intelligenz (Weinheim, DE: Beltz). Der besseren Lesbarkeit wegen wurden manche Literaturhinweise im Text sowie zahlreiche ergänzende Belege und Ausführungen, die im „Handbuch Intelligenz" hauptsächlich in den Anmerkungen stehen, weggelassen. Ebenfalls zur besseren Lesbarkeit wurde zugunsten des generischen Maskulinums darauf verzichtet, im allgemeinen Fall beide Geschlechter zu nennen.

in ihren Publikationen *Intelligenz* verwenden – und die wissenschaftlich ach so unabhängigen Bildungsforscher haben sich mehrheitlich dieser Zensur gebeugt. Beispielsweise sucht man in den PISA-Studien und in manch anderen großen Bildungsforschungsprojekten den Begriff *Intelligenz* vergeblich.

Intelligenz ist zweifelsohne das am besten erforschte Merkmal der Psychologie. Mehr als hundert Jahre empirischer Forschung im In- und Ausland haben zu einer von einem Einzelnen kaum mehr zu überschauenden Reichhaltigkeit an Befunden und Einsichten geführt (vgl. Rost, 2013), die auch außerhalb der Psychologie für Nachbardisziplinen (wie z. B. die Hirnforschung) hoch relevant sind und dort intensiv und zugleich kontrovers diskutiert werden (z. B. Hampshire, Highfield, Parkin & Owen, 2012; Haier, Karama, Colom, Jung & Johnson, 2014a, b; Hampshire & Owen, 2014). Während sich die Psychologie kontinuierlich und intensiv der Erforschung der Intelligenz widmet, hinkt die Erziehungswissenschaft besonders stark hinter dem aktuellen Forschungsstand hinterher. Die Resultate der modernen Intelligenzforschung werden dort in der Regel nicht oder aus ideologischer Borniertheit nur hoch selektiv zur Kenntnis genommen, ganz zu schweigen von vielen praktisch tätigen Pädagogen (etwas besser sieht es nur bei Sonderpädagogen aus) – und leider auch von manchen (Schul-)Psychologen.

Dabei steht kaum ein anderes psychologisches Konzept so sehr im Interesse der Öffentlichkeit wie das der Intelligenz und des Intelligenzquotienten (IQ). Die Suchmaschine *Google* zeigte am 01.01.2015 bei der Eingabe *Intelligenz* 8.960.000 Treffer an. Für das englische Wort *intelligence* gab es 403.000.000 Nachweise. Zu *Intelligenzquotient* bzw. *IQ* fanden sich 108.000 bzw. 373.000.000 Einträge. Andere Begriffe, die Ähnliches umschreiben, waren weniger häufig vertreten: *geistige Fähigkeit* mit „nur" 36.800 Nachweisen (im Plural – *geistige Fähigkeiten* – mit „nur" 62.700).

Sarrazins Megaseller „Deutschland schafft sich ab" (2010), eines der erfolgreichsten Sachbücher Deutschlands, bezog einen wesentlichen Teil seiner öffentlichen Aufmerksamkeit aus seinen Ausführungen zur Intelligenz, genauer gesagt, zur Vererbbarkeit der Intelligenz. Sarrazins Buch wurde auch deshalb in den Massemedien von Politikern und Journalisten stark kritisiert. Dabei hatten es viele Kritiker zum Zeitpunkt ihrer Schmähreden nicht gelesen. Deren Ausführungen über Intelligenz zeugen nicht von auch nur rudimentärem psychologischen Fachwissen. Das belegen ihre unqualifizierten Äußerungen in Talkshows. Hochrangige Politiker argumentierten diesbezüglich auf Stammtischniveau und verkündeten vor laufender Kamera lautstark, es sei abstrus, im Zusammenhang von Intelligenz überhaupt das Wort „Vererbung" in den Mund zu nehmen (so beispielsweise der SPD-Vorsitzende Gabriel in einer Talkshow). Wenn etwas abstrus ist, dann diese Äußerung.

(Zur Bewertung der psychologischen Aussagen zur Intelligenz, die Sarrazin in seinem Buch anspricht, siehe Rindermann & Rost, 2010; Zimmer, 2012.)

Intelligenz kennzeichnet, ganz allgemein gesagt, die durch die Faktoren „Anlage" und „Umwelt" sowie durch deren gegenseitige Beeinflussung (Wechselwirkung „Gene × Umwelt") bedingte kognitive Leistungsfähigkeit und kognitive Ausdifferenzierung von Lebewesen. Bewusst verwende ich hier „Lebewesen" – intelligentes Verhalten und intelligente Leistungen sind nämlich kein Privileg des Menschen, sondern zahlreich auch im Tierreich zu beobachten (vgl. z. B. Zentall, 2011).

1.1
Intelligenz bei Tieren

Intelligenz ist kein auf die Spezies *Mensch* beschränktes Phänomen, nicht einmal auf Säugetiere. Bereits Thorndike (1911) war von intelligenten Leistungen bei Tieren überzeugt. Von erstaunlichen intellektuellen Leistungen von Tieren berichten nicht nur populärwissenschaftiche Schriften mit ihren zahlreichen anekdotischen Berichten, sondern auch viele wissenschaftliche Studien (vgl. z. B. die vielen in der Fachzeitschrift *Animal Cognition* veröffentlichten Forschungsbefunde). Hier erwähne ich exemplarisch nur einige intellektuelle Leistungen von Tieren:

Schon der deutsche Gestaltpsychologe Köhler beobachtete Anfang des letzten Jahrhunderts in seinen berühmten Experimenten auf Teneriffa erstaunliche Denkleistungen bei Schimpansen. Star seiner Affen war *Sultan*. *Sultan* holte sich beispielsweise eine Kiste und kletterete darauf, um eine sonst nicht erreichbare Banane zu greifen. Köhler veröffentlichte 1925 einen auch heute noch lesenswerten Artikel zur *intelligence in apes*.

Wiederholt erlernten Primaten den Gebrauch von Symbolen (z. B. Chips, Zeichensprache). In einzelnen Fällen entwickelten Affen einen erstaunlich großen Wortschatz, der in seiner Größenordnung dem eines Schulanfängers entspricht. Der Gorilla *Koko*, u. a. von der Entwicklungspsychologin Patterson trainiert, beherrscht rund 1.000 verschiedene Gesten und kann rund 2.000 englische Wörter verstehen. Er ist in der Lage, verschiedene Gesten miteinander zu kombinieren und so neue Begriffe zu bilden. Der von der Primatenforscherin Savage-Rumbaugh trainierte Bonobo *Kanzi* kennt rund 350 Lexigramme, kann sie miteinander kombinieren und versteht rund 3000 englische Wörter.

Paviane können lernen, gedruckte Wörter von gleich langen Unsinnswörtern zu unterscheiden, also zwischen worttypischen Buchstabenfolgen und sinnlosen Buchstabenreihungen zu diskriminieren. Der 2008 verstorbene

Border-Collie *Rico* verblüffte 1999 in der *Wetten dass ...?* Fernsehsendung des ZDF mit erstaunlichen kognitiven Leistungen. Der Hund kannte die Namen von 77 Gegenständen (später waren es mehr als 250). Die Verhaltensbiologin Fischer vom Max-Planck-Institut für evolutionäre Anthropologie in Leipzig (jetzt am Deutschen Primatenzentrum Göttingen tätig) nahm dies zum Anlass, um mit Rico eine Serie kontrollierter Experimente durchzuführen. Sie konnte belegen, dass der Hund sich die Bedeutung von Gegenständen durch *schnelles Zuordnen im Ausschlussverfahren* merkte (*fast mapping*: ein unbekanntes Wort gehört zu einem unbekannten Gegenstand, der zwischen bekannten Gegenständen liegt) und Hypothesen darüber bildete, wie Dingnamen und Dinge zusammenhängen. Rico konnte sein Wissen in unterschiedlichen Situationen anwenden und verfügte über ein entsprechendes Abstraktionsvermögen – eine Intelligenzleistung, die man früher als typisch menschlich angesehen hatte und die beim Menschen in der Regel erst ab dem Alter von etwa zwei bis drei Jahren beobachtet wird.

Aber auch bei unterschiedlichsten Nicht-Säugetierarten, insbesondere bei Vögeln, wurden erstaunlich intelligente Leistungen beobachtet. Berühmt ist der von Pepperberg unterrichtete Graupapagei *Alex*, 2007 im Alter von 31 Jahren verstorben. Der Vogel konnte beispielsweise Farben unterscheiden, bis 6 zählen, addieren und über 100 verschiedene Dinge benennen. Zudem war Alex zur Konzeptbildung fähig – der Vogel erbrachte also intellektuelle Leistungen, die nicht weit von dem entfernt sind, was jüngere Vorschulkinder können.

Ein heimlicher Intelligenzstar unter den freilebenden Vögeln ist die Neukaledonische Krähe, die nicht nur Werkzeuge gebraucht, sondern sie selbst herstellt. In diversen Versuchen konnte gezeigt werden, dass die Krähe einen Draht zu einem Haken biegen kann, um Futter aus einer engen Röhre zu angeln. DIE ZEIT Nr. 29 vom 14.07.2011 (S. 42) berichtete unter der Überschrift „Smarte Tierchen": „Wissenschaftler von der Duke University ließen puertoricanische Chamäleons in zwei Näpfen nach Würmern suchen (*Biology Letters*, online). Die Beute war in einem der Näpfe unter einem Deckel verborgen. Die Tierchen lernten schnell und schubsten das Hindernis mit der Schnauze beiseite. Sie brauchten für den Intelligenztest sogar drei Versuche weniger als Vögel. [...] Der Taucher Scott Gardner erwischte einen Schwarzfleck-Zahnlippfisch dabei, wie er mit seinem Maul Muscheln gegen Felsen stieß (*Coral Reefs*, online). Es war angeblich der erste Werkzeuggebrauch eines Wildfisches."

1.2
Verbale Intelligenzdefinitionen

Versuche, *Intelligenz* kurz und knapp verbal-global zu umschreiben, schillern in allen nur denkbaren Farben und Schattierungen, sodass Pawlik 1968 (S. 334) konstatierte, es gäbe noch keine allgemeine Definition, welche die „ungeteilte Zustimmung einer größeren Zahl der an der Intelligenzforschung beteiligten Psychologen" fände. Auch heute noch finden sich ähnliche Aussagen. Es wäre aber kurzschlüssig, diese Bemerkung als Beleg für die Unbrauchbarkeit des Konstrukts „Intelligenz" zu werten: Verbal umfassende Definitionen sehr komplexer Konstrukte sind häufig unbefriedigend und müssen auch häufig unbefriedigend sein – nicht nur bei „Intelligenz" und nicht nur in der Psychologie, sondern auch und vor allem dann, wenn ein wissenschaftlicher Begriff für ein komplexes Phänomen steht und darüber hinaus auch in der Alltagssprache populär ist. Laien schreiben in Illustrierten, Magazinen und Frauenzeitschriften über „Intelligenz", in Unterhaltungszeitschriften werden (Pseudo-)„Tests" zur Bestimmung des eigenen IQ abgedruckt. Das RTL-Fernsehen sendete, moderiert von Günther Jauch, die Show „Der große IQ-Test", das Magazin *Focus* fragte auf seiner Titelseite am 08.11.2010 (Nr. 45) „Ist Intelligenz erlernbar, Herr Jauch?" und bot den „großen Focus-IQ-Test" zur Selbstdiagnose an. Ein anderes großes Politmagazin publizierte 2014 das Büchlein *Wie schlau sind Sie? Der große SPIEGEL-Intelligenztest zum Mitmachen* (Doerry, & Verbeet, 2014). Auch das Internet ist voll von solchen „Tests".

Kein Wunder, dass der Intelligenzbegriff immer mehr verwässert wird. Kein Wunder, dass die Ansichten über Intelligenz auseinandergehen. Kein Wunder, dass es nicht gelingt, die Mehrheit der mit dem Phänomen Befassten auf *einen einzigen global-verbalen Definitionsversuch* einzuschwören. Genau aus diesem Grund setzten und setzen manche Wissenschaftler *Intelligenz* bevorzugt in Gänsefüßchen. „Das Problem mit dem Wort Intelligenz liegt darin, dass es Verschiedenes für verschiedene Leute bedeutet" (Plomin & Spinath, 2004, S. 112). Nach Jensen (1993, S. 123) ist der Begriff „Intelligenz" im Alltag mit vielen Vorurteilen und emotionalen Konnotationen belastet und sollte für die Umgangssprache reserviert bleiben. Auch die modernistische Rede von den *Multiplen Intelligenzen* (z. B. Gardner, 1983) stellt (nicht nur Jensens Meinung nach) nur eine Verschlimmbesserung dar (zur Kritik siehe z. B. Rost, 2008; 2013, S. 119–140). Um dem „Ärger mit der Intelligenz" (Jensen, 1998, S. 45) aus dem Weg zu gehen, verwendet Jensen in seinen Veröffentlichungen seit vielen Jahren deshalb stattdessen bevorzugt die schärfer gefasste, auf Spearman (z. B. 1904, 1927; Spearman & Jones, 1950) zurückgehende Bezeichnung *g*.

Um die Vielfalt global-umfassender Umschreibungen dessen, was der Begriff „Intelligenz" meint, aufzuzeigen, führe ich nachfolgend einige der zahlreichen Definitionen an:

- „Allgemeine Fähigkeit eines Individuums, sein Denken bewusst auf neue Forderungen einzustellen; sie ist die allgemeine geistige Anpassungsfähigkeit an neue Aufgaben und Bedingungen des Lebens bzw. Fähigkeit, sich unter zweckmäßiger Verfügung über Denkmittel auf neue Forderungen einzustellen" (W. Stern, 1912, S. 3).
- „Zusammengefasste oder globale Kapazität des Individuums, zweckvoll zu handeln, rational zu denken und sich effektiv mit seiner Umwelt auseinanderzusetzen" (Wechsler, 1944, S. 3).
- „Befähigung zum Auffinden von Ordnung bzw. von Redundanz" (Hofstätter, 1966, S. 239 bzw. S. 241).
- „Die Verschmelzung von Prozessen und Wissen, welche kombiniert erfolgreiche Lösungen für kognitive Problemstellungen hervorbringen. [Intelligenz] ist durch Geschwindigkeit und Akkuratesse beim Problemlösen charakterisiert, ganz egal ob Probleme komplex sind [...], ob dazu etwas aus dem Langzeitgedächtnis abgerufen werden muss [...] oder ob das schnelle Lernen einer einfachen Information involviert ist" (Ackerman, 1997, S. 178).
- „Fähigkeit zu hoher Bildung" (Asendorpf, 2004, S. 191).
- „Fähigkeit [...], sich schnell und flexibel an neue Gegebenheiten der Umwelt anzupassen und diese zu verändern sowie Neues zu lernen" (Kray & Schaefer, 2012, S. 221).
- Als einen Ausweg aus der Definitionsdebatte hatte Boring im Jahr 1923 (wieder abgedruckt in Jenkins & Paterson, 1961, S. 210) Intelligenz wie folgt definiert: „Intelligenz ist, was ein Test misst". Dieser Satz wird gern als Hinweis auf die Unmöglichkeit, Intelligenz zu definieren, zitiert. Wenn aber der jeweilige Intelligenztest angegeben wird, ist durch die Analyse der Anforderungen, die seine Aufgaben stellen, die Bedeutung der jeweils gemessenen Fähigkeit „Intelligenz" ziemlich gut bestimmt. Insofern ist Borings Aussage – allen Unkenrufen zum Trotz – nicht so unvernünftig, wie es auf den ersten Blick scheinen mag. Psychologen sprechen bei einem solchen Bestimmungsversuch von einer „operationalen Definition".

Im *Wall Street Journal* vom 13.12.1994 (erneut abgedruckt im Journal *Intelligence*, Gottfredson et al., 1997, S. 13–23; deutsch in Eysenck, 2004, S. 368–377) veröffentlichten 52 in der Fachwelt hochangesehene Intelligenzforscher eine unter der Federführung von Gottfredson (Professorin für Psychologie) verfasste Erklärung zur wissenschaftlichen Mehrheitsmeinung über Intelligenz (*mainstream science on intelligence*). Der Beitrag beginnt mit einem umfassenden Definitionsversuch, der nicht nur „Intelligenz" zu umschreiben versucht, sondern auch erläutert, was „Intelligenz" *nicht* ist: „Intelligenz ist eine sehr allgemeine geistige Kapazität, die – unter anderem – die Fähigkeit zum schlussfolgernden Denken, zum Planen, zur Problemlösung, zum abstrakten Denken, zum Verständnis komplexer Ideen, zum schnellen Lernen und zum Lernen aus Erfahrung umfasst. Es ist nicht reines Bücherwissen, keine enge akademische Spezialbegabung, keine Testerfahrung. Vielmehr reflektiert Intelligenz ein breiteres und tieferes Vermögen, unsere Umwelt zu verstehen, ‚zu kapieren', ‚Sinn in Dingen zu erkennen' oder ‚herauszubekommen', was zu tun ist" (Gottfredson, 1997, S. 13).

In meinem Verständnis ist eine intelligente Person dadurch gekennzeichnet, dass sie das Potenzial besitzt, sich rasch umfassendes Wissen in unterschiedlichen Situationen/Inhaltsbereichen anzueignen, dass sie vielfältige Problemlösestrategien erwerben und adäquat anwenden kann, dass sie schnell aus ihren eigenen Erfahrung und aus den Erfahrungen anderer lernt, dass sie erkennen kann, bei welchen Inhalten/Problemstellungen/Situationen eine Übertragung von Wissen und Strategien möglich ist („Transfer" oder „Generalisierung") und bei welchen sich diese Übertragung verbietet („Differenzierung").

1.3
Konnotative Bedeutung von Intelligenz

Wohl fast jeder hat eine mehr oder weniger präzise Vorstellung von dem, was mit „intelligentem Verhalten" umschrieben wird. Solche Vorstellungen variieren von Person zu Person; die eine betont diese, die andere jene Facette, natürlich in Abhängigkeit davon, was man über Intelligenz erfahren oder gelesen hat. Dennoch gibt es bestimmte Emotionen, Anmutungen und Nebenbedeutungen, die – oft nicht bewusst – bei vielen Mitgliedern einer Sprachgemeinschaft ähnlich mitschwingen, wenn sie den Begriff „Intelligenz" gebrauchen. Dieser konnotativen Bedeutung (d.h. dem assoziativen „Bedeutungshof") von „Intelligenz" bzw. „intelligent" ging Hofstätter 1971 mit Hilfe des von ihm entwickelten *Polaritätsprofils* nach. Hofstätter legte Personen eine Liste von Adjektiv-Gegensatzpaaren vor (Polaritäten wie „stark – schwach", „aktiv – passiv", „warm – kalt", „spitz – rund") und bat sie, auf siebstufigen Ratingskalen einzuschätzen, wo sie zwischen diesen Polen „Intelligenz" bzw. „intelligent" platzieren würden.

Die Ähnlichkeit derart gewonnener Begriffsprofile lässt sich mit einem Affinitätsmaß q quantifizieren, das als Äquivalent zu einem Korrelationskoeffizienten zwischen $q = +1$ und $q = -1$ schwanken kann. Durch den Vergleich von Ähnlichkeiten (bzw. Unterschieden) verschiedener Begriffe, die mit denselben Polaritäten eingeschätzt werden, kann man die Position von Begriffen im semantischen Raum bestimmen. So gewinnt man einen erweiterten Zugang zur *impliziten Theorie* (d. h. zu den Alltagsvorstellungen) über Intelligenz. Man kann also feststellen, was Laien denken und empfinden, wenn sie die Wörter „Intelligenz" oder „intelligent" hören oder verwenden. Auch das untersuchte Hofstätter. Er konnte zeigen, dass – zumindest in den 1960er Jahren – „Intelligenz" eine extrem hohe konnotative Assoziation zu „Persönlichkeit" ($q = .91$) und „Fortschritt" ($q = .90$) aufwies. In der Tat ist Intelligenz nicht nur im Alltag, sondern auch in der Wissenschaft eine Kernvariable der Persönlichkeit, und nicht wenige Leute neigen dazu, „dumme" Personen nicht als „Persönlichkeiten" wahrzunehmen. Ähnlich leicht lässt sich die Affinität von „Intelligenz" zu „Fortschritt" interpretieren: Fortschritt beruht nicht nur in der Meinung von Laien, sondern auch in der von Fachleuten wesentlich auf intelligentem Verhalten. Die Beziehung von „fortschrittlich" zu „intelligent" war bei Hofstätters Versuchspersonen im Vergleich dazu geringer ausgeprägt, wenn auch mit $q = .77$ immer noch recht hoch. Die Eigenschaften „geschickt" ($q = .89$) und „praktisch" ($q = .82$) waren assoziativ stark mit „intelligent" verknüpft. In einem gewissen Gegensatz zu „Intelligenz" standen dagegen „Langeweile" ($q = -.69$) und „Bequemlichkeit" ($q = -.53$); „rückständig" war überwiegend nicht mit „intelligent" ($q = -.53$) vereinbar. Interessant ist noch, dass „männlich" ($q = .67$) und „weiblich" ($q = .54$) ähnlich mittelhoch positiv mit „Intelligenz" assoziiert wurden. „Mann" ($q = .85$) hatte eine sehr hohe Affinität zu „Intelligenz", nicht jedoch „Frau" ($q = .16$).

Populäre Vorurteile, nämlich Rollenstereotype von Mann und Frau, schwangen – zumindest vor 50 Jahren – stärker im Begriff „Intelligenz" mit als im Wort „intelligent". Zwischen 1960 und 1970 wurde in diesem Sinne einer Frau durchaus auch eine „intelligente" Handlung zugeschrieben, jedoch „Intelligenz" allgemein weniger. Das dürfte sich in der Zwischenzeit vermutlich geändert haben; wie sehr, das ist leider nicht bekannt: Einschlägige Nachuntersuchungen liegen m. W. nicht vor. Hohe Affinitäten von „geschickt", „praktisch", „fortschrittlich" und „wohlhabend" zu „intelligent" sowie „Fortschritt", „Erfolg" und „Reichtum" zu „Intelligenz" verweisen darauf, dass den Befragten, als sie an „Intelligenz" bzw. „intelligent" gedacht hatten, wohl das in den Sinn gekommen war, was, wie es Anastasi und Foley (1949) formulierten, den Erfolgreichen einer Gesellschaft gemeinsam ist.

1.4
Kulturbestimmtheit der Intelligenz

„Intelligenz" ist – wie praktisch alle Eigenschaften – nie völlig kulturfrei definierbar; die Bedeutung dieses Konzepts orientiert sich immer auch am gesellschaftlichen Kontext, allerdings innerhalb einer definierten Kultur durchaus in ähnlicher Art und Weise. In den westlichen technisch-informationsdeterminierten Gesellschaften kommt dem Kernelement der kognitiven Leistungsfähigkeit, dem abstrakt-logischen Denkvermögen, für den Erfolg in Schule, Hochschule, Ausbildung und Beruf, für das Einkommen und für die Teilhabe an den kulturellen Errungenschaften eine entscheidende Bedeutung zu. Bei im Busch lebenden Aborigines würde dagegen ein in unserer Gesellschaft hochgeschätzter und als besonders intelligent angesehener Informatiker oder Philosophieprofessor vermutlich jämmerlich versagen und wäre kaum lebenstüchtig. Dort gilt vielleicht derjenige als besonders „intelligent", der in der Lage ist, die kleinsten Zeichen der Natur richtig zu deuten und so in der Wüste ein unter der Oberfläche liegendes Wasservorkommen, an dem unser intelligenter Akademiker achtlos vorbeigehen würde, zu entdecken.

Es gibt aber Aufgabenstellungen, die vergleichsweise wenig formales Vorwissen und kaum schulisch-kulturelle Vorkenntnisse voraussetzen. Diese als *culture fair* bezeichneten Tests sind – mit gewissen Einschränkungen – auch in verschieden Kulturen einsetzbar und können – zumindest innerhalb eines breiteren Kulturkreises (z. B. in industrialisiert-informierten westlichen Gesellschaften) – recht zuverlässig und gültig „Intelligenz" messen. Cattell (1963, 1987) bezeichnete diese eher genetisch verankerte kognitive Leistungsfähigkeit als *Fluide Intelligenz* (auch: *Flüssige Intelligenz*, wird im Deutschen gern *Grundintelligenz* oder *Grundleistungsfähigkeit* genannt).

Bei der eher bildungsabhängigen kognitiven Befähigung sprach Cattell von *Kristalliner Intelligenz* (auch: *Kristallisierte Intelligenz*, *crystallized intelligence*). Die vergleichsweise *bildungsunabhängigen* Aufgaben scheinen bestimmte Subgruppen unseres Kulturkreises nicht systematisch zu benachteiligen, d. h., dass sie bei Personengruppen mit unterschiedlichsten Kultur- und Bildungshorizonten vergleichbar gültig (valide) sind (vgl. z. B. Jensen, 1980). Sie sind weitgehend *culture fair*. Früher wurde auch die Bezeichnung *kulturfrei (culture free)* verwendet. Völlig kulturunabhängige Aufgaben gibt es jedoch nicht.

Wenn ich zukünftig von „Intelligenz" spreche, bezieht sich das, sofern nicht anders betont, immer auf „Intelligenz" in westlichen, industrialisiert-informierten Gesellschaften.

1.5
Befragungen von Laien- und Experten

1.5.1
Leute von der Straße, Experten, Studenten

Um das Alltagsverständnis von Intelligenz, also die implizite Intelligenztheorie von Laien, zu ermitteln, schlugen Sternberg, Conway, Ketron und Bernstein (1981), einer Anregung von Neisser (1979) folgend, einen anderen Weg ein. Im Rahmen einer Untersuchungsserie legten die Autoren Personen (die nicht näher beschriebene Stichprobe wurde durch eine Zeitungsanzeige gewonnen; Studenten befanden sich nicht darunter) u. a. einen Fragebogen mit 250 Items (Verhaltensweisen) vor, von denen 170 für „Intelligenz", „Akademische Intelligenz" und „Alltagsintelligenz" typisch sein sollten und 80 für „unintelligent". (Mit *akademischer Intelligenz* wird üblicherweise diejenige kognitive Fähigkeit [bzw. dasjenige kognitive Fähigkeitsbündel] bezeichnet, die [bzw. das] für den Erfolg in Schule und Hochschule von besonderer Relevanz ist. Die Messung erfolgt durch „klassische" Intelligenztests. In Abhebung davon postulierten manche Autoren eine *Alltagsintelligenz*, welche die Fähigkeit [oder Fähigkeiten] bezeichnen soll, die man im täglichen Lebensvollzug benötigt [vgl. Neisser, 1976]. Es wird behauptet, „Alltagsintelligenz" wäre von der „akademischen" Intelligenz unabhängig und mit traditionellen Intelligenztests kaum oder nicht zu messen, was aber als widerlegt gelten kann.)

Unter anderem hatten die Versuchspersonen, magere 28 Laien (!) an der Zahl, bei jeder Aussage auf einer neunstufigen Ratingskala anzugeben, wie sehr jede Verhaltensweise ihrer Meinung nach (a) eine „ideal intelligente", (b) eine „ideal akademisch intelligente" und (c) eine „ideal alltagsintelligente" Person charakterisiert (Experiment 2). Den Ratern wurden keine weiteren Erläuterungen zu „idealtypisch intelligent", „idealtypisch akademisch intelligent" und „idealtypisch praktisch intelligent" gegeben. Eine reduzierte Liste füllte auch eine zwar etwas größere – aber keine große – Stichprobe ($N = 65$) von Experten aus. Es handelte sich um eine postalische Erhebung, die Rücklaufquote betrug lediglich 46 %. Das ist ungenügend. Für die weitere Datenverarbeitung reduzierten Sternberg et al. die Liste für die Laienpersonen „wegen ihrer Unhandlichkeit" auf 98 Verhaltensweisen (die Expertenratings wurden noch mehr gekürzt, nähere Angaben – nicht nur hierzu – fehlen wiederum) und rechneten – für beide Ratergruppen getrennt – eine Hauptkomponentenanalyse über die Ratings „ideal intelligent". Die Autoren extrahierten in beiden Personengruppen drei (anschließend varimax-rotierte) Komponenten, auf die sich die Vielfalt der Beschreibungen einer „ideal intelligenten" Person verdichten ließ. Die Ergebnisse dieser Analysen, die nur zurückhaltend zu interpretieren sind, da sie auf zu kleinen Stichproben beruhen, habe ich in Tabelle 1.2 auszugsweise dargestellt.

Sowohl bei den Laien wie auch bei den Experten ließen sich die Beziehungen der Eigenschaften und Verhaltensweisen einer „idealtypisch intelligenten Person" zu drei Komponenten bündeln. Die jeweils drei Faktoren, die bei jeder der drei „Intelligenzen" [„ideal intelligent", „ideal akademisch intelligent" und „alltagsintelligent"] extrahiert wurden, überlappten sich zwischen den drei Intelligenzen laut Sternberg sehr stark. Deshalb beschrieben Sternberg et al. (1981) nur die Lösung für „Intelligenz". Bei den *Laien* waren das „praktische Problemlösefähigkeit", „verbale Fähigkeit" und „soziale Kompetenz", bei den *Experten* „verbale Intelligenz", „Problemlösefähigkeit" und „praktische Intelligenz". Die ersten beiden Komponenten der impliziten Intelligenztheorien erinnern an die *Fluide Intelligenz* („generelle Problemlösefähigkeit") bzw. die *Kristalline Intelligenz* („kulturgebundene verbale Fähigkeit") der schon erwähnten Theorie von Cattell (1963, 1987). Die dritten Komponenten dagegen thematisierten, so Sternberg et al., was in der Literatur – ebenfalls unscharf – unter „sozialer" bzw. „praktischer" Kompetenz angesprochen wird.

Bei den Experten bzw. Laien zeigte sich eine hohe Korrelation zwischen „Intelligenz" und „Akademischer Intelligenz" *(r = .83* bzw. *r = .75)* und „Intelligenz" und „Alltagsintelligenz" *(r = .84* bzw. *r = .86)*. Nimmt man an, dass die Reliabilitäten dieser Ratings etwa *r* = .85 betrugen – eine durchaus realistische Vermutung –, dann hätte in dieser Stichprobe für diese drei Einschätzungen eine messfehlerbereinigte Korrelation zwischen *r* = .88 und *r* = 1.00 vorgelegen. Das spricht dafür, dass sich in der impliziten Intelligenztheorie der Befragten die Verhaltensweisen von „typisch Intelligenten" extrem hoch mit denen von „akademisch Intelligenten" bzw. „Alltagsintelligenten" überschnitten oder gar identisch waren. Die Beziehungen zwischen „akademisch intelligent" und „alltagsintelligent" waren jedoch merklich schwächer ausgeprägt (*r* = .46 bzw. *r* = .45, messfehlerbereinigt *r* = .54 bzw. *r* = .53). In der Vorstellung der Befragten umfasste „Intelligenz" die „Akademische Intelligenz" und die „Alltagsintelligenz", die sich aber nur zu einem Teil überlappten.

Die Studie von Sternberg et al. wurde und wird immer noch sehr häufig zitiert, zumeist völlig kritiklos, obwohl sie von Anlage und Auswertung her problematisch ist. Die Autoren zeigen an zwei viel zu kleinen Stichproben u. a. auf, wie diese Personen vorgegebene Merkmale im Rahmen ihrer alltagspsychologischen Theorie über Intelligenz bezüglich inhaltlicher Ähnlichkeit strukturierten. Meinungen (*„belief systems of individuals"*, Sternberg et al., 1981, S. 53) von Personen über „Intelligenz" können – aber müssen nicht – mit der wissenschaftlichen Konstruktbildung von „Intelligenz" korrespondieren. Ausgehend von solch einer methodisch windigen Befragung anzunehmen, das Phänomen „Intelligenz" wäre damit sachlich zutreffend umschrieben, ist wissenschaftlich naiv und unzulässig. Ich möchte das an einem Beispiel verdeutlichen: Hätte man im Mittelalter analog die implizite Theorie über die Erde und das Verhältnis der Erde zu Sonne erhoben, hätte man vermutlich – mit einer extrem hohen interindividuellen Übereinstimmung – erfahren, die Erde sei eine Scheibe und der Mittelpunkt des Weltalls, und die Sonne drehe sich um die Erde – und zwar sowohl von Laien als auch von Experten.

Die Repräsentativität der durch die Befragung ermittelten Komponenten steht und fällt natürlich mit der Repräsentativität der vorgegebenen Merkmale, die intelligentes Verhalten charakterisieren sollen, und sie steht und fällt ebenso mit der Qualität der untersuchten Stichproben. Die von Sternberg et al. befragten Laien und Wissenschaftler stellten alles andere als eine auch nur annähernd repräsentative Stichprobe dar: Wie schon erwähnt, handelte es sich bei den Laien um eine selbstselegierte, also vermutlich stärker verzerrte Personenstichprobe (die Versuchspersonen wurden über mehrere Zeitungsanzeigen gewonnen). Die Rücklaufquote in der Expertenstichprobe war beschämend gering, sie lag unter 50%. Über die Gründe, weswegen viele der Angeschriebenen nicht geantwortet hatten, findet sich in dem Artikel kein Wort. Man vermisst zudem weitere Information über diese beiden Stichproben (z. B. Alter, Zusammensetzung nach Geschlecht und Schulbildung, Ausbildung und Beruf etc.).

Eine Gruppierung von Items nach empirischer Ähnlichkeit sagt nicht notwendigerweise etwas darüber aus, welche der gefundenen Komponenten zentraler für das Phänomen „Intelligenz" war und welche nicht. Das ist auch eine Frage der Auswahl der vorgegebenen Konzepte und Begriffe. Um es zu verdeutlichen: Wenn mehrere Items von Personen übereinstimmend als wenig typisch für „Intelligenz" eingeschätzt werden, dann können sie sehr wohl in der Komponentenanalyse eine eigene Komponente definieren. Ihre Ladungen würden uns dann darüber informieren, wie „typisch" diese Items für diese „intelligenzuntypische" Komponente wären. Das Argument der „Untypizität" trifft auch auf andere einschlägige Arbeiten zu. Giraudeau, Chasseigne, Apter und Mullet (2007) ließen beispielsweise in einer Studie über das Konzept „Intelligenz im Alltagsleben" Erwachsene Aussagen wie „kann sich selbst amüsieren", „genießt das Leben" und „gönnt sich Freizeit" einschätzen. Dass diese Items dann, als sie zusammen mit völlig anderen Aussagen faktorisiert wurden (wie „kann neue Konzepte lernen", „ist fähig, neue Information wahrzunehmen" oder „kann Themen in einer originellen Art und Weise analysieren"), einen eigenen Faktor bilden, ist sehr banal. Ob „normale" Laien, wenn man sie fragen würde, was denn „Intelligenz" ausmache, überhaupt Antworten wie „kann sich selbst amüsieren" gehäuft als Komponente für das Konzept „Intelligenz" nennen würden, kann angezweifelt werden. Ich jedenfalls würde aufgrund meines Hintergrundwissens über

Psychologie und Verhalten im Allgemeinen und über Intelligenz und kognitive Leistungsfähigkeit im Besonderen nie auf den Gedanken kommen, solche Verhaltensweisen seien Indikatoren für Intelligenz.

Weitere Kritikpunkte: Wichtige Kautelen faktorenanalytischer Versuchsplanung wurden von Sternberg et al. nicht beachtet, da die Analysen auf wesentlich mehr Items (k = 98) als Versuchspersonen (n = 28 bzw. n = 65) basierten. Die Darstellung der Hauptkomponentenanalysen ist mangelhaft; es fehlen elementare Angaben, um die Angemessenheit der gewählten Lösungen nachzuprüfen. (Wurde eine Ein-Komponenten-Lösung oder eine Zwei-Komponenten-Lösung gerechnet? Wie sahen sie aus? Warum wurden nur die Ladungen der Merkmale auf „ihrer" Komponente, nicht aber die auf den beiden anderen Komponenten mitgeteilt?) Und schließlich: Die Benennung der Komponenten ist nicht besonders trennscharf, die Laienkomponente „Praktische Problemlösefähigkeit" könnte man z. B. auch „Problemlösefähigkeit" (ohne das Attribut „praktisch") nennen. Auch die Charakterisierung der anderen Komponenten hat mich nicht überzeugt. Eine solche Arbeit würde kein Diplomarbeitskolloquium eines guten psychologischen Fachbereichs überstehen. Ich wundere mich, dass diese Studie von einer angesehenen Fachzeitschrift überhaupt zur Veröffentlichung angenommen wurde. Offensichtlich hatte in diesem Fall das System des *peer reviews* (falls man in diesem Fall überhaupt eine externe Begutachtung vorgenommen hatte) versagt.

Sternberg (1985) berichtete im Rahmen einer anderen Arbeit eine Serie von Studien, darunter auch eine ähnlich kleine Befragung von nur 40 Studenten. Diese sollten 40 Deskriptoren, die aus Laienansichten bezüglich einer „ideal intelligenten Person" extrahiert worden waren, nach ihrer Vergesellschaftung bündeln (*„likely to be found together"*, S. 613). Diesmal ergaben sich aufgrund einer multidimensionalen Skalierung nach Sternberg drei bipolare Dimensionen (jeweils positiver vs. negativer Pol):

- *praktisches Problemlösen* (positiver Pol, z. B. „tendiert dazu, erreichbare Ziele zu sehen und diese zu verfolgen"; „handelt innerhalb seiner eigenen physischen und intellektuellen Grenzen und kennt diese") vs. *verbale Kompetenz* (negativer Pol z. B. „kann sich über fast jedes Thema unterhalten"; „verknüpft Ideen mit Wichtigkeit");
- *intellektuelle Balance und Integration* (positiver Pol, z. B „Fähigkeit, Ähnlichkeiten und Unterschiede zu erkennen"; „stellt Verbindungen und Unterschiede zwischen Ideen und Sachverhalten her") vs. *Zielorientierung und Leistung* (negativer Pol, z. B. „tendiert dazu, für bestimmte Zwecke Information zu suchen und zu gebrauchen"; „hat eine Fähigkeit zu hohen Leistungen");

- *kontextuelle Intelligenz* (positiver Pol, z. B. „lernt und erinnert und gewinnt Information aus vergangenen Fehlern oder Erfolgen"; „hat die Fähigkeit, die Umwelt zu verstehen und zu interpretieren") vs. *Gedankenflüssigkeit* (negativer Pol, z. B. „versteht Mathematik"; „hat eine gute Raumvorstellungsfähigkeit"; „hat einen hohen IQ").

Abgesehen von diversen methodischen Problemen (beispielsweise hätte auch hier, wie bei der schon vorgestellten anderen Arbeit von Sternberg, eine größere Versuchspersonenzahl gut getan), erscheinen manche der Sternbergschen Interpretationen gewagt. Den positiven Pol der ersten Dimension könnte man m. E. beispielsweise treffender mit „allgemeines Problemlösen" umschreiben, den positiven der zweiten mit „umfassendes logisches Denken" und den dritten – negativen – mit „nichtsprachliche Intelligenz". Zudem gibt Sternberg nicht an, was das für Studenten waren, welche die intuitive Gruppierung der von Laien generierten Merkmale vorgenommen hatten. Vermutlich handelte es sich um Studierende aus seinen eigenen (psychologischen) Seminaren, sodass bezüglich der berichteten Struktur keine Verallgemeinerbarkeit gegeben sein dürfte. Und dass solche Laieneinschätzungen stark vom jeweiligen kulturellen Hintergrund abhängen und dementsprechend die Vorstellungen über das, was Intelligenz ausmacht, unterschiedlich ausfallen, verwundert nicht. Laien sind übrigens kaum in der Lage, ihre eigene Intelligenz einigermaßen zufriedenstellend einzuschätzen. In den diesbezüglichen Untersuchungen wurden stets nur kleine Korrelationen zwischen der objektiven (= gemessen) und subjektiven (= selbst eingeschätzten) Intelligenz beobachtet, die mehrheitlich nicht höher als $r = .30$ liegen, insbesondere dann, wenn Subpopulationen der Grundgesamtheit (z. B. Studenten) befragt werden (Paulhus, Lysy & Yik, 1998; Furnham & Fong, 2000). Rammstedt und Rammsayer (2000) berichteten für zwei der sieben Primärfaktoren von Thurstone (1938) auch höhere Koeffizienten, die anderen lagen im eben angegebenen Bereich oder sogar noch erheblich darunter.

In Deutschland gibt es analoge Untersuchungen. Süllwold befragte 1987 Jugendliche danach, wie sehr die sieben Untertests „Analogien", „Figurenauswahl", „Rechenaufgaben", „Satzergänzung", „Wortauswahl" und „Zahlenreihen" des I-S-T von Amthauer (1970) geeignet wären, Intelligenz zu erfassen. Es zeigte sich, dass die Jugendlichen insbesondere *reasoning* als für Intelligenz konstitutiv ansahen – eine Einschätzung, die dem Forschungsstand gut entspricht.

Jäger und Sitarek (1986) fanden bei Abiturienten clusteranalytisch eine Struktur, die mit dem Berliner Intelligenzstrukturmodell (Jäger, 1984) kompatibel ist; zusätzlich gab es noch ein Cluster zur „sozialen" und „praktischen" Intelligenz. Wang und Ng (2012) berichteten, dass chinesische Jugendliche

(Schüler der 10. Jahrgangsstufe) in ihren impliziten Theorien über Intelligenz und Schulleistungen beide Phänomene voneinander trennten und (richtigerweise) annahmen, Schulleistungen könnten leichter verändert werden als Intelligenz. Jugendliche, die meinten, Intelligenz und schulische Leistungen könnten kaum verändert werden, entwickelten mehr leistungsbezogene Hilflosigkeit.

1.5.2
Psychologen

Die Idee, Experten bezüglich des hypothetischen Konstrukts „Intelligenz" zu befragen, war 1981, dem Veröffentlichungsjahr der Untersuchung von Sternberg et al., nicht neu. Schon 1921 war in einem vielzitierten Symposium der Zeitschrift *The Journal of Educational Psychology* zum Thema „Intelligenz und ihre Messung" 17 Experten die Frage gestellt worden, wie sie Intelligenz verstünden – 14 davon hatten geantwortet. Verständlicherweise differierten die Antworten in Länge, Qualität und Komplexität und vermittelten den Eindruck einer fast unüberwindlichen Heterogenität. Bei genauer Lektüre stellt man jedoch fest, dass bezüglich einiger Punkte – und zwar bezüglich der wichtigsten begriffskonstituierenden Merkmale – eine relativ große Einigkeit herrschte. Fast alle Forscher meinten, es handele sich bei Intelligenz nicht um einfache Prozesse, nicht um assoziative bzw. nicht vornehmlich um wahrnehmungsgebundene Prozesse, sondern um höhere logisch-analytische Denkleistungen, die man bräuchte, um sich flexibel an die jeweilige Umwelt und an neue Situationen adäquat anpassen zu können. Die Ansichten darüber, wie und auf welcher Ebene Intelligenz zu erfassen sei – global verschiedene Facetten intellektueller Leistungsfähigkeit integrierend oder eher einzelheitlich – divergierten stärker.

Dieses Symposium gab den Anstoß für eine bis heute andauernde Diskussion (ich werde später noch auf einige Aspekte näher eingehen). Rund 60 Jahre später (1986) wiederholten Sternberg und Berg die gleiche Umfrage unter 25 Experten. Erwartungsgemäß dokumentierte auch diese Veröffentlichung erneut eine enorme Heterogenität. Die Übereinstimmung mit den Umschreibungen von 1921 war mittelhoch, und es zeigte sich – ebenfalls erwartungsgemäß für diejenigen, die sich in der Intelligenzforschung auskennen –, dass die Experten wiederum kognitive Konzepte wie logisch-abstraktes Denken und die Fähigkeit, sich effektiv an seine Umwelt anzupassen, zum Kern des Intelligenzkonstrukts zählten. Und ebenfalls unterschiedlich wurde das Problem der Globalität (eine generelle Fähigkeit) vs. Spezifität (mehrere Fähigkeiten) von Intelligenz gesehen. Das überrascht nicht.

1.5.3
Wissenschaftler

Ist bei diesem Begriffschaos das Intelligenzkonzept nicht obsolet? Lohnt es sich überhaupt noch, darüber zu schreiben, darüber zu forschen? Aber ja, denn so verwirrend, wie es auf den ersten Blick aufgrund der eben geschilderten Arbeiten aussieht und wie es von manchen Autoren behauptet wurde und immer noch wird, ist die Sachlage bei Weitem nicht. Jenseits aller divergierenden Definitionsversuche herrschte und herrscht über die Kernbestandteile des Intelligenzkonstrukts eine hohe Übereinstimmung: Das deutete sich schon im Symposium von 1921 und in der Befragung durch Sternberg und Berg (1986) an, und das wird besonders klar, wenn man sich die Resultate einer soliden und weithin bekannten Studie von Snyderman und Rothman aus dem Jahr 1987 ansieht (vgl. auch Snyderman & Rothman, 1988). Im Gegensatz zu den bisher erwähnten Umfragen unter Laien und Experten, die allesamt nur auf sehr kleinen Fallzahlen basierten, führten diese Autoren eine umfassende Befragung durch, die – anders als bei Sternberg et al. (1981) – den üblichen methodischen Standards genügte.

Insgesamt 1.020 Experten waren von Snyderman und Rothman (1987) angeschrieben worden, alles Mitglieder und Fellows wissenschaftlicher Fachgesellschaften, von denen man annehmen konnte, dass sie sich mit Intelligenz und Intelligenztests auskennen (nach dem Zufall aus den Mitgliederlisten einschlägiger Wissenschaftlerorganisationen ausgewählt). Alles in allem waren 548 Antworten auswertbar, was einer Ausschöpfungsquote von 53.7 % entspricht.

Die Ergebnisse beeindrucken: 53.0 % der Antwortenden stimmten der Aussage zu, es gäbe einen Konsens, welche Verhaltensweisen als „intelligent" bezeichnet würden; nur 7.5 % äußerten sich diesbezüglich nicht, und 39.5 % stimmten nicht zu. Weiterhin war gebeten worden, diejenigen von 13 vorgegebenen Deskriptoren anzukreuzen, die ein „wichtiges Element" für „Intelligenz" darstellen und dazu noch diejenigen zu kennzeichnen, die zwar wichtig für „Intelligenz" seien, aber mit den üblichen kognitiven Leistungstests nicht angemessen erfasst würden.

- Fast alle Intelligenzexperten sahen „abstraktes Denken oder logisches Schlussfolgern", „Problemlösefähigkeit" und „Kapazität zur Wissensaneignung" als zentrale Elemente von „Intelligenz" an (Zustimmung jeweils mehr als 95 %). Das sind auch diejenigen Konzepte, die im schon erwähnten Symposium von 1921 von den Experten und in den Studien von Sternberg et al. (1981) bzw. Sternberg und Berg (1986) als Kern des Intelligenzkonstrukts genannt wurden.

- Mit deutlicher Mehrheit benannten die Experten auch „Gedächtnis", „Anpassung an die eigene Umwelt", „mentale Geschwindigkeit", „sprachliche Kompetenz", „mathematische Kompetenz" und „allgemeines Wissen" als wichtige Elemente der Intelligenz (Zustimmung zwischen 80.5 % und 62.4 %).
- Bei „Kreativität" jedoch schieden sich die Geister; nur etwas mehr als die Hälfte mochte dieses Element unter „Intelligenz" subsumieren, der Rest sah „Kreativität" als eigenes Konstrukt an.
- Einig war man sich darin, dass „Sensorische Schärfe", „Zielorientiertheit" und „Leistungsmotivation" kaum etwas mit „Intelligenz" zu tun haben (von weniger als 25 % als „wichtig" bezeichnet).

Die Kernkonzepte der Intelligenz wurden überwiegend als „adäquat messbar" eingeschätzt. Das galt jedoch weniger für nicht-zentrale Elemente. Noch ein Hinweis: Fast alle, die „Kreativität" für die Definition von Intelligenz als „wichtig" ansahen, waren der Meinung, man könnte dieses Konzept mit den üblichen kognitiven Leistungstests bislang nicht zufriedenstellend messen (88.3 %) – eine nicht unzutreffende Beschreibung des (nicht nur damals, sondern auch heute immer noch) sehr unbefriedigenden Zustandes der Kreativitätsforschung und -diagnostik. Nach wie vor gilt nämlich die Schlussfolgerung von Zeng, Proctor und Salvendy (2011)., die diese Autoren in ihrem umfassenden Überblick über die Brauchbarkeit der vier in Forschung und Praxis vorherrschenden Testverfahren zur Erfassung des divergenten Denkens (= übliche Kreativitätstests) machten: „Obwohl üblich [...] haben sich standardisierte Kreativitätstests nicht zufriedenstellend bewährt, was ihre Validität und Reliabilität angeht" (Zeng et al., 2011, S. 35). Insbesondere sind die gebräuchlichen psychometrischen Kreativitätstests kaum in der Lage, schöpferische Leistungen im Alltagsleben vorherzusagen und fallen diesbezüglich weit hinter die prädiktive Validität von IQ-Tests zurück.

Wiederholte man die Befragung von Snyderman und Rothman heute (2015), fielen die Resultate wahrscheinlich ähnlich aus. Diese Skepsis, die im weiter oben angeführten Zitat von Pawlik (1968) zum Ausdruck kommt, scheint weniger auf die Kernkonzepte und mehr auf die Randfacetten von Intelligenz zuzutreffen.

Snyderman und Rothman hatten u. a. auch noch erfragt, ob man Intelligenz, so wie sie durch die damals verwendeten Intelligenztests erfasst wurde, besser im Sinne eines hierarchischen Konzepts konzeptualisieren sollte (ein genereller Intelligenzfaktor g mit untergeordneten Gruppenfaktoren und spezifischen Fähigkeitsfaktoren) oder im Sinne von voneinander getrennten Fähigkeiten. Die Mehrheit der Fachleute favorisierte ganz klar eine hierarchische Faktorenstruktur mit einem breiten Intelligenzfaktor g an der Spitze, wie man es bei der „Englischen Schule" der Intelligenzforschung (z. B. P. E. Vernon, 1961) oder bei Carroll (1993, 2005) mit seinem umfassenden Modell (ein Extrakt kritischer Reanalysen von mehr als 460 weltweiten Datensätzen) findet. Ein hierarchisches Konzept stellt heute die weithin vorherrschende Ansicht fast aller empirisch arbeitenden Intelligenzforscher dar. Lediglich 13 % der von Snydeman und Rothman befragten Experten machten sich für voneinander unabhängige Faktoren, wie sie z. B. im Intelligenz-Struktur-Modell von Guilford (1985) postuliert wurden, stark. Und 16 % wollten diese Frage noch offen lassen, da ihrer Ansicht nach die Datenlage bislang keine eindeutige Antwort gestatten würde. Dieser Prozentsatz dürfte sich heute stark verkleinert haben.

1.5.4
Intelligenzforscher

Reeve und Charles ermittelten 2008, wie Intelligenzforscher die allgemeine Intelligenz g einschätzen. Die Autoren hatten eine E-Mail-Umfrage bei ausgewiesenen Intelligenzforschern durchgeführt (jeder hatte mindestens einen Doktor-Titel und fünf einschlägige Artikel veröffentlicht; die durchschnittliche Anzahl an Publikationen betrug $M = 116$ bei einer Streuung von $s = 98$). Die Experten *bejahten* u. a. folgende Aussagen:

- g kann mit Intelligenztests gut erfasst werden (97 % Zustimmungen),
- g befördert die Leistung in allen Arbeitsfeldern (97 % Zustimmungen),
- g wird mit der steigenden Komplexität der Berufsanforderungen zunehmend wichtiger (87 % Zustimmungen),
- g stellt die wichtigste Trait-Determinante für die Berufs- und Ausbildungsleistung dar (77 % Zustimmungen),
- professionell entwickelte Intelligenztests sind fair (77 % Zustimmungen) und *bias*-frei (74 % Zustimmungen),
- g lässt sich nicht ersetzen (70 % Zustimmungen).

Fast einhellig bzw. mit großer Mehrheit *verneint* wurden Aussagen wie:

- die Validität kognitiver Leistungstests ist gering (97 % Ablehnungen),
- die zu geringen Validitäten allgemeiner Intelligenztests rechtfertigen nicht die mit ihrer Anwendung verbundenen negativen Konsequenzen (90 % Ablehnungen),
- generelle kognitive Leistungsfähigkeit ist lediglich „akademische Intelligenz" (80 % Ablehnungen),

- generelle Intelligenztests erfassen Konstrukte, die für die erfolgreiche Berufsausübung nicht erforderlich sind (77 % Ablehnungen).

Keine Übereinstimmung herrschte dagegen bei Fragen, die auf die Nützlichkeit alternativer Intelligenzmodelle wie Sternbergs *Stilles Wissen* (*tacit knowledge*) abzielten:

- Stilles Wissen ist eine Variante der praktischen Intelligenz, die Leistungsaspekte erklärt, die nicht durch *g* aufklärbar sind (nur 40 Zustimmungen).
- Stilles Wissen trägt jenseits und zusätzlich zu *g* zur Vorhersage des Berufserfolgs bei (lediglich 37% Zustimmungen).

1.5.5
Studenten, Erwachsene und Schüler

Paulhus, Wehr, Harms und Strasser (2002) ließen sich von drei größeren Studentenstichproben und einer Erwachsenenstichprobe ($n = 153$ bis $n = 401$) jeweils exemplarisch eine besonders intelligente Person benennen („Denke an ein ideales Beispiel einer intelligenten Person, […] die weithin bekannt ist, lebendig oder nicht."). Die 15 besonders häufig übereinstimmend nominierten Personen wurden von zwölf Experten paarweise auf ihre Ähnlichkeit hin beurteilt. Auf der Basis einer multidimensionalen Skalierung (zwei Dimensionen: arbeitet privat vs. öffentlich bzw. personenbezogen vs. sachbezogen) konnten induktiv fünf „implizite Intelligenztypen" unterschieden werden: „Wissenschaftlich Intelligente" (Einstein, Hawking), „künstlerisch Intelligente" (Mozart, Shakespeare), „unternehmerisch Intelligente" (Turner, Trump, Gates), „kommunikativ Intelligente" (Präsident, Premierminister, Winfrey) und „moralisch Intelligente" (King, Gandhi). Da Vinci und Edison ließen sich keinem Cluster zuordnen. Eine gewisse Ähnlichkeit mit Gardners „*Multiplen ‚Intelligenzen'*" ist erkennbar, was aber nicht verwunderlich, da Gardner u. a. auch auf prototypische „Genies" (Eliot, Einstein, Picasso, Stravinsky, Graham, Gandhi, Freud) rekurrierte.

Welche Faktoren bei Schülern unterschiedlichen Alters das Konstrukt „Intelligenz" bestimmen, haben Chen, Holman, Francis-Jones und Burmester (2011) ermittelt. Schüler unterschiedlichen Alters schätzten 28 Items, die man aus verschiedenen IQ-Tests entnommen hatte (*Ravens Progressive Matrizen, Stanford-Binet, Wechsler-Tests*), hinsichtlich ihrer Relevanz für das Intelligenzkonzept ein. Eine faktorenanalytische Auswertung ergab bei den drei untersuchten Schülergruppen – Primarschüler, Sekundarschüler (*high school*), Collegebesucher – übereinstimmend drei Komponenten, nämlich „nichtverbales Schlussfolgern", „verballogisches Denken" und „Informationsabruf". Welcher dieser drei Faktoren für „Intelligenz" als besonders wichtig gehalten wurde, veränderte sich allerdings mit dem Alter. Die Collegebesucher schätzten das nicht-verbale logische Denken als relevantesten Aspekt der Intelligenz ein, bei den Primarstufenschülern war das dagegen das verballogische Denken. Die Sekundarstufenschüler gewichteten alle drei Komponenten als ähnlich bedeutsame begriffskonstituierende Elemente.

1.6
Intelligenz als Erkennen von Ordnung und Redundanz

Hofstätter (1966) definierte Intelligenz als Befähigung zur Auffindung von Ordnung bzw. Redundanz, was natürlich voraussetzt, dass es in unserer Welt auch entsprechende Ordnungsprinzipien gibt, also nicht nur der Zufall („Chaos") herrscht. Wahrnehmung, Gedächtnis, Lernen, Sprache, Tradition und Wissenschaft sind nach Hofstätter Hilfsmittel, Redundanz zu erkennen („Analysatoren"). Mit ihnen korrespondieren, so Hofstätter, die „spezifisch menschlichen" Primärfaktoren „Wortflüssigkeit" W, „Sprachverständnis" V, „Rechengewandtheit" N und „schlussfolgerndes Denken" R sowie die in der Terminologie von Hofstätter „animalischen" Primärfaktoren „Auffassungsgeschwindigkeit" P, „Raumvorstellung" S und „Gedächtnis" M.

Intelligenz entspricht, so Hofstätter, dem, was beim statistischen Signifikanztest die zwei *richtigen Entscheidungen* ausmacht: Die Nullhypothese ablehnen, weil sie in der Tat falsch ist (und damit die Alternativhypothese annehmen), bzw. die Nullhypothese akzeptieren, weil sie in der Tat zutrifft (und damit die Alternativhypothese ablehnen). Analog beschrieb Hofstätter Dummheit durch die beiden sich bei jeder statistischen Signifikanztestung einstellenden Möglichkeiten, *falsche Entscheidungen* zu treffen: die Nullhypothese zurückzuweisen, obwohl sie in Wirklichkeit stimmt (und damit fälschlich die Alternativhypothese anzunehmen), was man als „α-Fehler", auch als „Fehler 1. Art" bezeichnet, bzw. die Nullhypothese beizubehalten, obwohl sie unzutreffend ist (und damit fälschlich die Alternativhypothese zurückzuweisen), was „β-Fehler", auch „Fehler 2. Art" genannt wird (vgl. zu diesen beiden Fehlerarten beim statistischen Signifikanztest z. B. Rost, 2013).

Entsprechend zu diesen beiden statistischen Fehlermöglichkeiten und den beiden richtigen statistischen Entscheidungen kann man beim Versuch, die Welt zu strukturieren, ebenfalls zwei Fehler („Dummheiten") begehen und zwei richtige Entscheidungen („Intelligenzen") treffen.

- Zum einen mag eine Person unfähig sein, in unserer Welt existierende Gesetzmäßigkeiten, Regeln, Redundanzen zu erkennen. Das wäre die „Dummheit 1. Art". Eine Dummheit 1. Art liegt beispielsweise dann vor, wenn ein Schüler im Mathematikunterricht Zusammenhänge nicht versteht.
- „Intelligenz 1. Art" ist gegeben, wenn eine Person existierende Gesetzmäßigkeiten, Regeln, Redundanzen auch richtig als solche wahrnimmt. Um beim Beispiel zu bleiben: Ein Schüler „kapiert" auf Anhieb eine mathematische Ableitung.
- Zum anderen kann eine Person auch dort Gesetzmäßigkeiten, Regeln, Redundanzen annehmen, wo es in der Realität keine Gesetzmäßigkeiten gibt – das wäre die „Dummheit 2. Art". Der weitverbreitete Aberglaube, die Sterne bestimmten unsere Persönlichkeit und unser Schicksal, ist hierunter zu subsumieren.
- „Intelligenz 2. Art" ist dann dadurch gekennzeichnet, dass man auch „Chaos" als „Chaos" (und nicht als „Ordnung") begreift, also nicht dort Gesetze, Regeln, Redundanzen annimmt, wo es in der Tat weder Gesetze noch Regeln noch Redundanzen gibt. Ein in diesem Sinne Intelligenter weiß, dass der Zufall bestimmt, welche Lottozahlen gezogen werden. Er erkennt, dass deshalb alle Versuche, den Zufall durch ein bestimmtes „Tippsystem" zu überlisten, zum Scheitern verurteilt sein müssen.

Nach Hofstätter (1966, S. 239) prüft – ganz im Sinne dieser Systematik– „im Prinzip eigentlich jeder Intelligenztest die Fähigkeit zum Auffinden von Redundanz". Ein Hochbegabter könnte, folgt man dem Gedankengang von Hofstätter, in diesem System beispielsweise als eine Person bezeichnet werden, die sowohl Intelligenz 1. und 2. Art in hohem Ausmaß besitzt und besonders wenig oder keine Dummheit 1. und 2. Art zeigt. Auch wenn Hofstätters Konzeptualisierung empirisch-erfassungspraktisch kaum umsetzbar sein dürfte, eröffnet sie doch einen neuen Blickwinkel auf das Phänomen „Intelligenz" und hilft, intelligentes Verhalten besser zu verstehen.

1.7
Intelligenztheorien

In der mehr als 100-jährigen Intelligenzforschung sind diverse umfassende Intelligenztheorien entwickelt worden. Diese kann man grob in drei Gruppen aufteilen:

- vorwiegend *a priori* Modelle,
- vorwiegend *a posteriori* Modelle und
- Modelle, die dazwischen liegen.

Grundlage von *a priori* Ansätzen sind geisteswissenschaftlich-konzeptuelle Überlegungen. Man kann sie als „vor-empirisch" kennzeichnen, da sie lediglich Alltagserfahrungen und Einzelfälle zur Illustration heranziehen (und teilweise auch bisherige Theorien und Forschungsbefunde zur Kenntnis nehmen) – aber sie betrachten systematische empirische Erhebungen nicht als zentrale Quelle der Erkenntnisgewinnung und der Theoriebildung. In der Regel werden keine weiteren Versuche unternommen, die wichtigsten postulierten Intelligenzkomponenten zu operationalisieren (z. B. in der Form psychometrischer Testverfahren). Ein prominenter Vertreter eines *a priori* Intelligenzmodells ist Wenzl (1957). Auch die Theorie der *„Multiplen ‚Intelligenzen'"* von Gardner (1983) ist im Prinzip hier einzuordnen.

A posteriori Theorien sind das Resultat gut kontrollierter Empirie. Sie werden im Idealfall fortlaufend präzisiert bzw. modifiziert – oder auch verworfen. Vertreter solcher Ansätze können natürlich nicht auf geisteswissenschaftlich-hermeneutische Überlegungen verzichten, da Befunde (z. B. Faktoren) begrifflich zu klären, zu interpretieren und in übergreifende Zusammenhänge und Theorien einzuordnen sind. Prominente *a posteriori* Intelligenzmodelle stammen beispielsweise von Spearman (1927: Generalfaktortheorie), Thurstone (1938: *Primäre Gruppenfaktoren*), Vernon (1961: *Englische Schule*), Cattell (1963: *Fluide und Kristalline Intelligenz*) und Carroll (1993: *Drei-Schichten-Theorie*).

Schließlich gibt es Ansätze, die zwischen diesen beiden Polen liegen. Diese Theorien nehmen zwar ihren Ausgang von einer begrifflich-logischen Klassifikation intellektueller Fähigkeiten und kombinieren sie systematisch miteinander, versuchen aber anschließend mehr (Jäger: *Berliner Intelligenzstrukturmodell* BIS; 1984) oder weniger (Guilford: *Structure-of-Intellect* Modell SOI, 1985) erfolgreich, ihr Modell empirisch (d. h. dimensionsanalytisch) zu belegen und Testverfahren zur Erfassung der einzelnen Faktoren ihres Modells zu entwickeln.

Nachfolgend stelle ich kursorisch drei prominente Intelligenztheorien (Spearman, Thurstone, Carroll) vor. Sie sind „klassisch", weil sie in der bewährten empirisch-faktorenanalytischen Forschungstradition wurzeln. Eine Hauptlinie der bisherigen Intelligenzstrukturforschung bestand nämlich – und besteht z. T. immer noch – in dem Versuch, eine (abschließende) Antwort auf die Frage „Eine Intelligenz und/oder mehrere (Teil-)Intelligenzen?" zu finden und – wenn mehrere Facetten der kognitiven Leistungsfähigkeit identifizierbar sind – festzustellen, welcher Art sie sind, wie man sie messen kann und wie sie miteinander bei der Bewältigung von Leistungsanforderungen interagieren. Als Ergebnis resultieren Strukturmodelle, die eine ordnende und quantifizierende Systematik bereitzustellen versuchen.

1.7.1
Die Theorie der generellen Intelligenz g

Dem Engländer *Spearman*, der Anfang des letzen Jahrhunderts in Leipzig Psychologie studierte, war aufgefallen, dass (Schul-)Leistungen (Schulzensuren; Tonhöhenunterscheidung), die nach dem Augenschein nur wenig oder nichts miteinander gemeinsam haben (z. B. Sprachen und Mathematik), dennoch positiv miteinander korrelieren. Daraus entstand seine Hypothese, alle Aufgaben, zu deren Bewältigung intellektuelle Fähigkeiten erforderlich sind, müssten positiv, wenn auch nicht vollständig, miteinander zusammenhängen. Diese Hypothese der *positiven Mannigfaltigkeit* aller intelligenten Leistungen wurde in kaum mehr zählbaren späteren Untersuchungen immer wieder beobachtet und ist inzwischen keine Hypothese mehr, sondern vermutlich das am besten gesicherte Ergebnis der mehr als hundertjährigen psychologischen Intelligenzforschung.

Zur Erklärung formulierte Spearman die bis heute wichtigste Intelligenztheorie, die *Generalfaktortheorie der Intelligenz*: Die positiven Interkorrelationen intellektueller Leistungen werden durch nur *eine* gemeinsame Dimension gestiftet, durch die *generelle Intelligenz g*. Ausschließlich die *geistige Energie* (so bezeichnete Spearman 1927 g), stiftet den positiven Zusammenhang zweier kognitiver Leistungen.

Weil Intelligenzleistungen auch nach Elimination der Messfehler nicht vollständig korrelieren, muss es, so Spearman, noch weitere Faktoren geben, und zwar für jede einzelne Leistung einen *spezifischen Faktor (s)*, der mit keiner anderen Leistung geteilt wird. Interkorrelieren können aber Leistungen nur, wenn sie etwas gemeinsam haben. Es gibt in dieser Theorie so viele spezifische Faktoren, wie es unterscheidbare intellektuelle Leistungen gibt.

Drei basale mentale Operationen charakterisieren in Spearmans Theorie die generelle Intelligenz g:

- *Begreifen der Erfahrung (apprehension of experience)*,
- *Entdecken/Ableiten von Beziehungen (eduction of relations)*,
- *Entdecken/Ableiten von Zusammenhängen (eduction of correlates)*.

Die Theorie der psychometrisch gemessenen generellen Intelligenz (g) und des IQ ist aktueller denn je, allerdings heute empirisch etwas anders konzipiert als zu Spearmans Zeiten: an die Spitze der Intelligenzfaktorenhierarchie gestellt. In der schon mehrfach angesprochenen Theorie von Cattell (1987) stehen zwei generelle Faktoren an der Hierarchiespitze: Die *Fluide Intelligenz Gf* einerseits als stärker biologisch verankerte allgemeine Denkfähigkeit und andererseits die *Kristallisierte Intelligenz Gc*, die sich herausbildet, weil *Gf* in kulturell-bildungsbezogbne Inhalte investiert wird. *Gf* und *Gc* korrlieren natürlich beträchtlich, und *Gf* hängt so eng mit *g* zusammen, dass manche Autoren keinen Unterschied zwischen *g* und *Gf* sehen.

1.7.2
Die Theorie der sieben primäre Gruppenfaktoren

Spearmans Generalfaktortheorie, wurde früh kritisiert. Zur gleichen Zeit, als Spearman (1927) sein berühmtes Buch *The abilities of man: Their nature and measurement* veröffentlicht hatte, publizierten Thorndike, Bregman, Cobb und Woodward (1927) eine alternative Sichtweise: Intelligenz sei ein Ensemble spezifischer und voneinander unabhängiger Fähigkeiten. Etwas mehr als dreißig Jahre nach Spearmans Entdeckung (1904) wurde die Theorie der allgemeinen Intelligenz *g* aufgrund der Resultate eines von Thurstone initiierten Forschungsprogramms zur Struktur der Intelligenz erneut infrage gestellt. Thurstone (1938) ließ Studenten der Universität von Chicago viele Leistungstests, die hinsichtlich der Inhalte und der zur ihrer Bearbeitung erforderlichen kognitiven Fähigkeiten ein breites Feld abdeckten, bearbeiten. Es gelang, sieben Gruppenfaktoren der Intelligenz zu isolieren, die berühmten *primary mental abilities*. Thurstone nahm an, diese seien voneinander völlig unabhängig:

- Faktor *M* (*memory*): Gedächtnis, Merkfähigkeit;
- Faktor *N* (*number*): Rechengewandtheit, elementare Rechenfähigkeit;
- Faktor *P* (*perceptual speed*): Wahrnehmungsgeschwindigkeit;
- Faktor *R* (*reasoning*): abstrakt-schlussfolgerndes Denken;
- Faktor *S* (space): Raumvorstellung;
- Faktor *V* (*verbal comprehension*): sprachliches Verständnis;
- Faktor *W* (*word fluency*): Wortflüssigkeit.

Thurstone ging davon aus, jede intellektuelle Leistung sei durch mehrere – unterschiedlich gewichtete – Primärfaktoren bestimmt. Um sprachliche Analogien zu lösen, seien beispielsweise vor allem die Faktoren *V* und *R* gefordert, nicht aber *S* oder *N*. Mit dem Nachweis der *primary mental abilities* glaubte Thurstone, die *g*-Theorie der Intelligenz endgültig widerlegt zu haben

– eine vorschnelle Annahme, wie sich bald herausstellte. Bei den von Thurstone identifizierten (und wiederholt replizierten) Primärfähigkeiten handelt es sich nämlich nicht, wie zahlreiche nachfolgende empirische Studien belegt haben, um voneinander unabhängige Fähigkeiten, sodass mit geeigneter Methodik ein Faktor höherer Ordnung gebildet werden kann – das ist dann der Spearmansche Generalfaktor *g*.

1.7.3
Die Theorie der Fluiden und Kristallinen Intelligenz

Cattell, ein früher Student und Mitarbeiter von Spearman, äußerte 1941 bzw. 1943 in Übersichtsartikeln die Hypothese, die Intelligenz von Erwachsenen setze sich aus zwei Facetten zusammen, aus einer *Fluiden* (*flüssigen, fluid, Gf*) Fähigkeit und einer *Kristallinen* (*kristallisierten", crystallized, Gc*) Fähigkeit:

„Die Hypothese [...] könnte ganz kurz wie folgt formuliert werden:
(1) Die mentale Kapazität von Erwachsenen besteht aus zwei Teilen, deren Hauptcharakteristika am besten durch die Verwendung von „Fluide" und „Kristallin" gekennzeichnet werden.
(2) Die Fluide Fähigkeit hat den Charakter einer reinen generellen Fähigkeit, zwischen irgendwelchen grundlegenden Dingen, seien sie neu oder bekannt, zu unterscheiden und die Beziehungen zwischen ihnen zu erkennen. Sie wächst bis zur Adoleszenz an und nimmt dann langsam wieder ab. Sie ist mit den Vorgängen im ganzen Cortex verknüpft. Sie ist bei Kindern verantwortlich für die Interkorrelationen zwischen Leistungstests (oder für den Generalfaktor), und bei Erwachsenen für die Beziehungen zwischen Schnelligkeitstests und Tests, die eine Anpassungsfähigkeit erfassen.
(3) Kristalline Fähigkeit besteht aus diskriminativen Gewohnheiten, die sich in einem bestimmten Feld schon lange herausgebildet haben, ursprünglich durch das Wirken der Fluiden Fähigkeit. Um erfolgreich zu wirken, benötigt sie aber nicht mehr einsichtsvolle Wahrnehmung.
(4) Intelligenztests erfassen in allen Altersstufen eine Kombination von Fluider und Kristalliner Fähigkeit. In der Kindheit ist die erstgenannte Fähigkeit dominant, wohingegen im Erwachsenenalter – bedingt durch die Abnahme der Fluiden Fähigkeit – die Leistungsspitzen mehr durch Kristalline Fähigkeiten bestimmt werden" (R. B. Cattell, 1943, S. 178). Dass diese Hypothese gut „mit den Fakten bezüglich der Unterscheidung von *power* und *speed* bei Erwachsenen, der Abnahme der Intelligenz mit dem Alter und der physiologischen Daten von Tieren und Menschen passt, ist

hinreichend klar. Sie passt gleichermaßen gut zu den faktorenanalytischen Befunden" (ebd.).

Fluide Intelligenz (Gf) und *Kristalline Intelligenz (Gc)* sollen nach R. B. Cattell „hoch kooperativ" sein: in ähnlicher Art und Weise durch Primärfaktoren gekennzeichnet, kaum mit Variablen außerhalb des Leistungsbereichs zusammenhängend. Sie voneinander zu trennen sei, so R. B. Cattell, schwierig, weshalb sie in den meisten Tests als ein Konglomerat, das man generelle Intelligenz nenne, die Basis für den Intelligenzquotienten (IQ) bildeten.

Die Unterscheidung von *Fluider Intelligenz* und *Kristalliner Intelligenz* ist nicht deckungsgleich mit der Unterscheidung von nicht-verbalen und verbalen Aufgabenanforderungen. Sprachliche Aufgaben, die hohe Anforderungen an schlussfolgerndes Denken und geringe an den Wortschatz stellen, messen hauptsächlich *Gf* und nicht *Gc*. R. B. Cattell (1963, S. 2–5) betonte u. a. folgende unterschiedliche Eigenschaften der *Generalfaktoren Gf* und *Gc* (nicht der einzelnen Primärfaktoren, die *Gf* und *Gc* definieren):

- *Gc* korreliert höher mit solchen kognitiven Leistungen, bei denen fundamentale allgemeine Fähigkeiten durch wiederholte Lernerfahrungen eingesetzt worden sind (z. B. Thurstones *V* und *N* oder Leistungen in Geografie oder Geschichte). *Gf* aktualisiert sich vornehmlich in Tests, in denen verlangt wird, sich an neue Situationen anzupassen und neue Probleme zu lösen, ohne auf das bisher angehäufte Wissen zurückgreifen zu müssen. Die *Kristalline Fähigkeit* bietet hier keinen besonderen Vorteil.
- Vor der biologischen Reife, d. h. im Alter bis ca. 15 bis 20 Jahren, spiegeln interindividuelle Unterschiede in den Ausprägungen von *Gf* und *Gc* Unterschiede in Interessen und kulturellen Anregungen wider. Bei Erwachsenen kennzeichnet die Differenz zwischen *Gf* und *Gc* auch Altersunterschiede, da die Diskrepanz zwischen *Gf* und *Gc* mit der Erfahrung und mit dem alterungsbedingten Abfall von *Gf* größer wird. Aufgaben, die ohne Zeitbegrenzung vorgegeben werden (*power* Tests), korrelieren höher mit *Gf*, und Aufgaben, die unter Zeitdruck zu bearbeiten sind (*speed* Tests), hängen höher mit *Gc* zusammen.
- *Gf* und *Gc* entwickeln sich in Abhängigkeit von den jeweiligen Umweltbedingungen und Lerngelegenheiten über die Lebensspanne hinweg unterschiedlich. *Gf* erreicht das Maximum im Alter von rund 15–25 Jahren, *Gc* kann in Abhängigkeit von den kulturellen Anregungen wachsen, auch über das 28. Lebensjahr hinaus. *Gf* nimmt ungefähr ab dem 20–25. Lebensjahr ab, bei *Gc* vollzieht sich der Abbau dagegen erst später, und wenn er eintritt, dann auch langsamer.

- In jeder Altersgruppe ist das Varianzverhältnis „Anlage:Umwelt" für *Gf* höher als für *Gc*, der Faktor *Gf* ist im größeren Ausmaß biologisch-physiologisch determiniert als *Gc* und stärker genetisch verankert.
- Alltagsbedingte (reversible) Leistungsfluktuationen betreffen mehr *Gc* (bedingt durch stärkere Übungs- und Interessenabhängigkeit) als *Gf* (bedingt durch stärkere physiologische Faktoren). Der altersverursachte Intelligenzabbau betrifft beide Faktoren, schlägt aber etwas stärker bei *Gf* als bei *Gc* zu. Das wurde in der Seattle-Längsschnittsstudie bestätigt (Schaie, 2005).
- *Gf* und *Gc* hängen substanziell zusammen. Die hohen Korrelationen der Schulleistungen untereinander indizieren *Gc*, und die *Fluide Intelligenz Gf* kann im Schulalter auch gut über Schulleistungen erfasst werden. Obwohl auch bei Erwachsenen akademische Schulleistungen positiv miteinander korrelieren, sollte in diesem Alter *Gc* angemessener durch sehr viel breiter gestreute Leistungsmaße erfasst werden, wobei jeder dieser vielen Indikatoren dann weniger eng mit *Gc* verknüpft sein dürfte. Bei Erwachsenen ist der Einsatz von *culture fair* Tests zur Messung von *Gf* eine zuverlässige, valide und gute Wahl.
- Für Lernzuwächse in neuen Gebieten ist *Gf* wichtiger als *Gc*. In bereits bekannten Bereichen hängt die nicht durch *Gf* vorherzusagende Varianz stärker von den einzelnen Primärfaktoren, welche *Gc* bestimmen, ab als vom Generalfaktor *Gc* selbst.

Cattells Gedanken weiterführend, sprach Baltes (1990) von der *Fluiden Mechanik* und *Kristallinen Pragmatik* der Intelligenz. Mit „Mechanik bezeichnete Baltes die biologisch-evolutionär-genetisch geformte „kognitive Hardware", also die „grundlegende Architektur eines informationsverarbeitenden Systems", dessen „Gerüst von solchen Basisoperationen und Basisstrukturen gebildet [wird], wie sie beispielsweise bei elementaren Gedächtnisoperationen (Kliegl & Baltes, 1987; Klix, 1984) oder bei der Lösung von Induktions- und Klassifikationsaufgaben angewendet werden müssen" (Baltes, 1990, S. 6). Dazu gehören auch Geschwindigkeit und Genauigkeit basaler Informationsverarbeitung (vgl. Salthouse; 2011). Die „Pragmatik" so Baltes, bezieht sich auf die „Software", d.h. auf allgemeine Systeme (übergreifendes deklaratives und prozedurales Wissen), spezielle Systeme (berufliches Expertenwissen) und Handlungswissen. Wollte man den Unterschied zwischen *Gc* und *Gf* schlagwortartig herausstellen, könnte man für *Gc* „inhalts- und leistungsbezogen", für *Gf* „prozess- und operationsbezogen" wählen.

Der Zusammenhang von *Gf* und *Gc* soll etwas näher betrachtet werden. R. B. Cattell (1987) erklärte ihn mit der sog. „Investmenttheorie" der Intelligenz: *Gf* als angeborene intellektuelle, mit der Gehirnreifung verknüpfte

Grundfähigkeit bestimme in der Kindheit erst vollständig und dann sehr stark intellektuelles Leistungsvermögen und damit auch das Lernvermögen. Später müsste im Zuge divergierender gesellschaftlicher Anforderungen *Gf* zunehmend mehr in diverse kulturell bestimmte Aufgabenstellungen und vor allem in Wissensinhalte investiert werden, sodass sich durch gemeinsame fortlaufende Praxis und Übung in unterschiedlichsten Gegenstandsbereichen ebenfalls ein Generalfaktor, nämlich die *Kristalline Intelligenz Gc* als wichtige Determinante kognitiver Leistungen herausbilden würde: „Als Resultat des Investments der Fluiden Fähigkeit in alle unterschiedlichen Arten komplexer Lernsituationen entwickeln sich zwischen diesen erworbenen, Kristallinen Fähigkeiten große und positive Interkorrelationen, die dann einen Generalfaktor bilden können" (R. B. Cattell, 1987, S. 139). Insofern ist *Gf*, um es mit anderen Worten auszudrücken, die grundlegende Voraussetzung zum Wissenserwerb und zur Anwendung des erworbenen Wissens, also für die Herausbildung von *Gc*. Ein Geisteswissenschaftler beispielsweise würde seine Grundintelligenz in die Auseinandersetzung mit Kulturgütern investieren und so *Gc* stärken und fördern, ein Handwerker oder Sportler dagegen weniger. Dieses unterschiedliche „Investment" von *Gf* führt, so die Annahme, also zu den beobachtbaren interindividuellen Differenzen in *Gc*.

Schweizer und Koch (2001) regten an, die Investmenttheorie zu modifizieren und Lernen als Mediator des Einflusses der *Fluiden Intelligenz* auf die *Kristalline Intelligenz* anzusehen: *Fluide Intelligenz* und Lernen sollen eine gemeinsame kognitive Basis haben (vgl. auch Anderson, 2001). Interessant sind in diesem Zusammenhang die Befunde von Primi Primi, R., Ferrão und Alkmeida (2010), nach dem *Gf* (erfasst mit der *Differential Reasoning Test Battery BPRD*; insgesamt 140 Aufgaben zum numerischen, abstrakten verbalen und räumlichen Schlussfolgern; Almeida, 1992) längsschnittlich den Zuwachs in der Mathematikleistung mit vorhersagen konnte. Schüler, die am Anfang eine höher ausgeprägte *Fluide Intelligenz* besaßen, zeigten einen größeren Zuwachs als Schüler mit anfänglich weniger guter *Gf*-Ausstattung.

Für effektive Lernprozesse – und damit für die Ausformung von *Gc* auf der Grundlage von *Gf* – spielen natürlich neben *Gc* auch bislang erworbenes Wissen, Persönlichkeitsvariablen und Interessen eine Rolle. Baltes, Lindenberger und Studinger (1995) kennzeichneten das Zusammenspiel von „kognitiver Hardware" (*Gc*, Mechanik) und „kognitiver Software" (*Gk*, Pragmatik) als eng verwoben. Pragmatisches Wissen könnte ohne mechanische Vergleichs- und Erinnerungsprozesse nicht aktualisiert und angewendet werden; die kognitive Mechanik bedürfte bestimmter kultureller Anreize, um sich in Kindheit und Jugend angemessen zu entwickeln.

1.7.4
Die Theorie der drei Intelligenzschichten

Das wichtigste Modell intellektueller Fähigkeiten des Menschen stammt von Carroll (1993). Das Modell ist nicht das Resultat von Carrolls eigener empirischer Forschung, sondern des bisher in der Psychologiegeschichte größten Unterfangens, auf der Basis einer Vielzahl faktorenanalytischer Studien auf induktivem Wege ein übergreifendes hierarchisches Schichtungsmodell der Intelligenz zu entwickeln. Carroll stellt also einen faktenbasierten Rahmen bereit, in dem die bislang identifizierten Facetten der Intelligenz und ihre Querbeziehungen integriert werden. In jahrelanger Arbeit reanalysierte er 461 Datensätze aus den Jahren 1925 bis 1987 mit insgesamt 131571 untersuchten Personen. Als Ergebnis dieser Mega-Integration resultierte ein *Drei-Schichten-Intelligenzmodell* menschlicher kognitiver Fähigkeiten:

In der ersten, untersten Schicht I (*Stratum* I) sind fast 70 Primärfaktoren angesiedelt. Sie konstituieren in der zweiten, mittleren Schicht II (*Stratum* II) General-Sekundärfaktoren, deren Querbeziehungen „mit reichlicher Evidenz" (S. 624) einen Generalfaktor G der Intelligenz als dritte, obere Schicht III (*Stratum* III) bedingen. Deswegen wird er auch als *3G* bezeichnet und ist psychologisch wie Spearmans *g* zu interpretieren und kennzeichnet höher organisierte, komplexere kognitive Prozesse (z. B. Informationsverarbeitungsgeschwindigkeit, Kontrollprozesse und selektive Aufmerksamkeitsprozesse, Arbeitsgedächtniskapazität, exekutive Kontrolle, Planung). Als Faktor höchster Ordnung ist *3G* sehr stabil und gegenüber spezifischen Operationalisierungen invariant.

Auf der zweiten Ebene (*Stratum* II) können die folgenden breite Fähigkeitsfaktoren unterschieden werden:

- *2GF – Fluide Intelligenz (fluid intelligence)*. Grundlegende Prozesse schlussfolgernden Denkens wie Induktion, Deduktion, Klassifikation und Begriffsbildung. Dies Prozesse hängen nur gering von Lernerfahrungen und Akkulturation abhängen.
- *2GC – Kristalline Intelligenz (crystallized intelligence)*. Mentale Prozesse, welche nicht nur das Operieren der *Fluiden Intelligenz*, sondern auch die Auswirkungen von Erfahrung, Lernen und Akkulturation betreffen. Dazu gehört das erworbene deklarative Wissen, das durch die Auseinandersetzung mit Entwicklungsaufgaben (gesellschaftliche Anforderungen wie familiäre, schulische, außerschulische und berufliche Aufgaben; kulturelle Inhalte, Alltagserfahrungen etc.) erworben wird (u. a. der Wortschatz).
- *2GY – Allgemeine Gedächtnisfähigkeit (general memory ability)*. Spielt wahrscheinlich bei jeder Aufgabe, welche Anforderungen an das Lernen

oder Erinnern neuer Inhalte oder Reaktionen stellt, eine Rolle. Jedoch scheint es verschiedene Varianten dieses Faktors zu geben. Zur Zeit gibt es nicht hinreichend Evidenz, um die Binnenstruktur von Lern- und Gedächtnisfähigkeiten klarer zu bestimmen.

- 2GV – *Breite visuelle Wahrnehmung* (*broad visual perception*). In jede Aufgabe involviert, die die Wahrnehmung von visuellen Formen als solche verlangt.
- 2GU – *Breite auditive Wahrnehmung* (*broad auditory perception*). Spielt eine Rolle bei jeder Aufgabe oder Leistung, welche die Wahrnehmung oder Unterscheidung von auditiven Mustern oder Tönen oder von gesprochener Sprache erfordert, besonders wenn solche Muster Schwierigkeiten bereiten (feine Differenzierungen, auditive Störungen und Verzerrungen oder komplexe musikalische Strukturen).
- 2GR – *Breite Abrufähigkeit* (*retrieval ability*). Involviert in Aufgaben oder Leistungen, die das griffbereite Hervorholen von Konzepten oder Elementen aus dem Langzeitgedächtnis erfordern. Es ist möglich, dass es in Abhängigkeit vom Ausmaß der „Neuigkeit" der erforderten Reaktion verschiedene Varietäten dieses Faktors gibt.
- 2GS – *Breite kognitive Schnelligkeit* (*cognitive speediness*). Verarbeitungsgeschwindigkeit spielt eine Rolle bei jeder Aufgabe oder bei jeder Leistung, bei der es auf eine schnelle Informationsverarbeitung ankommt. Es scheint verschiedene Subvarianten dieser Fähigkeiten zu geben.
- 2GT – *Verarbeitungsgeschwindigkeit, Entscheidungsgeschwindigkeit bei Reaktionszeiten* (*processing speed – RT detection speed*). Reaktionsgeschwindigkeit bei verschiedenen RT-Aufgaben.

Zusätzlich dazu existieren in Carrolls Modell verschiedene Sekundärfaktoren in anderen Bereichen wie Sprache, Gedächtnis und Lernen, visuelle Wahrnehmung, Informationsverarbeitung, Wissen usw., was eine gewisse Generalisierbarkeit der Fähigkeit in diesen Domänen andeutet.

Bickley, Keith und Wolfle (1995) konnten die Theorie von Carroll (drei Intelligenzschichten) in einer größeren Untersuchung ($N = 2201$) an acht Altersgruppen (6 bis 79 Jahre, minimales $n = 171$: 70- bis 79-Jährige, maximales $n = 351$: 30- bis 39-Jährige; Standardisierungsstichprobe der *Woodcock-Johnson Psychoeducational Battery-Revised*, McGrew, Werder & Woodcock, 1991) konfirmieren: „Durch diese Studie ist die Theorie stark gestützt worden" (S. 325).

Neuerdings wird angestrebt, die Theorie von Cattell und die Erweiterung dieser Theorie von Horn mit Carrolls Theorie als *Cattell–Horn–Carroll-Theorie* (*CHC*-Theorie) zu vereinigen. Einige Intelligenztests orientieren sich schon daran. Eine zentrale Aufgabe zukünftiger Intelligenzforschung könnte sein, diese theoretisch in Angriff genommene Integration theoretisch, empirisch und diagnostisch weiter zu untermauern.

Literatur

Ackerman, C. (1997). Identifying gifted adolescents using personality characteristics: Drabowski's overexitabilities. *Roeper Review, 22,* 56–64.
Almeida, L. S. (1992). *BPRD: Manual.* Braga, PT: Universidade do Minho.
Amthauer, R. (1970). *IST 70. Intelligenz-Struktur-Test.* Göttingen, DE: Hogrefe.
Anastasi, A. & Foley, J. P. (1949). *Differential psychology. Individual and group differences in behavior.* New York, NY, USA: Macmillan.
Anderson, M. (2001). Annotation: Conceptions of intelligence. *The Journal of Child Psychology and Psychiatry, 42,* 287–298.
Asendorpf, J. B. (2004). *Psychologie der Persönlichkeit* (3. Aufl.). Berlin, DE: Springer.
Baltes, P. B. (1990). Entwicklungspsychologie der Lebensspanne: Theoretische Leitsätze. *Psychologische Rundschau, 41,* 1–24.
Baltes, P. B., Lindenberger, U. & Studinger, U. M. (1995). Die zwei Gesichter der Intelligenz im Alter. *Spectrum der Wissenschaft* (Oktober), 52–61.
Bickley, P. G., Keith, T. Z. & Wolfle, L. M. (1995). The three-stratum theory of cognitive abilities: Test of the structure of intelligence across the life span. *Intelligence, 20,* 309–328.
Boring, E. G. (1923). Intelligence as the tests test it. *The New Republic,* June 6 (wieder abgedruckt in J. J. Jenkins & D. G. Paterson [Eds.], *Studies in individual differences. The search for intelligence* [pp. 210–214]. New York, NY, USA: Appleton-Century-Crofts).
Carroll, J. B. (1993). *Human cognitive abilities: A survey of factor-analytic studies.* Cambridge, NY, USA: Cambridge University Press.
Cattell, R. B. (1941). Some theoretical issues in adult intelligence testing. *Psychological Bulletin, 38,* 592.
Cattell, R. B. (1943). The measurement of adult intelligence. *Psychological Bulletin, 40,* 153–193.
Cattell, R. B. (1963). Theory of fluid and crystallized intelligence: A critical experiment. *Journal of Educational Psychology, 54,* 1–22.
Cattell, R. B. (1987). *Abilities: Their structure, growth, and action* (rev. ed.). Amsterdam, NL: North-Holland.
Chen, M. J., Holman, J., Francis-Jones, N. & Burmester, L. (2011). Concepts of intelligence of primary school, high school and college students. *British Journal of Developmental Psychology, 6,* 71–82.
Doerry, M. & Verbeet, M. (Hrsg.) (2014). *Wie schlau sind Sie? Der große SPIEGEL-Intelligenztest.* Köln, DE: Kiepenheuer & Witsch.

Eysenck. H. J. (2004). *Die IQ-Bibel. Intelligenz verstehen und messen*. Stuttgart, DE: Klett-Cotta.

Furnham, A. & Fong, G. (2000). Self-estimated and psychometrically measured intelligence: A cross-cultural and sex difference study. *North American Journal of Psychology, 2*, 1–10.

Gardner, H. (1983). *Frames of mind: The theory of multiple intelligences*. New York, NY, USA: Basic Books.

Giraudeau, C., Chasseigne, G., Apter, M. J. & Mullet, E. (2007). Adults' lay views about intelligence: A reversal theory approach. *Personality and Individual Differences, 42*, 169–179.

Gottfredson, L. S. (Ed.) (1997). Inteligence and social policy. *Intelligence, 24* (1).

Guilford, J. P. (1985). The structure-of-intellect model. In B. B. Wolman (Ed.), *Handbook of intelligence: Theories, measurements, and applications* (pp. 225–266). New York, NY, USA: Wiley.

Haier, R. J., Karama, S., Colom, R., Jung, R. & Johnson, W. (2014a). A comment on „fractionating intelligence" and the peer review process. *Intelligence, 46*, 323–332.

Haier, R. J., Karama, S., Colom, R., Jung, R. & Johnson, W. (2014b). Yes, but flaws remain. *Intelligence, 46*, 341–344.

Hampshire, A., Highfield, R. R., Parkin, B. L. & Owen, A. M. (2012). Fractionating human intelligence. *Neuron, 76*, 1225–1237.

Hampshire, A. & Owen, A. M. (2014). Re: Comment about „Fractionating human intelligence". Non-existent flaws in the original article and their relation to limitations of the P-Fit model. *Intelligence, 46*, 333–340.

Hofstätter, P. R. (1966). Zum Begriff der Intelligenz. *Psychologische Rundschau, 17*, 229–248.

Hofstätter, P. R. (1971). *Differentielle Psychologie*. Stuttgart, DE: Kröner.

Jäger, A. O. (1984). Intelligenzstrukturforschung. Konkurrierende Modelle, neue Entwicklungen, Perspektiven. *Psychologische Rundschau, 35*, 21–35.

Jäger, A. O. & Sitarek, E. (1986). Implizite Fähigkeitskonzepte in der Kognition von Laien. *Zeitschrift für Differentielle und Diagnostische Psychologie, 7*, 1–16.

Jenkins, J. J. & Paterson, D. G. (Eds.) (1961). *Studies in individual differences. The search for intelligence*. New York, NY, USA: Appleton-Century-Crofts.

Jensen, A. R. (1980). *Bias in mental testing*. New York, NY, USA: Free Press.

Jensen, A. R. (1998a). *The g factor. The science of mental ability*. Westport, CT, USA: Praeger.

Jensen, A. R. (1993a). Psychometric *g* and achievement. In B. G. Gifford (Ed.), *Policy perspectives on educational testing* (pp. 117–226). Boston, MA, USA: Kluwer.

Kliegl, R. & Baltes, P. B. (1987). Theory-guided analysis of development and aging mechanisms through testing-the-limits and research on expertise. In S. Schooler & K. W. Schaie (Eds.), *Cognitive functioning and social structure over the life course* (pp. 95–119). Norwood, NJ, USA: Ablex.

Klix, F. (Hrsg.). (1984). *Gedächtnis – Wissen – Wissensnutzung.* Berlin, DDR: Deutscher Verlag der Wissenschaften.

Köhler, W. (1925). Intelligence in apes. *The Journal of Genetic Psychology, 32,* 674–690.

Kray, F. & Schaefer, S. (2012). Mittlere und späte Kindheit (6–11 Jahre). In W. Schneider & U. Lindenberger (Hrsg.), *Entwicklungspsychologie* (7. Aufl., S. 211–233). Weinheim, DE: Beltz.

Leutner, D., Klieme, E., Meyer, K. & Wirth, J. (2004). Problemlösen. In PISA-Konsortium Deutschland (Hrsg.), *PISA 2003. Der Bildungsstand der Jugendlichen in Deutschland – Ergebnisse des zweiten internationalen Vergleichs* (S. 147–175). Münster, DE: Waxmann.

McGrew, J. S., Werder, J. K. & Woodcock, R. W. (1991). *WJ-R Technical Manual.* Itasca, IL: Riverside.

Neisser, U. (1979). The concept of intelligence. *Intelligence, 3,* 217–227.

Osgood, C. E. (1952). The nature and measurement of meaning. *Psychological Bulletin, 49,* 74–77.

Osgood, C. E., Suci, G. E. & Tannenbaum, P. H. (1957). *The measurement of meaning.* Urbana, IL, USA: University of Illinois Press.

Pawlik, K. (1968). *Dimensionen des Verhaltens.* Bern, CH: Huber.

Paulhus, D. L, Lysy, D. C. & Yik, M. S. M. (1998). Self-report measures of intelligence: Are they useful as proxy IQ tests? *Journal of Personality, 66,* 525–554.

Paulhus, D. L., Wehr, P., Harms, P. D. & Strasser, D. L. (2002). Use of exemplar surveys to reveal implicit types of intelligence. *Personality and Social Psychology Bulletin, 28,* 1051–1062.

Plomin, R. & Spinath, F. M. (2004). Intelligence: Genetics, genes, and genomics. *Journal of Personality and Social Psychology, 86,* 112–129.

Primi, R., Ferrão, M. E. & Alkmeida, L. S. (2010). Fluid intelligence as a predictor of learning: A longitudinal multilevel approach applied to math. *Learning and Individual Differences, 20,* 446–451.

Rammstedt, B. & Rammsayer, T. H. (2000). Self-estimated intelligence. *European Psychologist, 7,* 275–284.

Reeve, C. L. & Charles, J. F. (2008). Survey of opinions on the primacy of g and social consequences of ability testing: A comparison of expert and non-expert views. *Intelligence, 36,* 681–688.

Rindermann, H. & Rost, D. H. (2010*). Intelligenz, Kultur und Gesellschaft. Thilo Sarrazin und seine Thesen.* In J. Bellers (Hrsg.), *Zur Sache Sarrazin. Wissenschaft – Medien – Materialien* (S. 77–96). Münster, DE: Lit.

Rost, D. H. (2008). Multiple Intelligenzen, multiple Irritationen. *Zeitschrift für Pädagogische Psychologie, 22,* 97–112.

Rost, D. H. (2013). *Handbuch Intelligenz.* Weinheim, DE. Beltz.

Salthouse, T. A. (2011). What cognitive abilities are involved in trail-making performance? *Intelligence, 39,* 222–232.

Sarrazin, T. (2010). *Deutschland schafft sich ab. Wie wir unser Land aufs Spiel setzen*. München: DVA.
Schaie, K. W. (2005). *Developmental influences on adult intelligence. The Seattle Longitudinal Study*. New York, NY, USA: Oxford University Press.
Schweizer, K. & Koch, W. (2001). A revision of Cattell's investment theory: Cognitive properties influencing learning. *Learning and Individual Differences, 13,* 57–82.
Snyderman, M. & Rothman, S. (1987). Survey of expert opinion on intelligence and aptitude testing. *American Psychologist, 42,* 137–144.
Snyderman, M. & Rothman, S. (1988). *The IQ controversy. The Media and public policy*. New Brunswick, NJ, USA: Transaction.
Spearman, C. (1904). „General intelligence", objectively determined and measured. *American Journal of Psychology, 15,* 201–292.
Spearman, C. (1927). *The abilities of man: Their nature and measurement*. New York, NY, USA: Macmillan.
Spearman, C. & Jones, L. W. (1950). *Human ability: A continuation of 'The abilities of man'*. London, GB: Macmillan.
Stern, W. (1912). Die psychologischen Methoden der Intelligenzprüfung und ihre Anwendung bei Schulkindern. In E. Schumann (Hrsg.), *Bericht über den V. Kongress für experimentelle Psychologie in Berlin vom 16.-20. April* (S. 1–109). Leipzig, DE: Barth.
Sternberg, R. J., Conway, B. E., Ketron, J. L. & Bernstein, M. (1981). People's conceptions of intelligence. *Journal of Personality and Social Psychology, 41,* 37–55.
Sternberg, R. J. (1985b). Implicit theories of intelligence, creativity, and wisdom. *Journal of Personality and Social Psychology, 49,* 607–627.
Sternberg, R. J. & Berg, C. A. (1986). Quantitative integration: Definitions of intelligence. A comparison of the 1921 and 1986 symposia. In R. J. Sternberg & K. D. Detterman (Eds.), *What is intelligence? Contemporary viewpoint on its nature and definition* (pp. 155–162). Norwood: NJ, USA: Ablex.
Süllwold, F. (1987). Implizite Intelligenztheorien. *Zeitschrift für experimentelle und angewandte Psychologie, 34,* 101–119.
Swami, V., Furnham, A., Maakip, I., Ahmad, M. S., Nawi, N. H. M., Voo, P. S. K., Christopher, A. N. & Garwood, J. (2007). Beliefs about the meaning and measurement of intelligence: A cross-cultural comparison of American, British and Malaysian undergraduates. *Applied Cognitive Psychology, 22,* 235–246.
Thorndike, E. L. (1911). *Animal intelligence*. New York, NY, USA: Macmillan.
Thorndike, E. L., Bregman, E. O. Cobb, M. V. & Woodward, E. (1927). *The measurement of intelligence*. New York, NY, USA: Teachers College, Columbia University.
Thurstone, L. L. (1938). *Primary mental abilities*. Chicago, IL, USA: University of Chicago Press.
Vernon, P. E. (1961). *The structure of human abilities* (2nd ed.). London, GB: Methuen.

Wang, Q., & Ng, F. F. -F.Y. (2012). Chinese students' implicit theories of intelligence and school performance. *Personality and Individual Differences, 52*, 930–935.

Wechsler , D. (1944). *The measurement of adult intelligence.* Baltimore, MD, USA: Williams & Wilkins.

Wenzl, A. (1957). Theorie der Begabung. Entwurf einer Intelligenzkunde (2. Aufl.). Heidelberg, DE: Quelle & Meyer.

Zeng, L., Proctor, R. W. & Salvendy, G. (2011). Can traditional divergent thinking tests be trusted in measuring and predicting real-world creativity? *Creativity Research Journal, 23*, 24–37.

Zentall,, T. R. (2011). Animal intelligence. In R. J. Sternberg & S. B. Kaufman (Eds.), *The Cambridge handbook of intelligence* (pp. 309–327). New York, NY, USA: Cambridge University Press.

Zimmer, D. (2012). *Ist Intelligenz erblich? Eine Klarstellung.* Reinbek, DE: Rowohlt.

2
Intelligent geboren oder schlau gemacht?[*]
Falsch gestellte Fragen und bessere Antworten

Frank M. Spinath

Es gibt bekanntermaßen mehrere Arten, vom Pferd zu fallen. Diesen Gedanke hatte ich, als mir von einem Grundschulleiter berichtet wurde, der jüngst im Gespräch mit den Eltern eines verhaltensauffälligen Kindes erklärt haben soll, dass Kinder als *tabula rasa* geboren würden und es allein in der Hand der Eltern liege, welchen Entwicklungsweg ein junger Mensch nehme. Mindestens ein halbes Jahrhundert umspannende Forschung zur Bedeutung von Anlage und Umwelteinflüssen auf menschliches Erleben und Verhalten werden in einer solchen Aussage pervertiert. Dabei trafen etwa die Ergebnisse der ersten Adoptionsstudie zur Schizophrenie (Heston, 1966) bei ihrer Veröffentlichung auf einen ganz ähnlichen, von unbedingtem Environmentalismus geprägten Zeitgeist. Schizophrenie, so die damals vorherrschende Annahme, entstehe im Rahmen fehlgeleiteter frühkindlicher Interaktion mit den Eltern, insbesondere der Mutter. Heston untersuchte eine Stichprobe von 47 erwachsenen Personen, die in Adoptivfamilien aufgewachsen und deren leibliche Mütter als schizophren diagnostiziert waren. Von den 47 Befragten waren 5 selbst wegen Schizophrenie in Behandlung gewesen. Diese Inzidenz von ca. zehn Prozent überstieg nicht nur bei weitem das Vorkommen von Schizophrenie in einer Kontrollgruppe adoptierter Erwachsener, deren leibliche Mütter gesund gewesen waren; sie entspricht auch weitgehend der Auftretenshäufigkeit von Schizophrenie bei Personen, die bei schizophrenen leiblichen Eltern aufgewachsen sind. Diese Befunde legen nahe, dass nicht die Interaktion mit den betroffenen Eltern, sondern vielmehr das genetische Risiko verantwortlich ist für die deutlich erhöhte Inzidenz von Schizophrenie in Personengruppen mit betroffenen Eltern.

---

[*] Teile dieses Manuskripts sind aus folgendem Beitrag des Autors übernommen: Spinath, F. M. (2015). Anlage durch Umwelt: Verhaltensgenetische Ergebnisse richtig verstehen. *In-Mind Magazin*, 1, ISSN: 1877–5349. – Abschnitt 4 entspricht weitestgehend Kapitel 4.3 folgender unter Mitwirkung des Autors entstandenen Stellungnahme: Nationale Akademie der Wissenschaften Leopoldina, acatech – Deutsche Akademie der Technikwissenschaften, Union der deutschen Akademien der Wissenschaften (2014). *Frühkindliche Sozialisation – Biologische, psychologische, linguistische, soziologische und ökonomische Perspektiven.* Halle (Saale).

Seit Veröffentlichung dieser Befunde hat eine Vielzahl genetisch-informativer Studien die Bedeutung genetischer Faktoren im Kontext der Entstehung von Schizophrenie bestätigt. Daraus jedoch zu schlussfolgern, dass *allein* genetische Faktoren für die Ausbildung der Schizophrenie verantwortlich sind, wäre ebenfalls falsch. Zwar fallen gemäß einer aktuellen Überblicksarbeit über einschlägige Zwillingsstudien zur Schizophrenie die Schätzungen für den Beitrag genetischer Faktoren ausgesprochen hoch aus (Erblichkeit bzw. h^2 etwa .83; zur Erläuterung dieser Maßzahl siehe unten), jedoch entspricht das einem Erkrankungsrisiko von ca. 50 % für eineiige Zwillinge (*EZ*), die ein an Schizophrenie erkranktes Zwillingsgeschwister haben (vgl. Cardno & Gottesmann, 2000). Offenkundig bedarf es weitreichenderer Erklärungsansätze, die neben genetischen Faktoren auch Umwelt- und Sozialisationsbedingungen sowie die Verflechtung von Gen- und Umweltprozessen berücksichtigen.

Ein anderes Merkmal, das in den vergangenen Jahrzehnten im Rahmen genetisch-informativer Studien vielfach untersucht wurde, ist die Intelligenz. Auch für die Intelligenz lässt sich festhalten, dass die aktuelle Befundlage eindeutig dafür spricht, dass genetische Einflüsse einen substantiellen Beitrag zur Erklärung individueller Unterschiede in der menschlichen Intelligenz leisten. Werden diese Befunde missverstanden, kann dies besonders angesichts der gesellschaftlichen Bedeutung des Merkmals Intelligenz für Bildungs- und Berufserfolg zu brisanten Fehlannahmen hinsichtlich „genetischer Vorbestimmung", eingeschränkter Entwicklungspotentiale bis hin zum Glauben an Unveränderbarkeit führen. Auch an dieser Stelle wäre es gleichwohl ebenso falsch wie schädlich, von uneingeschränkter Förderbarkeit auszugehen. Der vorliegende Beitrag versucht daher eine Standortbestimmung anzubieten, was wir über genetische und Umwelteinflüsse auf die Intelligenz wissen und wie diese Ergebnisse zu verstehen sind.

2.1
„Alles ist erblich"

Mit dieser Aussage brachte Turkheimer im Jahr 2000 den Umstand auf den Punkt, dass in nahezu allen Bereichen menschlichen Erlebens und Verhaltens genetische Einflüsse von Bedeutung sind. Allerdings unterscheidet sich das Ausmaß genetischer Einflüsse von Merkmal zu Merkmal teilweise beträchtlich. Für die Intelligenz werden über die Lebensspanne hinweg Erblichkeiten zwischen 30 % und 80 % berichtet, wobei die Mehrzahl der Studien mit Teilnehmern ab dem Sekundarschulalter und bis ins hohe Erwachsenenalter Werte in der Größenordnung von 50% bis 60 % berichtet. Um zu verstehen, was diese Zahlen bedeuten oder, wichtiger noch, was sie *nicht* bedeuten, sollen einige wesentliche Grundbegriffe der Verhaltensgenetik in diesem Beitrag zunächst kurz beschrieben werden. Dies ist schon deshalb erforderlich, weil Erblichkeit intuitiv oft missverstanden und mit genetischer Vorbestimmung und in der Folge Unveränderbarkeit gleichgesetzt wird. Diese Deutung ist falsch, wie der folgende Abschnitt aufzeigen wird.

Verhaltensgenetische Forschung kann in quantitative Genetik und Molekulargenetik unterteilt werden. Während ein zentrales Anliegen der Molekulargenetik in der Identifikation spezifischer Gene besteht, beschäftigt sich die *quantitative Genetik* mit den Ursachen *interindividueller Differenzen* in psychologischen Merkmalen und versucht, die relative Bedeutung von genetischen Einflüssen und Umwelteinflüssen zu bestimmen. Im Mittelpunkt stehen somit ausschließlich *Unterschiede* zwischen Individuen und nicht etwa absolute Merkmalsausprägungen einzelner Personen. Mithin können quantitativ genetische Studien Antworten geben auf die Frage „Warum unterscheiden sich Menschen in ihrer Intelligenz?" Auf Fragen, wie der gemessene Intelligenzquotient (IQ) einer Person zustande kommt oder wie sehr der IQ dieser Person durch geeignete Fördermaßnahmen positiv verändert werden kann, geben weder die quantitative Genetik noch die Molekulargenetik Antworten.

Zu den klassischen methodischen Zugängen der quantitativen Genetik gehören Zwillings- und Adoptionsstudien. Dabei nutzen Verhaltensgenetiker die Möglichkeit, Daten von Personen zu erheben, deren genetische Ähnlichkeiten und Umweltähnlichkeiten bekannt sind. Beispielsweise sind Adoptiveltern und ihre adoptierten Kinder genetisch nicht verwandt, sie teilen jedoch Umwelteinflüsse, die zu ihrer Ähnlichkeit beitragen können. Dieser Umstand wird in Adoptionsstudien genutzt: Weisen Adoptiveltern und ihre adoptierten Kinder in einem Merkmal bedeutsame Ähnlichkeit auf, wird davon ausgegangen, dass diese umweltbedingt sind. In Zwillingsstudien ist die methodische Herangehensweise grundsätzlich ähnlich. *Eineiige Zwillinge* (*EZ*) teilen mehr als 99 % der genetischen Effekte, da sie einer einzigen befruchteten Eizelle entstammen, während *zweieiige Zwillinge* (*ZZ*) im Durchschnitt eine genetische Ähnlichkeit von 50 % aufweisen. *EZ* sind somit, vereinfacht gesagt, genetisch doppelt so ähnlich sind wie *ZZ*, wobei hier anzumerken ist, dass sich diese Aussage allein auf diejenigen Genorte bezieht, an denen zwischen Individuen überhaupt Unterschiede auftreten. Sind *EZ* nun in einem untersuchten Merkmal ähnlicher als *ZZ*, so lässt dies auf die Bedeutung genetischer Faktoren schließen. Zusätzlich sind jedoch Umwelteinflüsse zu berücksichtigen, die sich ebenfalls in charakteristischer Weise auf die beobachteten Ähnlichkeiten von *EZ* und *ZZ* auswirken können. In der Verhaltensgenetik werden zwei Arten von Umwelteinflüssen unterschieden:

(1) *Geteilte Umwelteinflüsse* beschreiben dabei solche Faktoren, die zur Ähnlichkeit gemeinsam aufwachsender Individuen beitragen, wie etwa der Bildungsstand der Eltern, der sich über das Verhalten der Eltern auf die Kinder auswirkt. So könnte es sein, dass gebildetere Eltern ihren Kindern häufiger intellektuell-stimulierende Angebote machen (z. B. Museums- oder Theaterbesuche), was auf Seiten der Kinder zu einem ähnlichen Interesse für Kunst und Kultur beiträgt
(2) *Nichtgeteilte Umwelteinflüsse* bezeichnen hingegen Faktoren, die zur Unähnlichkeit von Individuen beitragen. Dies könnten im Falle von Zwillingen getrennte Freunde sein oder auch der Besuch getrennter Schulklassen mit den damit verbundenen Unterschieden, etwa verschiedenen Lehrern, klassenspezifischen Leistungsniveaus, etc.

Der Vergleich von *EZ* und *ZZ* erlaubt es, die relative Bedeutung der zwei beschriebenen Einflussgrößen zu schätzen. Die dazu verwendeten Formeln und statistischen Modelle finden sich in der einschlägigen Literatur (z. B. Plomin, DeFries, Knopik & Neiderhiser, 2013). Der resultierende genetische Beitrag wird dabei häufig als *Erblichkeit* (h^2, von *heritability*) bezeichnet. Unter Erblichkeit wird das Ausmaß verstanden, in dem interindividuelle Unterschiede durch genetische Unterschiede erklärt werden können. Dies wird üblicherweise in Prozent angegeben. Eine Erblichkeit von $h^2 = .60$ bedeutet also, dass 60 % der Unterschiede im untersuchten Merkmal darauf zurückgehen, dass die untersuchten Personen sich genetisch unterscheiden. Die Effekte geteilter Umwelt werden meist mit c^2 angegeben (von *common environment*), während Effekte der nichtgeteilten Umwelt typischerweise als e^2 bezeichnet werden. Zu Effekten geteilter Umwelt zählen sämtliche Umwelteinflüsse, die zur Ähnlichkeit von Personen beitragen, die gemeinsam aufwachsen (z. B. der sozioökonomische Status einer Familie oder der Erziehungsstil der Eltern). Effekte nichtgeteilter Umwelt umfassen sämtliche Umwelteinflüsse, die zur Unähnlichkeit von Personen beitragen, die gemeinsam aufwachsen (z. B. unterschiedliche Freunde, unterschiedliche berufliche Kontexte, zufällige Ereignisse).

Klassische Zwillingsstudien haben in den vergangenen Jahrzehnten in vielen Bereichen dazu beigetragen, die Bedeutung genetischer Einflüsse aufzuzeigen. Es soll an dieser Stelle jedoch nicht unerwähnt bleiben, dass für die Gültigkeit der Befunde aus Zwillingsstudien einige zusätzliche Modellannahmen erforderlich sind (vgl. Plomin et al., 2013). Um methodische Einschränkungen in den klassischen Zwillings- und Adoptionsdesigns auszugleichen, werden in aktuellen verhaltensgenetischen Studien daher neben ein- und zweieiigen Zwillingen zunehmend auch Geschwister sowie Eltern einbezogen.

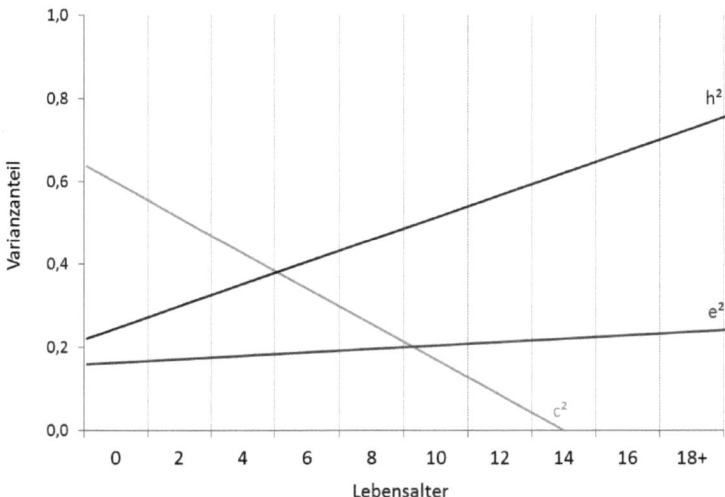

Abbildung 1: Entwicklung der Bedeutung genetischer und Umwelteinflüsse auf die Intelligenz über die Lebensspanne. Anmerkung: Die abgebildeten Schätzungen stellen eine Zusammenfassung der Darstellungen aus Übersichtsarbeiten von Plomin und Spinath (2004) sowie Tucker-Drob et al. (2013) dar. h^2 = Erblichkeit, c^2 = Einflüsse geteilter Umwelt, e^2 = Einflüsse nichtgeteilter Umwelt.

2.2
Intelligenz ist besonders erblich

Hinsichtlich der Intelligenz wurden bereits 1981 Überblicksarbeiten auf der Grundlage von Zwillingsdaten sowie weiterer Verwandtschaftsgruppen veröffentlicht (Bouchard & McGue, 1981). Diese Daten legten nahe, dass genetische Einflüsse bei Jugendlichen und Erwachsenen (Altersbereich ca. 10 bis 60 Jahre) zwischen 50 % und 60 % der interindividuellen Unterschiede in der Intelligenz erklärten. Jüngere Überblicksartikel (z. B. Briley & Tucker-Drob, 2013) zeigen einen Zuwachs der Bedeutung genetischer Einflüsse über die Lebensspanne, wie die Abbildung 1 verdeutlicht.

Während im frühen Kindesalter vor allem Effekte der geteilten Umwelt (c^2) für die Erklärung der Unterschiede in Intelligenzwerten verantwortlich sind, spielen diese im Erwachsenenalter keine bedeutsame Rolle mehr. Der Abnahme der Bedeutung geteilter Umwelteinflüsse steht die Zunahme der Bedeutung genetischer Einflüsse gegenüber, die von etwas mehr als 20 % der

Intelligenzunterschiede im frühen Kindesalter über ca. 40 % bis 50 % zum Schulanfang bis hin zu 60 % und mehr im höheren Erwachsenenalter erklären. Dies bedeutet, dass für die Antwort auf die Frage, warum Menschen unterschiedliche Intelligenzausprägungen aufweisen, Gene mit dem Alter an Bedeutung gewinnen. Wie ist dies erklärbar? Zum einen kommt hier vermutlich das zunehmende Zusammenspiel von Anlage und Umwelt zum Tragen. Während Individuen im frühen Kindesalter noch stark den Vorgaben des Elternhauses unterliegen, nehmen mit zunehmendem Alter die individuellen Freiheiten bezüglich der Tagesgestaltung zu. Dies schließt die Beschäftigung mit lern- und leistungsrelevanten Aktivitäten (z. B. die aufgewendete Zeit für die Hausaufgabenbearbeitung) ein. Es ist anzunehmen, dass Personen, deren Genotyp sich im Kontext von Lern- und Leistungsverhalten vorteilhaft auswirkt und zu Erfolgserlebnissen beiträgt, zu einer verstärkten Zuwendung zu lern- und leistungsförderlichen Umwelten neigen. Der Genotyp repräsentiert die exakte genetische Ausstattung eines Individuums, also den individuellen Satz von Genen. Der Umstand, dass bestimmte Genotypen aktiv Umwelten aufsuchen und gestalten, wird auch als aktive *Anlage-Umwelt-Korrelation* bezeichnet.

Allgemein wird mit Anlage-Umwelt-Korrelation (auch als rGE abgekürzt) der Umstand bezeichnet, dass Genotypen sich nicht zufällig auf die Gesamtheit der möglichen Umwelten verteilen, sondern systematische Zusammenhänge zwischen Genotypen und Umwelten bestehen (vgl. Scarr & McCartney, 1983). Drei Arten von rGE werden unterschieden:

- Von passiver rGE ist die Rede, wenn Eltern an ihre Kinder sowohl genetische als auch Umweltfaktoren weitergeben, die sich auf ein bestimmtes Merkmal auswirken. So könnten etwa musikalische Eltern an ihre Kinder Gene weitergeben, die sich günstig auf die Musikalität auswirken. Gleichzeitig ist davon auszugehen, dass musikalische Eltern ihren Kindern eine Umwelt anbieten (beispielsweise indem Instrumente im Haus vorhanden sind und gemeinsam musiziert wird), die ebenfalls die Musikalität fördert.
- *Reaktive* rGE umschreibt hingegen, dass Umwelten auf genetische Anlagen von Individuen reagieren. Wenn Personen beispielsweise aufgrund genetischer Anlagen zur Impulsivität neigen, ist es möglich, dass das soziale Umfeld der Person darauf mit Ablehnung und Zurückweisung reagiert.
- Mit *aktiver* rGE schließlich ist gemeint, dass Individuen aufgrund ihrer genetischen Anlagen bestimmte Umwelten aufsuchen und nach ihren Möglichkeiten gestalten, während sie andere Umwelten vermeiden. So sollten Personen, die aufgrund genetischer Faktoren zu risikoreichen Aktivitäten tendieren häufiger in Extremsportkreisen anzutreffen sein.

Zudem ist zu sagen, dass der Verlauf der Ähnlichkeitsmuster von *EZ* und *ZZ* für die Intelligenz über die Lebensspanne von einem charakteristischen Unterschied geprägt ist: Während die Ähnlichkeit von *EZ* trotz zunehmender Lebenserfahrung im Laufe des Lebens auf einem hohen Niveau liegt und sich kaum verändert, sinkt die Ähnlichkeit von *ZZ* mit zunehmender Lebensdauer kontinuierlich ab. Da die Erblichkeit auf der Grundlage der Unterschiede zwischen den Ähnlichkeiten von *EZ* und *ZZ* berechnet wird, führt diese Entwicklung zu einem Anstieg der Erblichkeit. Aus Umweltsicht ließe sich dieser Befund auch so interpretieren, dass zunehmend unterschiedliche Umwelten bei Personen, die genetisch weniger verwandt sind, im Laufe des Lebens bessere „Angriffspunkte" für Veränderung haben, während eine größere genetische Ähnlichkeit gegen diese Umwelteinflüsse abschirmt.

Die relative Bedeutung von genetischen und Umweltfaktoren ändert sich jedoch nicht nur über die Lebensspanne. Auch bei der Betrachtung von Anlage- und Umwelteinflüssen zu einem Zeitpunkt finden sich unterschiedliche Erblichkeiten, beispielsweise entlang des Kontinuums sozioökonomischer Faktoren wie dem familiären Einkommen. Typischerweise nimmt die Erblichkeit für das Merkmal Intelligenz mit zunehmendem elterlichen Einkommen und ansteigendem sozioökonomischem Status zu, was als *Anlage-Umwelt-Interaktion* gedeutet werden kann. Von Anlage-Umwelt-Interaktion (*GxE* für *Gen-Umwelt-Interaktion*) wird gesprochen, wenn Umwelteinflüsse auf Individuen aufgrund unterschiedlicher genetischer Ausstattung verschieden wirken. Es kann angenommen werden, dass solche Wechselwirkungen von genetischen und Umweltfaktoren häufig sind, obwohl solche Phänomene beim Menschen erst in jüngster Zeit wissenschaftlich nachgewiesen wurden. Ein prominentes Beispiel stellt die Studie von Caspi et al. (2001) dar, in der gezeigt wurde, dass ungünstige Lebensbedingungen im Kindesalter dann ein besonderes Risiko für die spätere Entwicklung antisozialer Verhaltenstendenzen darstellten, wenn die Kinder einen zusätzlichen genetischen Risikofaktor besaßen.

Hinweise auf *GxE* lassen sich auch ohne die Einbeziehung konkreter Genkandidaten finden. Wenn sich etwa die Erblichkeitsschätzungen (h^2) für ein und dasselbe Merkmal in Abhängigkeit von Umweltbedingungen stark unterscheiden, liegt es ebenfalls nahe, dass *GxE* bedeutsam ist. Dies entspricht dem in Abbildung 2 dargestellten Befundmuster.

Wenngleich diese Ergebnisse bislang vornehmlich auf Daten jüngerer Stichproben beruht, ist das beobachtete Phänomen insbesondere von inhaltlichem Interesse. Plausibel erscheint in diesem Zusammenhang die Interpretation, dass eine gute materielle Versorgung und höhere Bildung auf Seiten der Eltern mit förderlicheren Umweltbedingungen für die Intelligenzentwicklung von Kindern und Jugendlichen einhergeht. Vor allem aber sind diese günsti-

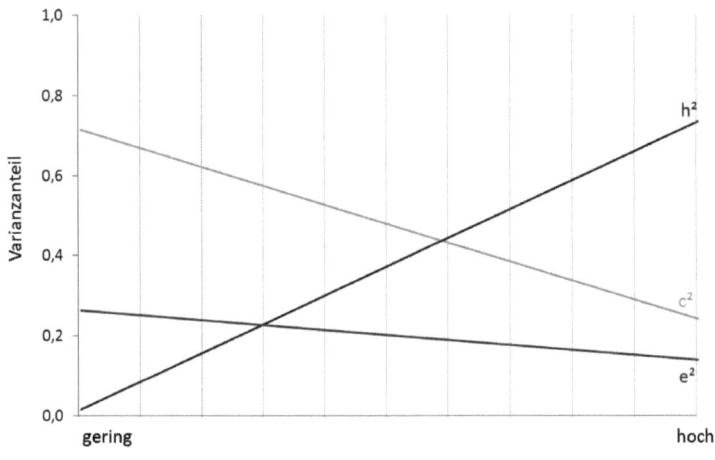

Abbildung 2: Unterschiedliche Bedeutung genetischer und Umwelteinflüsse auf die Intelligenz entlang des sozioökonomischen Kontinuums. Anmerkung: Die abgebildeten Schätzungen beruhen auf zahlreichen internationalen Zwillingstudien. Adaptierte Abbildung aus Tucker-Drob et al. (2013). h^2 = Erblichkeit, c^2 = Einflüsse geteilter Umwelt, e^2 = Einflüsse nichtgeteilter Umwelt.

gen Bedingungen zwischen den hinsichtlich ihres sozioökonomischen Status bevorteilten Familien ähnlich. Die geringeren Umweltunterschiede bewirken, dass genetisch beeinflusste Unterschiede stärker hervortreten.

Demgegenüber spielen am unteren Rand der sozioökonomischen Verteilung Effekte der geteilten Umwelt (c^2) eine größere Rolle. Offensichtlich findet also in manchen Familien auch unter ungünstigeren Rahmenbedingungen mehr Förderung und Unterstützung der Intelligenzentwicklung der Kinder und Jugendlichen statt als in anderen Familien. Wichtig wäre es, in genetisch-informativen Studien und unter Einbeziehung repräsentativer Stichproben ein besseres Verständnis davon zu erlangen, welche Verhaltensweisen und elterlichen Angebote es konkret sind, die diesen Effekt erzeugen. Dazu ist es zwingend erforderlich, insbesondere förderrelevante Umwelteinflüsse in den Familien detailliert zu erfassen. Dies ist mit aufwändigen Studiendesigns verbunden, stellt jedoch die einzige Möglichkeit dar, derartige Umwelteffekte unter Kontrolle genetischer Einflüsse zu identifizieren. Ein aktuelles Projekt, das sich der Entstehung sozialer Ungleichheit im Rahmen eines erweiterten Zwillings-Familien-Designs widmet, ist die von der Deutschen Forschungsgemeinschaft geförderte Studie *TwinLife* (http://www.twin-life.de; 07.11.2014).

Intelligent geboren oder schlau gemacht? 55

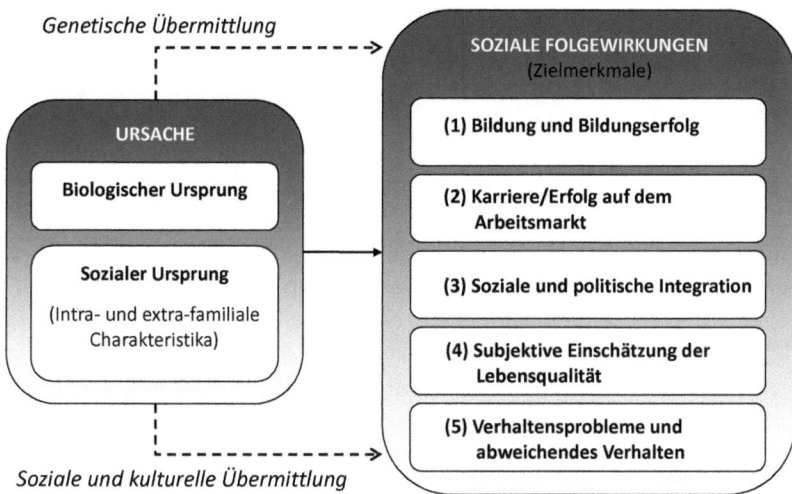

Abbildung 3: In TwinLife untersuchte Bedingungsfaktoren und soziale Zielmerkmale.

2.3
TwinLife – eine genetisch informative längsschnittliche Studie zur Entstehung sozialer Ungleichheit

TwinLife ist eine auf zwölf Jahre angelegte, repräsentative verhaltensgenetische Studie zur Entwicklung sozialer Ungleichheit. Das Langfristvorhaben wurde im Jahr 2014 begonnen und wird in einem jährlichen Turnus 4.000 in Deutschland lebende Zwillingspaare und deren Familien zu unterschiedlichen Lebensabschnitten befragen. Inhaltlich wird dabei auf die folgenden fünf Bereiche fokussiert: Bildung und Bildungserfolg, Karriere und Erfolg auf dem Arbeitsmarkt, Integration und Teilhabe am sozialen, kulturellen und politischen Leben, Lebensqualität und wahrgenommene Handlungsmöglichkeiten und schließlich Verhaltensprobleme und abweichendes Verhalten. Die so erhobenen Daten können Aufschluss über Fragen zur Entstehung sozialer Unterschiede geben und sollen der wissenschaftlichen Gemeinschaft in Form von *scientific use files* zugänglich gemacht werden.

Wie Abbildung 3 verdeutlicht, werden auf Seiten der bedingenden Faktoren (links) sowohl genetische Anlagen als auch Aspekte der Umwelt berücksichtigt, in der Kinder und Jugendliche aufwachsen und leben. Auf der Seite der Zielmerkmale (rechts) werden anschließend nicht nur objektive, sondern auch subjektive Informationen über den individuellen Werdegang einer

Person betrachtet. Hierbei werden beispielsweise der Bildungsweg und der Arbeitseinstieg ebenso wie die Teilnahme am gesellschaftlichen, kulturellen und politischen Leben und die subjektive Einschätzung und Bewertung der Lebensqualität untersucht.

In *TwinLife* werden zwei verschiedene Designs miteinander kombiniert: Das *cross-sequenzielle Design* und das *Nuclear Twin Family Design* (*NTFD*). Das cross-sequenzielle Design ist eine Kombination aus Längsschnittstudie und *cross-sektionalem Design*. Während in Längsschnittstudien die gleichen Personen zu verschiedenen Testzeitpunkten untersucht (d.h. zum Beispiel befragt) werden, werden beim cross-sektionalen Design Personen mehrerer Geburtsjahrgänge zu einem Zeitpunkt untersucht. Kombiniert man diese beiden Designs, werden also Personen verschiedener Jahrgänge mehrmals untersucht. Im *NTFD* werden Verwandte ersten Grades der Zwillinge in die Untersuchung mit einbezogen. Werden neben den Daten der Zwillinge sowie beider Elternteile zusätzlich, falls vorhanden, Geschwister der Zwillinge, erhoben, spricht man auch vom *Extended Twin Family Design*. Die Betrachtung möglichst vielfältiger Verwandtschafts- und Umweltbeziehungen ist wichtig, um untersuchen zu können, welchen Einfluss die geteilte (vornehmlich also die familiäre) Umwelt und welchen Einfluss die nichtgeteilte Umwelt auf die Entwicklung der Zwillinge hat. In *TwinLife* werden ausschließlich gleichgeschlechtliche Zwillinge erhoben, um Verzerrungen aufgrund des unterschiedlichen Geschlechts zu vermeiden. Außerdem werden nur solche Paare untersucht, die in derselben Familie aufgewachsen sind bzw. aufwachsen.

TwinLife ist als Langzeitvorhaben angelegt, was bedeutet, dass die vier Kohorten von ein- und zweieiigen Zwillingen über zwölf Jahre hinweg beobachtet werden. Dazu sollen jährliche Interviews durchgeführt werden, die abwechselnd telefonisch und im Haushalt stattfinden. Dieses Design erlaubt es, in der vergleichsweise kompakten Untersuchungsspanne von zwölf Jahren einen großen Altersbereich zu untersuchen. Die jüngste Kohorte (Jahrgang 2009) ist zum Zeitpunkt der ersten Testung im Jahr 2014 fünf Jahre alt und die älteste Kohorte (Jahrgang 1991) zum Zeitpunkt der voraussichtlich letzten Testung im Jahr 2023 bereits 31 Jahre. Diese Untersuchungsanlage ermöglicht folglich, dass die Erhebungen kurz vor dem Eintritt in die Schule beginnen und dann enden, wenn zentrale berufsbezogene Entscheidungen der Teilnehmer bereits erfolgt sind.

Das *NTFD* wird in *TwinLife* in einer ganz besonderen Form angewendet: Der Fokus liegt hierbei nicht nur auf der biologische Familie, sondern auf der Umwelt, in der die Zwillinge aufwachsen, also ggf. auch auf der Stieffamilie. Falls die Zwillinge in einer Stieffamilie, oder einer Art *Patch-Work* Familie aufwachsen, werden die biologischen Eltern dennoch zusätzlich mit in die Untersuchung einbezogen. Auch Trennungen und Scheidungen der Eltern

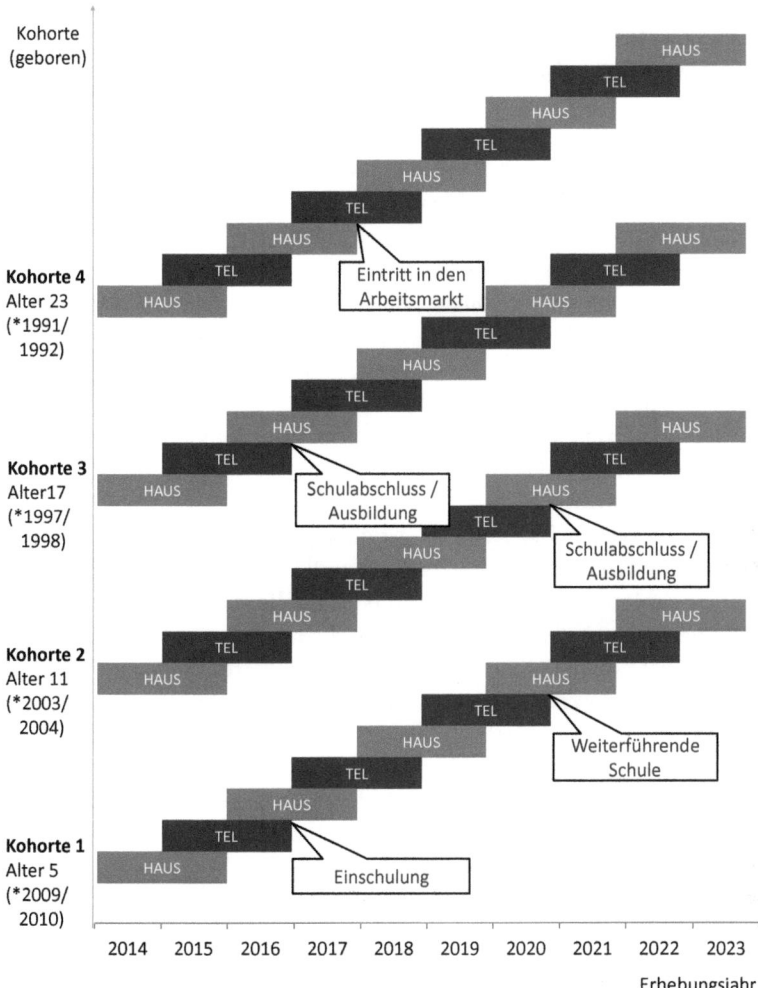

Abbildung 4: Darstellung des cross-sequenziellen Erhebungsdesigns in TwinLife.

oder der Einzug einer oder mehrerer Personen in den Haushalt werden mit berücksichtigt, da es sich dabei um wichtige Lebensereignisse handelt. Außerdem werden, wenn die Zwillinge älter sind, auch die (Ehe-)Partner mit einbezogen, da diese einen weiteren wichtigen Umweltfaktor darstellen. Überdies ist vorgesehen, im Rahmen zukünftiger *TwinLife* Erhebungen genetische Marker zu berücksichtigen, um perspektivisch molekulargenetische Analysen zu ermöglichen.

2.4
Wir wissen bislang nicht, welche Gene mit Intelligenzunterschieden assoziiert sind

Im Gegensatz zur quantitativen Genetik beschäftigt sich die Molekulargenetik mit der Suche nach spezifischen Genen bzw. genetischen Mechanismen, die mit komplexen Verhaltensweisen assoziiert sind. In den vergangenen Jahren haben sich in diesem Forschungsgebiet atemberaubende technische Entwicklungen vollzogen. So kann aktuell mit vergleichsweise geringem Aufwand die DNA von Personengruppen, die sich in relevanten Merkmalen unterscheiden, an einer sehr großen Zahl von Genorten (Loci) verglichen werden. Geprüft wird dabei in der Regel, ob es bedeutsame Unterschiede in der Auftretenshäufigkeit sogenannter *SNPs* (*single nucleotide polymorphisms*) zwischen den Gruppen gibt. *SNPs* sind einzelne Basenpaare, die sich in der Population unterscheiden und mit gemessenen Merkmalsunterschieden assoziiert sein können.

Dieses Vorgehen hat sich vor allem in der medizinischen Forschung bewährt und eine Vielzahl genetischer Kandidaten hervorgebracht, die beispielsweise mit Stoffwechselprozessen oder kardiovaskulären Erkrankungen in Zusammenhang stehen. Das *National Human Genome Research Institute* bietet online einen ständig aktualisierten und beeindruckenden Atlas der Ergebnisse *genomweiter Assoziationsstudien* (*GWAS*) an, der die bislang gewonnenen Erkenntnisse katalogisiert (http://www.ebi.ac.uk/fgpt/gwas/).

Im Bereich komplexer psychologischer Merkmale wie der Intelligenz oder der Persönlichkeit ist dieser Forschungsansatz bislang jedoch weitaus weniger erfolgreich. Oftmals wird der mangelnde Erfolg bei der Identifikation von Genen für erbliche Merkmale als *missing heritabilty* (*fehlende Erblichkeit*) bezeichnet, was irreführend ist, da es strenggenommen nicht an Belegen für die Erblichkeit mangelt, sondern an gesicherter Erkenntnis über die beteiligten Gene sowie deren Wirkmechanismen. So resümieren zwei Experten in einer aktuellen Übersichtsarbeit zur Genetik der Intelligenz, in der die größten molekulargenetischen Studien bis ins laufende Jahr gesichtet wurden, dass derzeit trotz größter Anstrengungen kein belastbarer und genomweit signifikanter *SNP*-Befund existiert (Plomin & Deary, 2014). So wurden in der bislang größten *GWAS* zu Intelligenzunterschieden annähernd 18000 Kinder untersucht (Benyamin et al., 2014). Diese großen Stichproben sind erforderlich, um statistisch signifikante Befunde überhaupt zu ermöglichen, da derzeit angenommen wird, dass die Bedeutung einzelner Genorte, die mit individuellen Unterschieden in der Intelligenz zusammenhängen könnten, winzig klein ist und diese jeweils vermutlich nicht einmal 0.2 % dieser Unterschiede erklären. Dies geht mit Komplikationen einher, was die Replikation von Kandidatengenen betrifft. So zieht sich die Problematik falsch positiver Befunde bereits seit vielen Jahren durch die molekulargenetische Literatur. Inwieweit eine kürzlich publizierte Studie, in der ein linearer Zusammenhang zwischen kognitiven Fähigkeiten und der Anzahl von Wiederholungen einer spezifischen, proteinkodierenden DNA-Sequenz berichtet wird (Davis et al, 2015), den erhofften Durchbruch für die molekulargenetische Erforschung individueller Differenzen in der Intelligenz bringen wird, bleibt abzuwarten. Vielversprechend an dieser Veröffentlichung ist, dass die Zahl der Wiederholungen solcher DNA-Abschnitte ein bislang noch unzureichend beforschter Bereich ist.

Dass *GWAS* vor dem Hintergrund der genannten Einschränkungen auch im Bereich komplexer Merkmale erfolgreich sein können, zeigen aktuelle Ergebnisse aus der molekulargenetischen Erforschung psychischer Störungen (Ripke et al., 2013). Für das Merkmal „Schizophrenie" wurden beispielsweise jüngst 22 Loci identifiziert, die genomweite Signifikanz erzielten. Auf der Grundlage ihrer Ergebnisse schätzen die Autoren, dass über 8,000 *SNPs* an der genetischen Beeinflussung der Störung beteiligt sein könnten und dass die aufgeklärte Varianz durch einzelne genetische Marker in der Größenordnung von 0.004 % liegen könnte. Derartige Schätzungen erscheinen auch für das Merkmal „Intelligenz" nicht unplausibel, was für die molekulargenetische Erforschung von Intelligenzunterschieden trotz zunehmend leistungsstarker *DNA*-Chips auch in Zukunft eine große Herausforderung darstellen wird. Aufgrund der erforderlichen Stichprobengrößen schließen sich Forschergruppen daher zunehmend zu Konsortien zusammen. Das *Psychiatric Genomics Consortium* etwa (*PGC*; http://www.med.unc.edu/pgc/; 07.11.2014) wurde gegründet mit dem Ziel, mega-analytische Betrachtungen von *GWAS* Daten im Bereich psychiatrischer Erkrankungen durchzuführen. Der Begriff „Mega-Analyse" soll in Abgrenzung zur Meta-Analyse, bei der Ergebnisse über Studien hinweg zusammengefasst werden, ausdrücken, dass in den Analysen des *PGC* individuelle Genotyp-Daten verwendet werden. Die beteiligten Forscher teilen somit die Rohdaten ihrer Studien für die besagten Analysen. Dem *PGC* gehören aktuell mehr als 500 Forscher aus über 80 Institutionen in mehr als 25 Ländern an. Laut den online verfügbaren Informationen befinden sich Daten von über 170000 Personen in den Datenbanken – Tendenz rasch steigend. Im Intelligenzbereich sind derartige Bestrebungen bislang nicht in vergleichbarer Weise fortgeschritten. Allerdings existieren beispielsweise im Rahmen des *Cohorts for Heart and Aging Research in Genomic Epidemiology* (*CHARGE*) Consortium Datensätze, die diverse kognitive Tests enthalten (Psaty et al., 2009) und somit die Möglichkeit für kombinierte *GWAS*-Analysen bieten.

2.5
Intelligenz und Bildungserfolg: Entwicklungsbedingungen der Intelligenz

Einen guten Überblick über den aktuellen und interdisziplinären Forschungsstand zu den Rahmenbedingungen einer günstigen Entwicklung individueller Potentiale bietet die unter Mitwirkung des Autors erarbeitete und im Sommer 2014 erschienene Stellungnahme „Frühkindliche Sozialisation: Biologische, psychologische, linguistische, soziologische und ökonomische Perspektiven" der Nationale Akademie der Wissenschaften Leopoldina, acatech – Deutsche Akademie der Technikwissenschaften, Union der deutschen Akademien der Wissenschaften. Der vorliegende Abschnitt entspricht weitestgehend Kapitel 4.3 der genannten Stellungnahme (vgl. dazu auch den kritischen Kommentar von Dollase, 2015).

2.5.1
Soziale Schicht, Intelligenzentwicklung und Bildungserfolg

Kinder aus höheren sozialen Schichten haben ungleich größere Chancen auf bessere Bildungsabschlüsse als Kinder aus niedrigeren sozialen Schichten. Vor dem Hintergrund der Tatsache, dass Intelligenz sich positiv auf den Bildungs- und Lebenserfolg eines Menschen auswirkt und angesichts der Tatsache, dass Gene die Intelligenzentwicklung substantiell beeinflussen, lässt sich ableiten, dass der größere Bildungserfolg von Kindern aus höheren sozialen Schichten nicht allein mit einer besseren Förderung erklärt werden kann. Es kann davon ausgegangen werden, dass der Zusammenhang zwischen Bildungserfolg und Schichtzugehörigkeit teilweise genetische Ursachen hat. Bedingt ist dies möglicherweise durch Anlage-Umwelt-Korrelation (siehe oben). Darüber hinaus gibt es aber auch Hinweise auf schichtspezifische Fördereffekte der Intelligenz, was zu dem bereits berichteten Befund passt, dass in bildungsferneren Familien Umwelteinflüsse bedeutsamer sind als in bildungsnahen Familien. Kinder aus bildungsfernen Schichten bleiben somit mit größerer Wahrscheinlichkeit hinter ihrem Potenzial zurück, es sei denn, sie werden durch geeignete Angebote gefördert.

2.5.2
Welche Umwelt ermöglicht die optimale Entwicklung und Nutzung der Intelligenz?

Im Laufe der Entwicklung unterliegt die geistige Leistungsfähigkeit eines Kindes massiven Veränderungen. Diese universelle Veränderung ist seit langem Gegenstand empirischer Forschung. In den ersten Lebensmonaten nach der Geburt entwickeln sich Hirnstrukturen und sensorische Funktionen aufgrund einer kontinuierlichen Interaktion mit der Umwelt. Die Herausbildung elementarer Wahrnehmungsfunktionen und sensorischer Filter ist Voraussetzung für die Entwicklung aller weiteren kognitiven Funktionen. Normalerweise ist diese Entwicklung relativ robust gegenüber unterschiedlichen Umwelten, d. h. das Spektrum von Umwelten, die in unterschiedlichen Gesellschaften und innerhalb einer Gesellschaft bereitgestellt werden, ist vergleichsweise homogen und wirkt sich nicht nachweisbar auf diese Entwicklung aus. Erst extreme Abweichungen von einer „normalen" Umwelt (z. B. schwere Einschränkungen beim Sehen oder Hören) führen zu lebenslang nachweisbaren Defiziten. Solche Effekte in Extremgruppen verdeutlichen allerdings, wie wichtig adäquate Umwelterfahrungen in der frühesten Kindheit für die Entwicklung sind. Dabei hat sich auch gezeigt, dass die Entwicklung bestimmter Funktionen und Hirnstrukturen an enge Zeitfenster gekoppelt ist. Wird z. B. in den ersten Lebensmonaten keine adäquate visuelle Reizung erfahren, so können sich komplexe Leistungen des Sehsystems (z. B. das Erkennen von Unterschieden in Merkmalskonfigurationen) und multisensorische Funktionen (z. B. die korrekte Wahrnehmung von visuellen und auditiven räumlichen bzw. zeitlichen Koinzidenzen) nur unzureichend entwickeln.

Gegen die Annahme eines ähnlich engen Zeitfensters für die Intelligenzentwicklung bereits im ersten Lebensjahr sprechen Befunde, die an stark vernachlässigten rumänischen Waisenkindern gewonnen wurden. Gut kontrollierte Studien unter der Leitung von Rutter in Grossbritannien und Fox in den USA (Beckett, Castle, Rutter & Sonuga-Barke, 2010; Nelson et al., 2007) sind mit der Annahme vereinbar, dass Kinder, die vor dem zweiten Lebensjahr bei Pflegefamilien in eine förderliche Umwelt kommen, in ihrer Intelligenzentwicklung nicht wesentlich beeinträchtigt sein müssen. Dauerhafte Beeinträchtigungen der Intelligenzentwicklung zeigten sich hingegen bei Kindern, die bei der Aufnahme in eine Adoptions- oder Pflegefamilie älter als zwei Jahre waren. Daraus ist abzuleiten, dass Zeitfenster für die positive Intelligenzentwicklung vermutlich breiter sind als für die Entwicklung elementarer sensorischer Funktionen, andererseits aber auch, dass ein emotional positives und förderndes Umfeld, wie es durch eine Familie bereitgestellt wird, in den ersten zwei Lebensjahren für die Entwicklung der Intelligenz von grösser

Bedeutung ist. In Metaanalysen wurden weitere, die Intelligenzentwicklung fördernde Bedingungen eingegrenzt. Dazu gehören u. a. Ernährungsbedingungen (z. B. Stillen), Trainingsmaßnahmen, um Müttern aus bildungsfernen Gruppen möglichst früh Techniken zu vermitteln, mit deren Hilfe sie ihren Kindern eine anregungsreiche Umwelt bieten können, die Tatsache, dass Eltern mit ihren Kindern gemeinsam und interaktiv laut lesen, sowie die Nutzung von Vorschulangeboten (Protzko, Aronson & Blair, 2013).

Annahmen darüber, wie sich die Intelligenz in der weiteren Kindheit bis zum Jugendalter entwickelt, waren lange Zeit von einem Modell geprägt, das auf den Schweizer Biologen und Psychologen Jean Piaget zurückgeht (vgl. Montada, 2002). Piagets Grundidee war, dass sich zunehmende Abstraktionsfähigkeit in Stufen entwickelt. Diese These ließ sich allerdings in empirischen Untersuchungen nicht bestätigen. Immer wieder wurde gezeigt, dass Kinder in Inhaltsbereichen, die ihnen vertraut sind, logische Denkoperationen vollziehen können, zu denen sie in weniger vertrauten Gebieten nicht in der Lage sind. Beim Erwerb von Wissen müssen Kinder nicht bei null anfangen. Es gibt genetische Prädispositionen aufgrund derer – ähnlich wie bei der Sprache – bereits sehr früh ein sog. Kernwissen ausgebildet wird. Zu diesem Kernwissen zählen u. a. elementare physikalische Sachverhalte, etwa dass sich ein Objekt nach unten und nicht nach oben bewegt, wenn man es fallen lässt, oder dass ein weiches Objekt (z. B. ein Ball) ein härteres Objekt (z. B. eine Tischplatte) nicht durchdringen kann. Bereits bei Säuglingen lässt sich ein solches Kernwissen nachweisen, indem man ihre Blickbewegungen auswertet. Präsentiert man Babys im Alter von wenigen Monaten einfache Szenarien, dann schauen sie zunächst sehr interessiert hin, aber wenn sich die gleiche Szene mehrfach wiederholt, wird es langweilig und die Babys wenden den Blick wieder ab. Präsentiert man nun nach einer solchen Gewöhnungsphase eine ähnliche Szene, die aber den elementaren physikalischen Gesetzen widerspricht, dann blicken die Säuglinge wieder interessiert hin (z. B. wenn es so aussieht als ob ein Ball, den jemand über einem Tisch fallen gelassen hat, nicht auf sondern unter dem Tisch gelandet ist). Solche, in vielen Untersuchungen replizierte Ergebnisse legen die Vermutung nahe, dass ein Teil des Wissens über die Umwelt angeboren ist. So können Kinder auch bereits sehr früh aktive Bewegungen, wie sie Lebewesen zeigen, von induzierten Bewegungen unbelebter Objekte unterscheiden. Ebenso wurde ein elementares psychologisches Kernwissen nachgewiesen (Wynn, 2007). Liegt Kernwissen vor, so wird das weitere Lernen in diesem Bereich erleichtert. Kinder lernen z. B. ohne systematische und professionelle Instruktion Zählen. Allerdings stößt das Kernwissen an Grenzen, sobald es um den Erwerb von Wissen geht, welches erst im Zuge der kulturellen Entwicklung entstanden ist. Natürliche Zahlen sind intuitiv verständlich, aber der Umgang mit Bruchzahlen bereitet

Schulkindern i. d. R. Probleme. Kernwissen in Physik hilft kleinen Kindern beim Erkennen von Hindernissen und Erkundungsmöglichkeiten in der Umwelt, es bedingt aber nicht unmittelbar ein Verständnis von Newtons Axiomen der Mechanik. Schwierigkeiten im Physikunterricht resultieren oft gerade aus den Widersprüchen zwischen intuitivem Kernwissen und den Gesetzen der wissenschaftlichen Physik.

Professionelle institutionelle Lerngelegenheiten wie die Schule müssen daher Lernprozesse fördern, die nicht direkt durch Kernwissen unterstützt werden (s. dazu z. B. Pauen, 2012). Genetisch bedingte oder durch Umwelteinflüsse ausgelöste Störungen in der pränatalen und frühkindlichen Hirnentwicklung können die Ausbildung des Kernwissens beeinflussen. Bei Menschen mit autistischen Störungen lassen sich z. B. Defizite im Kernwissen über soziale Interaktionen nachweisen (Frith & Frith, 2012). Auch schwere Rechenstörungen sind auf nicht entwickeltes Kernwissen über Quantitäten zurückzuführen (Butterworth, 2010). Jenseits solcher klar ausgeprägten Störungen ist das Kernwissen jedoch eine allen Kindern universell verfügbar Ressource.

Auch die weitere geistige Entwicklung im Kindesalter lässt sich eher durch „besser wissen" als durch „besser denken" beschreiben. Eine erfolgreiche kognitive Entwicklung im Kindesalter zeigt sich im Erwerb von Begriffswissen, welches nicht als Kernwissen verfügbar ist. Jenseits des Kernwissens sind Kinder universelle Novizen, weshalb sie zunächst Begriffe und Zusammenhänge zwischen Wissenselementen nach den unmittelbar wahrgenommenen Merkmalen und nicht nach definitorischen Kategorisierungen strukturieren. Gewicht, z. B., wird bei Kindern mit „schwer anfühlen" gleichgesetzt, weshalb nach ihrer Auffassung ein Haufen Reis Gewicht hat, ein einzelnes Reiskorn hingegen nicht. Kognitive Entwicklung heißt somit vor allen Dingen Wissensumstrukturierung, die im kommunikativen Austausch mit anderen (Eltern, Erziehern, Lehrern) stattfindet. Piaget postulierte, dass sich zuerst für das Denken relevante Strukturen im menschlichen Gehirn entwickeln müssen, bevor Begriffslernen möglich ist. Die zu einem bestimmten Zeitpunkt vorhandenen Hirnstrukturen ermöglichen seiner Meinung nach – quasi ohne weitere Umwelteinflüsse –, dass abstraktere Begriffe erworben und komplexere Denkleistungen vollbracht werden können. Heute wird eher von einem sozio-konstruktivistischen ·Modell ausgegangen, demzufolge sich Denkstrukturen auf der Grundlage des in der Interaktion mit anderen Menschen erworbenen, kontextbezogenen Wissens entwickeln. D. h., es müssen sich zwar bestimmte Hirnstrukturen entwickeln, mittels derer Wahrnehmungs-, Sprach- und Denkleistungen sowie Lern- und Gedächtnisfähigkeiten möglich werden, aber diese Entwicklung ist nicht unveränderlich vorprogrammiert sondern sie vollzieht sich in einer ständigen Interaktion mit der Umwelt und den dort bereitgestellten Anforderungen. Denken, ebenso wie Sprachfertigkeit und andere kognitive Leistungen, entwickeln sich nicht einfach deshalb, weil ein Kind älter wird. Diese Fähigkeiten und Fertigkeiten entwickeln sich einerseits, weil genetisch bedingte Prädispositionen vorliegen und andererseits, weil diese Prädispositionen durch die Umwelt zur Entfaltung gebracht werden. Zum Beispiel sind die für die Sprache relevanten Hirnstrukturen bei allen Menschen angelegt, aber sie verkümmern, wenn ein Kind keinen Sprachinput erfährt und nicht zum Sprechen aufgefordert wird. Vergleichbares gilt für die Strukturen des Frontalhirns, die die biologischen Voraussetzungen für Leistungen des Arbeitsgedächtnisses oder für das Lösen von Problemen bereitstellen. Interessanterweise beobachtet man mit Hilfe moderner Bildgebungsverfahren die größten strukturellen Veränderungen in der Kindheit im Frontalhirn, dem Teil des Gehirns, der vor allen Dingen an der Bildung und Kontrolle von Verhaltenszielen sowie der Zusammenführung von eingehender Information und bestehendem Wissen beteiligt ist. Ein noch suboptimal strukturiertes Frontalhirn in den ersten Lebensjahren erschwert zwar das Lernen, verhindert es aber nicht. Lernumgebungen für Vor- und Grundschulkinder können und sollen inhaltlich anspruchsvoll sein, müssen aber die Defizite in der Zielbildung und der Informationsintegration berücksichtigen.

Diese neue Perspektive der kognitiven Entwicklung hat vor allem Einfluss auf die Gestaltung der Lerngelegenheiten in der Grundschule. Die lange Zeit dominierende Sichtweise Piagets– so weiß man heute – führte bisweilen zu didaktischen Ansätzen, deren Umsetzung mit einer Unterforderung von Grundschulkindern einhergeht. Der Aufbau von anschlussfähigem Begriffswissen, wodurch das spätere Lernen erleichtert werden könnte, wurde versäumt. Für die Entfaltung der Intelligenz gemäß den individuell gegebenen, anlagebedingten Prädispositionen ist es erforderlich, dass Kinder von der Geburt an in einer geborgenen und anregungsreichen Umwelt aufwachsen und ein die intellektuellen Leistungen förderndes Bildungsangebot im Kindergarten und in der Grundschule wahrnehmen können. Extrem negative Bedingungen, wie sie für Waisenkinder oder bei prekären Familienverhältnissen gegeben sein können, lassen sich durch gezielte Förderprogramme teilweise korrigieren, die sowohl kognitive als auch emotional-motivationale Kompetenzen anregen und stärken. Die Annahme, man könne auch bei Kindern, die in nicht benachteiligten Umwelten aufwachsen, durch gezielte Stimulation in der frühen Kindheit die Intelligenz substantiell und nachhaltig steigern, lässt sich allerdings wissenschaftlich nicht belegen. Für Programme, die angeblich in unterschiedlichen Lebensphasen allgemeine mentale Funktionen trainieren können, fehlen überzeugende Nachweise ihrer effizienten und nachhaltigen Wirksamkeit. Auch die in jüngerer Zeit medienwirksam propagierten Transfereffekte eines Trainings des Arbeitsgedächtnisses auf die kognitive Fähigkeit (z. B. Jaeggi, Buschkuehl, Jonides & Perrig, 2008; Jaeggi, Buschkuehl, Jonides & Shah, 2011) halten einer kritischen Überprüfung nicht stand (z. B. Owen et al., 2010; Redick et al., 2013; vgl. zur Kritik Rost, 2013, S. 434–439). In einer aktuellen meta-analytischen Sichtung von insgesamt 23 Studien kommen Melby-Lervåg & Hulme (2012) zu dem ernüchternden Fazit, dass überzeugende Transfereffekte intensiver Arbeitsgedächtnistrainings auf die kognitive Leistungsfähigkeit nicht nachgewiesen werden konnten.

2.6
Frühförderprogramme und ihre Effektivität

2.6.1
Förderung im Rahmen von Frühförderprogrammen

Early Childhood Intervention oder *Frühförderung* ist die Bezeichnung für eine mittlerweile fast unüberschaubar große Menge von Maßnahmen zur kognitiven, sozialen und emotionalen Förderung von Kindern im Vorschulalter, die aufgrund des sozioökonomischen Status ihrer Familien oder der Zugehörigkeit zu einer ethnischen Minderheit als benachteiligt und daher besonders förderbedürftig gelten. Die Benachteiligung besteht meist in einer Kombination aus biologischen Risikofaktoren (verfrühte Geburt, Geburtsschäden und Geburtskomplikationen, etc.) und sozialen Risikofaktoren, hier insbesondere Persönlichkeitsprobleme der Eltern (meist Folgen oder Begleitumstände des Lebensstandards, z. B. Alkoholismus), schlechte Partnerbeziehung oder negative Erwartungen an das Kind. Der Bildungsgrad der Mutter dient als sogenannter Risikopuffer, da er eine bessere Versorgung, mehr Geschick im Umgang mit dem Kind und eine stimulierende Umwelt repräsentiert (vgl. Oerter & Montada, 2002). So zeigt sich beispielsweise anhand des *International Adult Literacy Survey* nach Wilms (1999), dass der Grad der Lesefähigkeit der getesteten Kinder von der Dauer der Beschulung ihrer Eltern abhängt: je mehr Beschulung die Eltern erhielten, umso besser war die Lesefähigkeit der Kinder und umgekehrt (vgl. Goldbeck, 2001). Da sich solche aversiven Bedingungen gehäuft in sozioökonomisch schlechter gestellten Familien finden und Kinder aus solchem Milieu häufiger in der Schule versagen (Schulabbruch, Klassenwiederholung etc.), somit den Teufelskreis aus mangelnder Bildung, Arbeitslosigkeit oder niedrigem Einkommen und Armut aufrecht erhalten, sah man insbesondere in den USA Handlungsbedarf, woraufhin die ersten Frühinterventionsprogramme ins Leben gerufen wurden. Der US-Präsident Lyndon B. Johnson rief 1964 das *War on Poverty*-Programm ins Leben, mit dem vor allem die Armutsspirale – Kinder armer Eltern erhalten eine schlechtere

Ausbildung, brechen häufiger die Schule ab bzw. wiederholen öfter Klassenstufen und bleiben mangels Bildungsmöglichkeiten dem sozioökonomischen Status des Elternhauses verhaftet – durchbrochen werden sollte und so auch den gesellschaftlichen Folgen, und damit Kostenproduzenten der Armut wie Kriminalität, Teenagerschwangerschaften, Drogenabhängigkeit und Arbeitslosigkeit vorgebeugt werden sollte. *Make certain that poverty's children would not be forevermore poverty's captives* war Johnsons Motto, mit dem das 1965 gestartete *Head Start* Programm als die Lösung des Armuts- und Bildungsproblems beworben wurde. Angegangen werden sollte das Problem, indem Frühförderprogramme Kinder besser auf die Anforderungen der Schule vorbereiteten, denn ein relevanter Faktor für das Schulversagen als Ursache weiterer sozialer Problematiken wurde in mangelnder Schulbereitschaft zu Beginn der Schulzeit gesehen.

In den vergangenen etwa 50 Jahren wurden neben *Head Start* zahlreiche weitere Frühfördermaßnahmen ins Leben gerufen, darunter das *Perry Preschool Project*, das *Carolina Abecedarian Project* und das *Early Training Project*. Teils handelte es sich um öffentliche, meist staatlich mitfinanzierte, gebührenpflichtige Betreuungs- oder Vorkindergartenprogramme, zu einem nicht unwesentlichen Teil wurden die Programme aber auch als experimentelle Modellprogramme konzipiert (vgl. Currie, 2001).

2.6.2
Zur Effektivität von Frühförderprogrammen: ein Beispiel

Das *Perry Preschool Project* gehört zu den am besten evaluierten Frühförderprojekten, in deren Rahmen die Wirkungen pädagogischer Interventionen in der frühen Kindheit erforscht wurden. Aus diesem Grund soll die Studie an dieser Stelle kurz vorgestellt und Ansätze zur Frage der Effektivität skizziert werden. Das *Perry Preschool Project* wurde 1962 in der Stadt Ypsilanti in Michigan, USA, begonnen und wird bis heute fortgeführt. Die ein bis zwei Jahre anhaltende Intervention zielte darauf ab, sozial benachteiligte Kinder im Alter von 3-4 Jahren und ihre Familien zu unterstützen. Die an der Studie beteiligten Kinder hatten zu Beginn der Studie alle einen niedrigen IQ (von unter 90), und es lag eine schlechte ökonomische Situation der Familie vor. Die Kinder wurden im Alter von drei bis vier Jahren zufällig einer Experimental- und der Kontrollgruppe zugeteilt. Die Experimentalgruppe bekam ein qualitativ sehr hochwertiges Förderprogramm (täglich zweieinhalb Förderung in einer Einrichtung durch geschultes Fachpersonal und zusätzliche Hausbesuche in der Familie). Es nahmen 123 Kinder an der Studie teil, die von Anfang an bis zum Alter von 11 Jahren jährlich getestet und befragt wurden. Seitdem fanden weitere Testungen und Befragungen statt – wobei weiterhin fast alle Teilnehmer an der Studie mitmachten. In späteren Jahren wurden Daten aus Schulstatistiken sowie Daten aus Sozialhilfe-, Polizei- und Gerichtsakten systematisch berücksichtigt.

In der Studie wurden zahlreiche positive Effekte für die Experimentalgruppe festgestellt. Sie konnte sehr bald einen IQ-Anstieg verzeichnen. Jedoch glichen sich die IQ-Werte zwischen Experimental- und Kontrollgruppe später wieder an. Bei standardisierten Tests in den Bereichen „Sprache", „Lesen" und „Mathematik" zeigten die Kinder der Experimentalgruppe bessere Leistungen als die Kinder der Kontrollgruppe. Dieser Vorsprung in den akademischen Testleistungen zeigte sich auch langfristig.

Das sehr kostenintensive Programm wurde durch unterschiedliche Kosten-Nutzen-Analysen evaluiert. Dabei wurden die Kosten und der Nutzen für die Teilnehmer und ihre Familien (privater Nutzen) sowie der Nutzen für den Steuerzahler und die Gesellschaft als Ganzes (gesellschaftlicher Nutzen) erfasst. Die unterschiedlichen Nutzenkomponenten wurden monetär bewertet, u. a. der höhere Schulerfolg, das höhere Lebenseinkommen, die höheren Steuereinnahmen, die niedrigere Abhängigkeit von der sozialen Fürsorge und die geringere Delinquenz der Experimentalgruppe. In Abhängigkeit des methodischen Ansatzes ergibt sich für das Perry Preschool Projekt ein Kosten-Nutzen-Verhältnis von 1:10 oder 1:17. Alle Kosten-Nutzen- Analysen zeigen, dass der langfristige Nutzen des Perry Preschool Projectes dessen Kosten bei weitem übersteigen (Belfield, Nores, Barnett & Schweinhart, 2006; Heckman, Moon, Pinto, Savelyev & Yavitz, 2010).

Eine systematische, vergleichende Betrachtung der Effektivität verschiedener Frühförderprogramme ist aufgrund der teils sehr unterschiedlichen Ziele und der verschiedenen Programmausgestaltung schwierig. Eine bedeutsame und langfristig überdauernde Steigerung der Intelligenz scheint bisher nicht zu den positiven Effekten der Frühförderprogramme zu zählen (Olsen, 2005; vgl. dazu auch Rost, 2013, S. 417–430).

Des Weiteren stellt sich die Frage, inwiefern Effekte von Interventionen aus den sechziger Jahren des vergangenen Jahrhunderts bei heute 40- bis 50-Jährigen auf aktuell aufwachsende Kinder und Jugendliche übertragbar sind. Gerade in den letzten Jahrzehnten hat sich die Gesellschaftsstruktur nachhaltig verändert mit einem deutlich angestiegenen Anteil alleinerziehender Eltern, höherer Arbeitslosigkeit sowie einer massiv veränderten Landschaft des Angebots und der Nutzung neuer Medien. Programme, deren Ziel langfristig nach wie vor in einer Reduktion von deviantem Verhalten und Arbeitslosigkeit liegt, müssen heute vielleicht mit einer veränderten Struktur auf diese Probleme reagieren. Familieneinbeziehende und –unterstützende Programme, sogenannte Zwei-Generationen-Programme sind hier vermutlich ein

Schritt in die richtige Richtung. Zudem sollte über die konkrete Förderphase hinaus Kongruenz unter den Bildungseinrichtungen und dem individuellen Umfeld bezüglich der Förderziele der Mittel zu deren Erreichung bestehen.

2.7
Von der Kunst, das Kind nicht mit dem Bade auszuschütten

Vor dem Hintergrund des skizzierten Forschungsstandes zur Genetik der Intelligenz ist offenkundig, dass zum jetzigen Zeitpunkt genetisch begründete Vorhersagen über die individuelle Intelligenzentwicklung oder die Grenzen der Veränderbarkeit nicht möglich sind. Das aus der Verhaltensgenetik hervorgehende Wissen bleibt insofern zunächst beschränkt auf die Identifikation systematischer Wirkgrößen zur Erklärung von Unterschieden zwischen Individuen.

Dies würde sich mit der Identifizierung von intelligenzrelevanten Loci insofern ändern, als ab diesem Moment für jedes Individuum bestimmt werden könnte, in welchem Ausmaß eine Person merkmalspositive genetische Marker besitzt. Angesichts der zu erwartenden geringen Effektstärken einerseits und dem Mangel an Wissen über die differentielle Wirkweise von Umwelteinflüssen in Abhängigkeit von individuellen genetischen Profilen andererseits, dürfte jedoch auf lange Sicht die Vorhersagegüte und damit verbunden der praktische „Nutzen" einer genetischen Diagnostik zur Intelligenzentwicklung gering sein.

Dies bedeutet freilich nicht, dass die mögliche Entdeckung entsprechender Loci, neben ihrem augenscheinlichen Wert für die wissenschaftliche Grundlagenforschung, nicht doch rasch gesellschaftliche Konsequenzen nach sich zöge; seien sie politischer, wirtschaftlicher oder juristischer Natur. Exemplarisch sei in diesem Kontext der Fall des im Jahre 2009 in Italien verurteilten Mörders Abdelmalek Bayout genannt, der für seine Tat ein geringeres Strafmaß erhielt, nachdem bei ihm eine „ungünstige" Variante des Gens *Monoamino-Oxidase A* (*MAOA*) nachgewiesen worden war, einem Gen, das im Kontext ungünstiger Umweltbedingungen einen Risikofaktor für die Entwicklung antisozialer Verhaltenstendenzen darstellt (Caspi et al, 2001; Taylor & Kim-Cohen, 2007; (http://www.nature.com/news/2009/091030/full/news.2009.1050.html; 18. August 2014)

Dass disziplinübergreifend nicht länger nach der Bedeutung von Anlage *versus* Umwelteinflüssen gefragt wird, sondern stattdessen zunehmend ein Verständnis dafür erwächst, dass Anlagen nur durch bzw. vor dem Hintergrund von Umwelten (*nature via nurture*) Einfluss nehmen, und ebenso Umwelten in Abhängigkeit unserer Anlagen verschieden wirken können (*nurture via nature* bzw. Anlage-Umwelt-Interaktion), ist ein entscheidender Fortschritt. Um bei der Erforschung dieses komplexen Zusammenspiels erfolgreich zu sein, bedarf es multidisziplinärer, genetisch-informativer Studien, wie sie am Beispiel des *TwinLife*-Projekts in diesem Beitrag vorgestellt wurden.

Literatur

Beckett, C., Castle, J., Rutter, M. & Sonuga-Barke, E. J. (2010). Institutional deprivation, specific cognitive functions, and scholastic achievement: English and Romanian adoptee (era) study findings. *Monographs of the Society for Research in Child Development, 75*, 125–142.

Belfield, C. R., Nores, M., Barnett, S., & Schweinhart, L. (2006). The high/scope perry preschool program – Cost-benefit analysis using data from the age-40 Followup. *Journal of Human Resources, 41*, 162–190.

Benyamin, B., Pourcain, B., Davis, O. S., Davies, G., Hansell, N. K., Brion, M. J., et al. (2014). Childhood intelligence is heritable, highly polygenic and associated with FNBP1L. *Molecular Psychiatry, 19*, 253–258.

Bouchard, T. J., Jr. & McGue, M. (1981). Familial studies of intelligence: a review. *Science, 212*, 1055–1059.

Briley, D. A. & Tucker-Drob, E. M. (2013). Explaining the increasing heritability of cognition over development: a meta-analysis of longitudinal twin and adoption studies. *Psychological Science, 24*, 1704–1713.

Butterworth, B. (2010). Foundational numerical capacities and the origins of dyscalculia. *Trends in Cognitive Sciences, 14*, 534–541.

Cardno, A. G. & Gottesman, I. I. (2000). Twin studies of schizophrenia: from bow-and arrow concordances to Star Wars Mx and Functional Genomics. *American Journal of Medical Genetics, 97*, 12–17.

Caspi, A., McClay, J., Moffitt, T. E., Mill, J., Martin, J., Craig, I. W., Taylor, A. & Poulton, R. (2002). Role of genotype in the cycle of violence in maltreated children. *Science, 297*, 851–854.

Currie, J. (2001). Early childhood intervention programs. *Journal of Economic Perspectives, 15*, 213–238.

Davis, J. M., Searles, V. B., Anderson, N., Keeney, J., Raznahan, A., Horwood, L. J., Fergusson, D. M., Kennedy, M. A., Giedd, J., & Sikela, J. M. (2015). DUF1220 copy number is linearly associated with increased cognitive function as measured by total IQ and mathematical aptitude scores. *Human Genetics, 134*, 67–75.

Dollase, R. (2015). Distanz zur Praxis als Entwicklungshindernis für den wissenschaftlichen Fortschritt in der frühkindlichen Sozialisation. *Zeitschrift für Pädagogische Psychologie, 29*, 41–48.

Frith, C. D. & Frith, U. (2012). Mechanisms of social cognition. *Annual Review of Psychology, 63,* 287–313.
Goldbeck, S. L. (2001). *Psychological perspectives on early childhood education.* New Jersey: Lawrence Erlbaum Associates.
Heckman, J. J., Moon, S. H., Pinto, R., Savelyev, P. A., & Yavitz, A. (2010). The rate of return to the HighScope Perry Preschool Program. *Journal of Public Economics, 94,* 114–128.
Heston, L. L. (1966). Psychiatric disorders in foster home reared children of schizophrenic mothers. *British Journal of Psychiatry, 112,* 819–825.
Jaeggi, S. M., Buschkuehl, M., Jonides, J. & Perrig, W. J. (2008). Improving fluid intelligence with training on working memory. *Proceedings of the National Academy of Sciences, 105,* 6829–6833.
Jaeggi, S. M., Buschkuehl, M., Jonides, J. & Shah, P. (2011). Short- and long-term benefits of cognitive training. *Proceedings of the National Academy of Sciences, 108,* 10081–10086.
Melby-Lervåg, M. & Hulme, C. (2012). Is working memory training effective? A meta-analytic review. *Developmental Psychology, 49,* 270–291.
Montada, L. (2002). Die geistige Entwicklung aus der Sicht Jean Piagets. In R. Oerter & L. Montada (Hrsg.), Entwicklungspsychologie (5. Auflage, S. 418–442). Weinheim: Beltz PVU.
Nationale Akademie der Wissenschaften Leopoldina, acatech – Deutsche Akademie der Technikwissenschaften, Union der deutschen Akademien der Wissenschaften (2014). *Frühkindliche Sozialisation – Biologische, psychologische, linguistische, soziologische und ökonomische Perspektiven.* Halle (Saale).
Nelson, C. A., Zeanah, C. H., Fox, N., Marshall, P. J., Smyke, A. T. & Guthrie, D. (2007). Cognitive recovery in socially deprived young children: the Bucharest Early Intervention project. *Science, 318,* 1937–1940.
Oerter, R. & Montada, L. (2002). *Entwicklungspsychologie* (5. Auflage). Weinheim: Beltz PVU.
Olsen, D. (2005, Spring). Early childhood education: a caveat. *American Experiment Quarterly.*
Owen, A. M., Hampshire, A., Grahn, J. A., Stenton, R., Dajani, S., Burns, A. S., et al. (2010). Putting brain training to the test. *Nature, 465,* 775–778.
Pauen, S. M. (Ed.). (2012). *The Jacobs Foundation series on adolescence. Early childhood development and later outcome.* Cambridge, New York: Cambridge University Press.
Plomin, R. & Deary, I. J. (2014). Genetics and intelligence differences: five special findings. *Molecular Psychiatry.* Advance online publication 16 September 2014; doi: 10.1038/mp.2014.105
Plomin, R., DeFries, J. C., Knopik, V. S. & Neiderhiser, J. M. (2013). *Behavioral Genetics (6th edition).* New York: Worth Publishers.
Plomin, R. & Spinath, F. M. (2004). Intelligence: Genetics, genes, and genomics. *Journal of Personality and Social Psychology, 86,* 112–129.

Protzko, J., Aronson, J. & Blair, C. (2013). How to make a young child smarter: evidence from the database of raising intelligence. *Perspectives on Psychological Science, 8*, 25–40.

Psaty, B. M., O'Donnell, C. J., Gudnason, V., Lunetta, K. L., Folsom, A. R., Rotter, J. I., et al., on behalf of the CHARGE Consortium (2009). Cohorts for Heart and Aging Research in Genomic Epidemiology (CHARGE) Consortium: Design of prospective meta-analyses of genome-wide association studies from five cohorts. *Circulation: Cardiovascular Genetics, 2*, 73–80.

Redick, T. S., Shipstead, Z., Harrison, T. L., Hicks, K. L., Fried, D. E., Hambrick, D. Z., et al. (2013). No evidence of intelligence improvement after working memory training: A randomized, placebo-controlled study. *Journal of Experimental Psychology: General, 142*, 359–379.

Ripke, S., O'Dushlaine, C., Chambert, K., Moran, J. L., Kähler, A. K., Akterin, S., et al. (2013). Genome-wide association analysis identifies 13 new risk loci for schizophrenia. *Nature Genetics, 45*, 1150–1159.

Rost, D. H. (2013). *Handbuch Intelligenz*. Weinheim: Beltz PVU.

Scarr, S. & McCartney, K. (1983). How people make their own environments: a theory of genotype environment effects. *Child Development, 54*, 424–435.

Taylor, A. & Kim-Cohen, J. (2007). Meta-analysis of gene–environment interactions in developmental psychopathology. *Development and Psychopathology, 19*, 1029–1037

Tucker-Drob, E., Briley, D.A., & Harden, K.P. (2013). Genetic and environmental influences on cognition across development and context. *Current Directions in Psychological Science, 22,* 349–355.

Turkheimer, E. (2000). Three laws of behavior genetics and what they mean. *Current Directions in Psychological Science, 9*, 160–164.

Wynn, K. (2007). Some innate foundations of social and moral cognition. In P. Carruthers, S. Laurence & S. P. Stich (Eds.), *The innate mind – structure and contents* (pp. 330–347). New York: Oxford University Press.

3
Intelligenz, Hochbegabung und Persönlichkeit[*]

Gerhard Roth

Intelligenz und *Begabung* sind wichtige Bestandteile der menschlichen Persönlichkeit. Wie man sie definiert und misst, ist innerhalb der Psychologie auch nach Jahrzehnten intensiver Forschung umstritten, genauso wie die Frage, wie man Intelligenz und Begabung am besten fördert, und welche gesellschaftliche Bedeutung die entsprechenden Forschungsergebnisse haben. Dies gilt in gesteigertem Maße für den Begriff „Hochbegabung", denn hier gehen wissenschaftliche Konzepte und Alltagsmeinungen weit auseinander, angefangen von der Auffassungen, alle Kinder seien hochbegabt – man müsse sie nur richtig fördern, bis hin zur Meinung, so etwas wie Hochbegabung gebe es selbst bei künstlerischen Tätigkeiten gar nicht. Schließlich wird von einer nicht kleinen Minderheit die Förderung hochbegabter junger Menschen durch Staat und Gesellschaft als „klassistisch-antidemokratisch" angesehen.

Dies steht in krassem Widerspruch zur Meinung staatlicher Stellen und vieler Angehöriger der Wirtschaft, Hochbegabte seien für Staat und Gesellschaft ein besonders hohes Gut, und vom Vorhandensein und der systematischen Förderung Hochbegabter hinge die wirtschaftliche Zukunft ab. Dies findet in der Tatsache ihren Ausdruck, dass sich nach vielen Jahrzehnten der Tabuisierung und halbherzigen Umgangs in den letzten Jahren Politik und Wirtschaft ein gesteigertes Interesse an der Förderung hochbegabter junger Menschen (wie auch immer sie definiert werden) entwickelt hat.

Gerade vor diesem Hintergrund ist die Frage hochaktuell, was Hochbegabung eigentlich ist, wie sie entsteht, und ob bzw. wie man sie ab welchem Alter am besten fördert. Mit diesen Fragen möchte ich mich als Kognitionswissenschaftler, Hirnforscher und langjähriger Präsident der Studienstiftung des deutschen Volkes, des größten deutschen Begabtenförderwerks, befassen. Allerdings kann die Frage nach dem Begriff der Hochbegabung und ihrer adäquaten Förderung nicht unabhängig von einer allgemeinen, wenngleich kurzen Betrachtung von Intelligenz und Begabung behandelt werden. Ich beziehe mich hierbei vornehmlich auf das Standardwerk von Rost (2013).

---

[*] Zur besseren Lesbarkeit wurde zugunsten des generischen Maskulinums darauf verzichtet, im allgemeinen Fall stets beide Geschlechter zu nennen.

3.1
Was verstehen wir unter Begabung und Intelligenz?

Der Begriff „Begabung" wird im Alltag wie auch in der Wissenschaft in höchst unterschiedlicher Weise verwandt. Zum einen meint man damit eine *latente Fähigkeit bzw. Anlage zu bestimmten überdurchschnittlichen Leistungen* unterschiedlicher Art, die sich entwickeln bzw. entwickelt werden können, aber nicht müssen. Oft wird hier auch der Begriff „Talent" benutzt – man spricht dann meist im Zusammenhang mit Kindern oder Jugendlichen von einem „sehr talentierten" Menschen und lässt offen, ob und in welcher Weise sich diese Begabungen und Talente verwirklichen. Insofern lässt sich das tatsächliche Vorhandensein einer Begabung zumindest im frühen Kindesalter verlässlich nur „ex post" feststellen.

Zum anderen wird „Begabung" als eine *tatsächlich vorhandene überdurchschnittliche Fähigkeit oder Leistung* betrachtet und oft als synonym mit „überdurchschnittlich intelligent" verwendet. Dies ist insbesondere der Fall, wenn man von „Hochbegabung" spricht. Bei künstlerischen Hochbegabungen ist dies in der Regel nicht zwangsläufig der Fall, obwohl nach Meinung von Experten eine hohe künstlerische Begabung mit einer hohen Intelligenz statistisch gut korreliert.

Begabungen, ob nun latent oder faktisch vorhanden, können sehr unterschiedlich sein und kognitive, emotionale, künstlerische, technisch-praktische, administrative, wissenschaftliche oder motorisch-sportliche Fähigkeiten oder Fertigkeiten betreffen. Ähnlich heterogen sieht es bei dem Begriff der „Intelligenz" aus: während er sich innerhalb der Psychologie auf kognitive Fähigkeiten bezieht, die man sie in den gängigen Intelligenztests misst, sprechen manche Forscher wie Laien auch oft von einer „praktischen", „emotionalen", „künstlerischen", „sozialen" Intelligenz aufgrund der Meinung, es gebe nebeneinander sehr verschiedene Formen von Intelligenz. Es ist aber höchst umstritten, ob es sinnvoll ist, für derartige ganz unterschiedliche Fähigkeiten und Fertigkeiten den Begriff „Intelligenz" zu verwenden, da außer für kognitive Funktionen keine verlässlichen Messverfahren zur Verfügung stehen, und es höchst zweifelhaft ist, ob ihnen allen irgendein gemeinsames Merkmal zukommt (vgl. Rost, 2013, 109–195).

Im Folgenden werde ich mich beim Begriff der „Begabung" bzw. „Intelligenz" aus diesem Grund auf *tatsächlich vorhandene* und testpsychologisch gut messbare mental-kognitive Funktionen wie Denk- und Urteilsvermögen, Gedächtnisleistungen, Problemlösen, Kategorisieren usw. beschränken. Es wird aber deutlich werden, dass derartige Leistungen im engen Zusammenhang mit anderen Merkmalen der Persönlichkeit stehen. Deshalb wird eine wichtige Frage diesem Zusammenhang zwischen Intelligenz und Persönlichkeit gelten. Dies ist auch dadurch gerechtfertigt, dass die großen Begabtenförderwerke in ihrer Mehrheit nicht allein auf die Förderung kognitiver Leistungsträger ausgerichtet sind, sondern immer auch ganz andere Merkmale wie Verantwortungsbewusstsein, Toleranz, Selbstwirksamkeit usw. als Aufnahmekriterien verwendet.

3.2
Wie wird Intelligenz definiert und gemessen?

Den gängigen Intelligenztests (Hamburg-Wechsler-Test, Amthauer-Test) liegen mehrere nicht triviale Annahmen zugrunde, z. B. dass es mehr oder weniger gut abgrenzbare und testpsychologisch erfassbare kognitive Funktionen gibt, deren Güte zusammengenommen an einem bestimmten Leistungsstandard wie dem Schul- oder Berufserfolg ablesbar sind. Weiterhin wird angenommen, dass diese Merkmale normalverteilt (Gauss-verteilt) sind, d. h. dass die Mehrheit der gemessenen Werte relativ eng um einen definierten Mittelwert von 100 in einem Bereich von einer Standardabweichung liegt, der je nach Test einem Bereich von +/−15 (in der Regel bei deutschen Tests) oder bei manchen anderen Tests von +/−10 IQ-Punkten liegt. Jenseits dieses Normalbereichs nehmen zur Minderbegabung oder Höherbegabung die Prozentzahlen asymptotisch ab. Bei einer Standardabweichung von +/−15 gelten Personen mit einem IQ zwischen 85 und 70 als minderbegabt und solche unter einem IQ von 70 als deutlich minderbegabt, während Personen mit einem IQ über 115 als höher begabt und solche mit einem IQ von 130 als hochbegabt gelten. Allerdings muss beachtet werden, dass die gängigen IQ-Tests so kalibriert werden, dass die Ergebnisse für eine entsprechend große Bevölkerungsgruppe normalverteilt und die genannten Grenzziehungen willkürlich sind. Zudem sind die IQ-Tests so ausgerichtet, dass sie den Schul- oder Berufserfolg einigermaßen verlässlich voraussagen, was wiederum viele Zusatzannahmen erfordert.

Insgesamt ist also der Begriff „Intelligenz", wie von zahlreichen Experten betont, ein Konstrukt, wenngleich eines, das sich in vielen Jahren hinsichtlich der genannten Voraussagekraft bewährt hat. Insofern ist die vielfältige Kritik am Begriff „Intelligenz" und den Intelligenztests zwar verständlich, aber müßig, da es keine bessere Alternative gibt.

Ein Streitpunkt in der Begabungspsychologie betrifft die Frage, ob all diese verschiedenen Begabungen auf einer *Grundbegabung* basieren, oder ob es sich um unabhängig voneinander existierende Einzelbegabungen handelt. Eine Minderheit von Forschern geht davon aus, dass es sich bei den mithilfe der Intelligenz-Tests erfassten Leistungen um unabhängig voneinander bestehende Entitäten handelt, während die Mehrheit der Unterscheidung einer *allgemeinen* und mehrerer *bereichsspezifischer* Intelligenzen anhängen, die auf Charles Spearman zurück geht. Sowohl genetische als auch neurobiologische Untersuchungen (s. unten) stützen diese letztere Auffassung (Rost, 2013). Die allgemeine Intelligenz – Spearman nennt sie ‚g' – ist dabei eine grundlegende Fähigkeit; sie ist am ehesten über die *Schnelligkeit* und *Effektivität* des Wahrnehmens, Erinnerns, Vorstellens und Denkens/Problemlösens definiert und wird meist als hochgradig angeboren angesehen.

Die bereichsspezifischen Teil-Intelligenzen hingegen umfassen besondere Begabungen, die stärker untereinander variieren können wie räumliche Vorstellung, abstraktes Denken, Sprachfertigkeit, Gedächtnisleistungen, mathematisch-naturwissenschaftliche oder künstlerische Leistungen; diese hängen stärker als die allgemeine Intelligenz von Erfahrung, Übung und Erziehung ab. Allerdings ist nach herrschender Meinung die allgemeine Intelligenz den bereichsspezifischen Begabungen übergeordnet und kommt ihnen generell zugute, insbesondere in Hinblick auf allgemeines Problemlösen, schnelles Assoziieren und Lerngeschwindigkeit.

Die Unterscheidung zwischen allgemeiner und bereichsspezifischer Intelligenz ist verwandt mit der Unterscheidung zwischen „fluider' und ‚kristalliner' Intelligenz, die Raymond Cattell (1963) aufgestellt hat. Die *fluide* Intelligenz kennzeichnet, wie schnell und effektiv das Gehirn Informationen verarbeitet, während die *kristalline* Intelligenz mit dem erworbenen Wissen und eingeübtem Können in ganz unterschiedlichen Bereichen und seiner Verfügbarkeit, also mit *Expertentum*, korrespondiert.

Gängige Intelligenztests wie der ‚Wechsler-Intelligenztest für Erwachsene' beziehen sich in der gegenwärtigen Form auf vier ‚Intelligenz-Bereiche': Sprachverständnis, wahrnehmungsgebundenes logisches Denken, Arbeitsgedächtnis und Verarbeitungsgeschwindigkeit. Die Aussagen der Tests sind immer auf eine Altersgruppe bezogen (Kinder, Jugendliche, Erwachsene), sind meist nicht kulturübergreifend, und sie geben über die Teilbegabungen der getesteten Person Aufschluss; am Ende wird ein *Gesamt-Intelligenzquotient*, abgekürzt IQ, ermittelt. Daraus ergeben sich Aufschlüsse über individuelle Begabungen bzw. intellektuelle Stärken und Schwächen, die für die Schul- und Berufswahl genutzt werden können. Sie können aber auch Aufschluss über spezifische Leistungsabfälle bei älteren Menschen, etwa hinsichtlich der Gedächtnisleistungen liefern.

3.3
Welche neurobiologische Grundlagen hat die allgemeine Intelligenz?

Zahlreiche neurobiologische und neuropsychologische Untersuchungen bestätigen die Unterscheidung zwischen einer allgemeinen und einer bereichsspezifischen Intelligenz und legen den Schluss nahe, dass sich die allgemeine Intelligenz und die Leistungsfähigkeit des *Arbeitsgedächtnisses* stärker überlappen (Duncan et al., 2000). Das Arbeitsgedächtnis ist aktiv, wenn wir kurzfristig Sinnesinformationen verarbeiten, etwa wenn wir etwas hören oder sehen bzw. lesen, oder wenn das Gedächtnis aktuell etwas abruft, wenn uns also etwas gerade einfällt oder wenn wir einen Gedanken verfolgen (vgl. Baddeley, 1986; 2000). Mithilfe des Arbeitsgedächtnisses muss hierbei erstens festgestellt werden, um was genau es geht, zweitens muss nach Gedächtnisinhalten im Sinne von Vorwissen gesucht werden, die beim Verstehen des Wahrgenommenen gebraucht werden könnten, diese müssen abgerufen werden, und schließlich müssen diese Inhalte zusammengefügt und in ein adäquates Verhalten umgesetzt werden. Diese letztere Funktion wird dem oberen Stirnhirn (*dorsolateraler präfrontaler Cortex*) zugeschrieben, während das Durchsuchen und Abrufen von problem- und handlungsrelevanten Gedächtnisinhalten den hinteren Scheitellappen (*posteriorer parietaler Cortex*) und den Schläfenlappen (*temporaler Cortex*) beansprucht (Gazzaley & Nobre, 2012).

Es gibt zahlreiche Hinweise darauf, dass intelligentere Menschen ein leistungsfähigeres Arbeitsgedächtnis besitzen als weniger intelligente. Dies führte schon vor einiger Zeit zu der Ansicht, dass intelligentere Personen ihre Hirnrinde „ökonomischer" nutzen als weniger intelligente (Haier, MacLachlan, Soderling, Lottenberg & Buchsbaum 1992; Neubauer, Freudenthaler & Pfurtscheller., 1995). Dies ist bedeutsam, wenn man berücksichtigt, dass Arbeitsgedächtnis und Aufmerksamkeit ressourcenbegrenzt sind und einen beträchtlichen Engpass für kognitives Problemlösen bilden. Wenn das Arbeitsgedächtnis nur eine bestimmte Anzahl von Operationen gleichzeitig durchführen kann, dann sollte in der Tat eine schnellere Informationsverarbeitung von Vorteil sein, ebenso ein sparsamer Abruf von Gedächtnisinhalten. Intelligentere Menschen aktivieren offenbar ihr Gehirn weniger stark als weniger intelligente Menschen, um ein bestimmtes Problem zu lösen, indem sie den ‚Flaschenhals' des Arbeitsgedächtnisses effektiver durchlaufen. Anders ausgedrückt: Sie nutzen ihre *zerebralen Ressourcen* besser.

Eine Studie von Grabner, Neubauer und Stern aus dem Jahr 2003 bestätigt diese Vermutung. Dabei wurde die räumliche Verteilung der Aktivität der Großhirnrinde bei überdurchschnittlich und unterdurchschnittlich intelligenten Taxifahrern miteinander verglichen – einmal bei Routineaufgaben zum Taxifahren (z. B. sich den kürzesten Weg vom Bahnhof zu einem Hotel vorzustellen), und zum anderen bei Intelligenztestaufgaben wie Wortergänzungen, die nicht zum Standardrepertoire der Taxifahrer gehörten. Es zeigte sich, dass bei den beruflichen Routineaufgaben keine wesentlichen Unterschiede in der Aktivität der Großhirnrinde zwischen intelligenten und weniger intelligenten Taxifahrern auftraten, dass aber bei den Intelligenzaufgaben die intelligenteren Fahrer wesentlich weniger ihre Großhirnrinde anstrengten als die weniger intelligenten, und dass dieser Unterschied im Bereich des oberen Stirnhirns besonders groß war.

Schließlich konnten vor einigen Jahren mithilfe der funktionellen Kernspintomographie diese Befunde weiter geklärt werden (Hoppe et al., 2012). Die hierbei gestellte Aufgabe bestand darin, eine Reihe dreidimensionaler Körpern in der Vorstellung zu drehen und zu sehen, welcher der dargestellten Körper mit einem Vergleichskörper übereinstimmt – eine ziemlich schwierige Intelligenztestaufgabe, „mentale Rotation" genannt. Es zeigte sich, dass Normalbegabte ihr Stirnhirn bei dieser mentalen Rotation viel mehr anstrengen als mathematisch besonders Begabte. Letztere aktivierten statt des oberen Stirnhirns vermehrt den hinteren Scheitellappen und unteren Schläfenlappen. Dies alles unterstreicht die Auffassung, dass Intelligenz stark davon abhängt, wie schnell bestimmte Hirngebiete aktiviert und darin enthaltene Informationen ausgelesen und zusammengesetzt werden. Dass das frontale Arbeitsgedächtnis *ökonomisch* arbeitet, spielt also eine große Rolle. Diese Zusammenhänge werden angesichts der Tatsache verständlich, dass derartige mentale Operationen des Stirnhirns und die damit verbundenen hohen Raten der synaptischen Umverknüpfung besondere Ansprüche an den Hirnstoffwechsel stellen, vornehmlich hinsichtlich des Zucker- und Sauerstoffverbrauchs sowie der Restitution von Neurotransmittern wie Glutamat und Neuromodulatoren wie Dopamin.

In der Neurobiologie wird seit langem untersucht, welche Eigenschaften der tierischen und menschlichen Gehirne am deutlichsten mit einer hohen Intelligenz zusammenhängen, und zwar im Rahmen eines Vergleichs des menschlichen Gehirns mit denen intelligenter Tiere wie Bienen, Kraken, Rabenvögel und nichtmenschlicher Primaten (Jerison, 1973; Roth & Dicke, 2005; Roth, 2010; 2013). Es zeigt sich, dass – entgegen der auch unter Biologen verbreiteten Meinung – weder die absolute noch relative Hirngröße das Maß der (bei Tieren natürlich nichtsprachlichen) Intelligenz voraussagt, sondern die Zahl von Nervenzellen in besonderen „Intelligenz-Zentren" wie den Pilzkörpern der Bienen, dem Vertikallobus der Kraken, dem Meso-Nidopallium der Vögel und der Großhirnrinde (*Cortex*) der Säugetiere und Primaten, sowie von der neuronalen „Architektur" dieser Zentren, ihrer spezifischen intrinsischen Verschaltung und der Verarbeitungsgeschwindigkeit. Nur so ist erklärlich, warum der Mensch mit Abstand das intelligenteste Wesen auf unserer Erde ist, obgleich sein Gehirn weder absolut noch relativ zum Körpervolumen an der Spitze steht. Die menschliche Großhirnrinde hat mit rund 4 Milliarden mit Abstand die meisten Neuronen und mit einer halben Trillion die meisten Synapsen und darüber hinaus eine besonders schnelle „Informationsverarbeitung". Zusätzlich hat das menschliche Stirnhirn eine besondere Evolution erfahren, und zwar im Zusammenhang mit Handlungsplanung und Sprache.

3.4
Was ist Hochbegabung?

In der Begabungspsychologie werden üblicherweise Personen als hochbegabt angesehen werden, deren Intelligenz um mindestens zwei Standardabweichungen über dem Mittelwert von 100 liegt, deren IQ also mindestens 130 beträgt (Rost, Sparfeldt & Schilling, 2006). Dies trifft auf rund 2 % der Bevölkerung zu. Einige Autoren setzen für Hochbegabung einen IQ von 135 voraus, was dann rund 1 % der Bevölkerung umfasst. Ab einem IQ von ungefähr 150 bis 160 aufwärts kann man aus statistischen Gründen keine sinnvollen Aussagen über den IQ eines ‚Höchstbegabten' machen – die Normalverteilung der Intelligenz nähert sich hier dem Nullwert der Häufigkeit an.

Hochbegabung ist also – ebenso wie Intelligenz – ein psychologisches Konstrukt und als solches ein *relativer* Wert, der sich immer auf den Durchschnitt einer Altersgruppe in einem bestimmten Land oder Kulturkreis bezieht. Da sich der Durchschnitt aus unbekannten Gründen ändert und über lange Zeit kontinuierlich erhöhte („Flynn-Effekt"), müssen IQ-Tests ständig neu geeicht werden. Insofern ist es unzulässig, Werte eines Intelligenztests von heute mit denen von vor 50 Jahren zu vergleichen. Die Gründe für den Flynn-Effekt sind unklar. Falls dieser Effekt kein Messartefakt ist, mag dieser Anstieg auf bessere Ernährung, eine bessere frühkindliche Bildung bzw. eine steigende Allgemeinbildung zurückzuführen sein. Es ist auch unklar, ob der IQ zur Zeit weiter ansteigt, gleich bleibt oder absinkt.

Aus der Tatsache, dass der IQ signifikant mit der ‚allgemeinen Intelligenz' übereinstimmt (Asendorpf & Neyer, 2012; Rost, 2013), folgt, dass Hochbegabte über eine hohe allgemeine Intelligenz verfügen. Schon dies widerspricht der verbreiteten Meinung, Hochbegabte zeichneten sich typischerweise in einem bestimmten Begabungsbereich, meist Mathematik, Musik oder Gedächtnisleistungen aus (sogenannte Inselbegabungen). Nach Rost (1993; 2009; 2013) sind Hochbegabte vielmehr durch folgende Merkmale gekennzeichnet: Erstens können sie früher laufen und sprechen, zweitens kommen sie früher in die Pubertät, haben, drittens, eine niedrigere Rate psychischer und physischer Auffälligkeiten und zeigen, viertens, deutlich höhere Schulleistungen; sie sind, fünftens, emotional ausgeglichener, sechstens, an vielen Dingen deutlich interessierter, zeigen, siebtens, meist Mehrfachbegabungen und sind zudem in dem, was sie tun, hochkreativ. Befunde drei und fünf sind besonders wichtig – sie zeigen, dass mit Hochbegabung in der Regel eine reifere Persönlichkeit einhergeht.

Eine schwierig zu beurteilende Tatsache ist die Dominanz des männlichen Geschlechts bei sogenannten Spitzenbegabungen. Ab einem IQ von 145 beläuft sich das Verhältnis hochbegabter Jungen zu hochbegabten Mädchen auf etwa 8:1 (Rost, 2013). Dies wird meist dadurch erklärt, dass bei Jungen die Gauss-Kurve der Intelligenzverteilung flacher verläuft als die der Mädchen und es bei ersteren nicht nur mehr besonders Hochbegabte, sondern auch mehr deutlich Minderbegabte gibt. Es kann auch sein, dass die Fähigkeiten, in denen Jungen und Männer die Mädchen und Frauen überragen, nämlich im Bereich der Mathematik, der Musik, der Raumvorstellung und Technik, im oberen Randbereich noch stärker ausgebildet sind als die Verbalfähigkeiten, in denen Mädchen und Frauen die Jungen und Männer übertreffen. Schließlich kann es sich auch um die Folge einer besonderen genetisch-hormonalen Ausstattung der Männer (insbesondere hinsichtlich der Kopplung von Testosteron und Dopamin) handeln, welche hochbegabte Männer noch ehrgeiziger macht als hochbegabte Frauen. Jedoch fehlen hierzu belastbare wissenschaftliche Daten.

3.5
Sind Intelligenz und Begabung angeboren oder erworben?

Seit der Antike bis in die Gegenwart wird darüber diskutiert, ob bzw. inwieweit Intelligenz angeboren ist oder von Umweltfaktoren abhängt. In den USA, aber vor dem Hintergrund der Einwanderungsdebatte auch in Deutschland ist diese Frage von hoher politischer und ideologischer Brisanz. Stellt man fest, dass Intelligenz in hohem Maße angeboren ist, so lässt sich dies leicht als Erklärung für tatsächliche oder vermeintliche Intelligenzunterschiede zwischen Bevölkerungsschichten oder ethnischen Gruppen verwenden und daraus (meist negative) Schlüsse auf die Chancen von kompensatorischen Bildungsmaßnahmen folgern. Ebenso wichtig ist die Frage der Erblichkeit von Intelligenz in Hinblick auf Hochbegabung, besonders hinsichtlich der Korrelation zwischen Intelligenz, Bildungsstand und sozialem Status.

In der Populärliteratur ebenso wie in der Fachliteratur findet man zu diesem gesamten Fragenkomplex äußerst divergierende Standpunkte und Aussagen, die von der Auffassung, Intelligenz sei „hochgradig" angeboren, und Förderung sei deshalb überflüssig bzw. Geldverschwendung, bis hin zur klassischen behavioristischen Überzeugung, dass jedes Kind das Zeug zum Genie habe, wenn man es nur richtig fördere – wie etwa Hüther und Hauser in ihrem 2012 erschienenen Buch „Jedes Kind ist hoch begabt. Die angeborenen Talente unserer Kinder und was wir aus ihnen machen". Inzwischen gibt es unter den Eltern einen richtigen „Hype" in Form der Überzeugung, ihr Kind gehöre zu den Hochbegabten, und die Schule sei daran schuld, dass dieses Potenzial nicht verwirklicht werde.

Jedoch gibt es auch innerhalb der seriöseren Literatur eine große Spannbreite von Aussagen über die Erblichkeit von Intelligenzunterschieden, die – je nach analysiertet Population und abhängig vom Alter – von 30 % bis 80 % reichen (vgl. Asendorpf & Neyer, 2012).

Ein erster Kritikpunkt betrifft den tatsächlich oder vermeintlich unkritischen Gebrauch des Begriffs „Erblichkeit", wie er in der quantitativen Genetik und vornehmlich im Bereich der Pflanzen- und Tierzüchtung verwandt wird. Die *Erblichkeit* (*Heritabilität*) ist dort als *genotypische Varianz* mathematisch definiert als die Differenz zwischen der *phänotypischen Varianz* eines bestimmten Merkmals (Körpergröße, Intelligenz usw.) und der *Varianz der relevanten Umweltfaktoren*. „Erblichkeit" ist somit ein relatives, kein absolutes Maß und hängt kritisch vom Ausmaß der Unterschiede in den Umwelteinflüssen ab. Dies hat zur einigermaßen widersinnigen Folge, dass der Erblichkeits-Anteil an der phänotypischen Varianz *notwendigerweise* umso kleiner ausfällt, je stärker die Unterschiede in den Umwelteinflüssen sind, und umso größer, je ähnlicher sich die Umwelteinflüsse sind. Dies könnte zumindest zum Teil erklären, warum man bei Bevölkerungsgruppen, die unterstelltermaßen stark fluktuierenden sozialen Milieus ausgesetzt sind wie Migranten oder Angehörige der sozialen Unterschicht, einen Anteil von 30 % oder noch weniger an Erblichkeit von Intelligenzunterschieden findet, und bei anderen Gruppen mit einem angeblich oder tatsächlich relativ konstanten sozialen Milieu wie der oberen Mittelschicht einen Anteil von 80 %.

Daraus wird gefolgert, dass man Erblichkeitsaussagen dieser Art nur dann vornehmen kann, wenn gleiche Umweltschwankungen vorliegen oder experimentell erzeugt werden können – was in der Pflanzen- und Tierzucht möglich, im Humanbereich aber schwierig zu bewerkstelligen ist und in der Regel als unethisch abgelehnt wird. Die Forschung an eineiigen Zwillingen und Kindern, die direkt nach der Geburt adoptiert wurden, kann aber zumindest teilweise diese Schwierigkeiten umgehen, wie zu zeigen sein wird, denn hier gibt es eine sehr geringe genetische Varianz und im Falle der Adoption genetisch nichtverwandter Kinder durch dieselbe Familie eine geringe Umweltvarianz.

Ein weiterer Kritikpunkt betrifft die Tatsache, dass Erblichkeitsaussagen nur dann sinnvoll sind, wenn es sich um klar definierbare und messbare Merkmale handelt. Körpergröße und -form, Haarfarbe, Wachstumsgeschwindigkeit sind gut messbare Größen, während „Intelligenz" von manchen Kritikern als etwas angesehen wird, das es in Wirklichkeit gar nicht gibt. An diesem Argument ist insofern etwas Wahres, als es „die" Intelligenz in der Tat nicht gibt, sondern bestimmte Merkmale, die in den gängigen psychologischen Tests gemessen werden. Diese müssen aber gar nicht irgendeine „objektive" geistige Eigenschaft widerspiegeln, sondern – wie oben ausgeführt – nur gut messbar sein und den Schul- bzw. Berufserfolg bzw. bestimmte damit zusammenhängende Fähigkeiten und Leistungen hinreichend gut voraussagen, und dies leisten die Tests. Insofern ist das gängige Argument, die Intelligenztests mäßen nur eine „Test-Intelligenz", gar kein Vorwurf. Die Voraussagekraft der Testergebnisse lässt sich durch Eichung an den tatsächlichen Leistungen überprüfen und ggf. steigern, und dies wird regelmäßig vorgenommen.

Weit schwieriger ist die Frage, was mit „erblich" in Bezug auf Intelligenz und ähnliche Persönlichkeitsmerkmale denn eigentlich gemeint ist. Die traditionelle Auffassung lautet, dass es jeweils wenige und gut abgrenzbare Gene (d. h. DNA-Sequenzen) gibt, die neben vielen anderen auch Persönlichkeitseigenschaften wie Intelligenz und Begabung zugrunde liegen (man sprach und spricht deshalb von „Intelligenz-Genen", „Verbrecher-Genen", „Depressions-Genen" usw.). Spätestens seit der vollständigen Sequenzierung des menschlichen Genoms hat sich dies aber in solchen Bereichen als großer Irrtum herausgestellt. Verhaltensgenetische Untersuchungen zu Intelligenzleistungen, Depression, Schizophrenie und anderen komplexen geistig-psychischen Funktionen haben ergeben, dass es jeweils viele, manchmal sehr viele Gene gibt, die auf dem 0.01 %- bis 0.1 %-Niveau der Aufklärung der Varianz liegen. Dies bedeutet, dass an der Ausbildung derartiger Funktionen offensichtlich sehr viele Gene beteiligt und Intelligenz und Begabung also *hoch-multifaktorielle* Phänomene sind.

Diese Situation wird durch die Erkenntnis verschärft, dass der unterschiedlichen Ausprägung komplexer Merkmale keineswegs nur Unterschiede in den DNA-Sequenzen zugrunde liegen, sondern vielmehr Unterschiede im Expressionsmuster, d. h. im Grad der Umsetzung der DNA-Sequenzen über die RNA-Transkription in Proteine widerspiegeln, also *epigenetischen* Ursprungs sind. Hierbei spielen sogenannte Promotor-Regionen eine entscheidende Rolle, welche die DNA-Transkription eines Gens verstärken oder abschwächen können. Solche Promotor-Regionen können auch bei ansonsten identischen DNA-Sequenzen in unterschiedlichen Varianten, sogenannten

Polymorphismen vorliegen, z. B. bei eineiigen Zwillingen, und Unterschiede im Phänotyp bewirken. Die Auswirkungen von solchen Polymorphismen, wie sie in Bereichen der Persönlichkeitsentwicklung (z. B. in Hinblick auf die Stressachse, die Ausbildung von Depression und Angsterkrankungen sowie Persönlichkeitsstörungen) vorliegen, können im Bereich von 1 % bis 3 % der Varianzaufklärung liegen und damit um mindestens eine Größenordung höher als bei der reinen Gen-Analyse. Daher sind sie für die Erforschung der neuronalen Grundlagen von Persönlichkeitsmerkmalen wichtig.

Die heute vorherrschende Meinung lautet, dass der Entwicklung komplexer Merkmale, zumal im Intelligenz- und Persönlichkeitsbereich, immer eine *Gen-Umwelt-Interaktion* zugrunde liegt, d. h. bestimmte Gene werden durch bestimmte Umweltreize aktiviert oder inaktiviert. Dies ist allerdings nicht ein bloßes An- und Abschalten, sondern kann auf vielfache Weise graduiert geschehen, in dem die Umwelteinflüsse nicht die Gene selbst, sondern die epigenetischen, d. h. genregulatorischen Prozesse betreffen. Eine besondere Rolle bei den epigenetischen Prozessen spielt die DNA-Methylierung und De-Methylierung, d. h. die Anheftung oder Ablösung einer Methylgruppe an die Cytosin-Guanosin-Nucleotide (CG-Methylierung) besonders in Promotorregionen. Dabei hemmt die Methylierung die Expression bestimmter Gene, die De-Methylierung erleichtert sie. Aufgrund umfangreicher tierexperimenteller Forschungen ist bekannt, dass Umwelteinflüsse, z. B. starke oder geringe mütterliche Fürsorge, diese Methylierungsprozesse beeinflussen, und zwar je nach Vorhandensein bestimmter Polymorphismen in ganz unterschiedlicher Weise (dazu Roth & Strüber, 2014).

Das bedeutet, dass die Umwelt direkt in das Aktivierungsmuster der Gene eingreifen und im Fall von entwicklungsrelevanter Gene einen langfristigen Einfluss auf die psychisch-geistige Entwicklung eines Menschen haben kann. Sofern Keimzellen betroffen sind, können Umwelteinflüsse, die auf den Methylierungsgrad von Promotor-Sequenzen einwirken, auch „genomisch" vererbt werden, während die Gene i. e. S. nicht verändert sind. Dies widerspricht eklatant dem über viele Jahrzehnte herrschenden „anti-lamarkistischen" Dogma in der Biologie, dass erworbene Eigenschaften nicht vererbt werden können.

Insgesamt müssen wir also davon ausgehen, dass die Entwicklung komplexer Merkmale durch eine Interaktion zwischen einer bestimmten genetisch-epigenetischen Vorstrukturierung, im negativen Falle auch Vorbelastungen (*Vulnerabilität*) und Umwelteinflüssen bestimmt wird, wobei diese Interaktion summativ, aber auch multiplikativ, d. h. nichtlinear sein kann und in jedem Fall hoch-individuell ausfällt. In Hinblick auf die vorliegende Thematik ist es von großer Bedeutung, dass diese Gen-Umwelt-Interaktion bereits innerhalb der intrauterinen Entwicklung, also vor der Geburt beginnt und somit die allgemeine Gehirnentwicklung als auch die Entwicklung limbisch-emotionaler und kognitiver Hirnteile wesentlich beeinflussen kann (s. unten).

Diese Tatsachen haben erstens zur Folge, dass dasjenige, was bisher als „genetisch bedingt" angesehen wurde, als Kombination von genetischen und epigenetischen Prozessen betrachtet werden muss, und dass zweiten dasjenige, was als „angeboren" angesehen wurde, keineswegs für identisch mit „genetisch determiniert" gehalten werden darf, denn bestimmte Merkmale, die für die Persönlichkeits- und Intelligenzentwicklung wichtig sind, sind zum Zeitpunkt der Geburt zum Teil schon erheblich durch Umwelteinflüsse, meist über Auswirkungen der Geschehnisse im Gehirn der Mutter auf das Gehirn des ungeborenen Kindes, modifiziert (vgl. Roth & Strüber, 2014). Die Gen-Umwelt-Interaktion gilt umso mehr für die ersten Tage, Wochen und Monate nach der Geburt, in der Umwelteinflüsse nach neuester Auffassung eine besondere Bedeutung haben.

Für die richtige Interpretation der Ergebnisse der Zwillingsforschung ist dies von großer Bedeutung, denn eineiige Zwillinge weisen zwar identische Gene im engeren Sinne auf, aber keineswegs identische epigenetische Prozesse, und dies erklärt, warum eineiige Zwillinge in Psyche, Persönlichkeit und Intelligenz nicht identisch sind – von Messfehlern abgesehen. Überdies gilt es als erwiesen, dass pränatale Umwelteinflüsse keineswegs identische Wirkungen auf die Zwillinge haben, und dass intrauterine Unterschiede in Lage, Ernährung, Körpergewicht usw. deutliche Wirkungen haben können.

Wir müssen also bei der Berücksichtigung von Ergebnissen der Zwillingsforschung immer davon ausgehen, dass „angeborene" Merkmale immer auch schon aufgrund einer differenziellen Wirkung pränataler Einflüsse abgewandelt sein können, und dies gilt umso mehr in dem Maße, in dem die Zwillinge oft nicht unmittelbar nach der Geburt getrennt werden. Vielmehr wird eine Adoption erst acht Wochen nach der Geburt eines Kindes rechtsgültig, und in dieser Zeit, aber auch schon nach wenigen Tagen kann die Umwelt auf vielfältige Weise prägend auf das Neugeborene einwirken.

Trotz all der genannten Einschränkungen sind die Ergebnisse der Zwillingsforschung wie auch der Entwicklungspsychologie für die Frage nach der „Erblichkeit" von Persönlichkeits- und Intelligenzmerkmalen wichtig. Man geht heute in der Persönlichkeitspsychologie (vgl. Asendorpf & Neyer, 2012) davon aus, dass Intelligenz als ein wichtiges Persönlichkeitsmerkmal sich bereits früh in der kindlichen Entwicklung stabil ausbildet. Die Korrelation zwischen der gemessenen Intelligenz im vierten und im vierzehnten Lebensjahr ist mit 0,65 schon überraschend hoch (das Maximum wäre der Wert 1); die Korrelation zwischen der Intelligenz im vierzehnten und im neunundzwanzigsten Lebensjahr beträgt trotz des längeren Zeitraums 0,85 – sie ist also sehr hoch, und dies zeigt an, dass sich die Intelligenz bereits mit vierzehn Jahren sehr stabilisiert hat (Rost, 2010, 2013).

Doch woher kommt diese Stabilität? Bei zahlreichen vergleichenden Untersuchungen an eineiigen Zwillingen zeigt sich folgendes Bild: Eineiige Zwillinge, die *gemeinsam* bei ihren Eltern und damit in etwa derselben Umgebung aufwuchsen, weisen einen IQ auf, der zu rund 74 % übereinstimmt, während bei eineiigen Zwillingen, die *getrennt* voneinander und damit in mehr oder weniger unterschiedlichen Umgebungen aufwuchsen, dieser Wert zwischen 45 % und 61 % liegt. Dies lässt den Schluss zu, dass Intelligenzunterschiede rund zur Hälfte als *angeboren im Sinne von ‚bei Geburt vorhanden'* anzusehen ist. Wir stellen damit in Rechnung, dass es eine Reihe von Faktoren gibt, die bereits vor der Geburt positiv oder negativ auf die Entwicklung des Gehirns und damit der Intelligenz einwirken können (Roth & Strüber, 2012). Bei den negativen Faktoren kann es sich um körperlichen oder psychischen Stress, Missbrauch, Misshandlung, Unterernährung, Infektionen wie Röteln handeln, die auf die werdende Mutter und ihr Gehirn und dann auf den Fötus einwirken.

Bei der Frage nach der Wirkung der Umwelt auf die Intelligenz *nach der Geburt* müssen wir bei den Negativfaktoren zwischen zwei Dingen unterscheiden: einerseits zwischen schweren Defiziten wie Unterernährung, sonstigen schweren physischen oder psychischen Vernachlässigung und auch Misshandlungen und Missbrauch; und andererseits mangelnder emotionaler und kognitiver Anregung bei ansonsten normalen Entwicklungsbedingungen. Untersuchungen an russischen und rumänischen Waisenkindern, die sensorisch und emotional stark vernachlässigt wurden, wiesen einen durchschnittlichen Unterschied von 20 IQ-Punkten gegenüber normal aufgewachsenen Kindern auf, und dieser Unterschied konnte auch durch massive kompensatorische Maßnahmen meist nur mit mäßigem Erfolg verringert werden (Gunnar & van Dulmen, 2007).

Wir können also ganz unabhängig vom Gen-Umwelt-Streit davon ausgehen, dass es sich auch bei Intelligenz und Begabungen um einen Merkmalkomplex handelt, der deutliche genetisch-epigenetische Grundlagen hat, zugleich aber schon vorgeburtlich und früh-nachgeburtlich von Umweltereignissen nachhaltig beeinflusst wird. Diese vorgeburtlichen und früh-nachgeburtlichen Einflüsse der Umwelt wurden bisher in der Erblichkeitsdebatte übersehen, und dies kann zumindest teilweise die große Variabilität und Rätselhaftigkeit der Befunde erklären. Wenn gefunden wird, dass Kinder, die unter problematischen familiären und sozialen Verhältnissen aufwachsen, einen niedrigeren IQ aufweisen, auch wenn sie später von Paaren aus „besseren Schichten" adoptiert wurden, so muss dies weder auf eine geringere genetische Intelligenz noch auf einen „unfairen" Intelligenztest zurück gehen, sondern kann auf negative Einflüsse während der Schwangerschaft, seien es Hunger, Mangelernährung, psychischer Stress der Mutter und auf negative Erlebnisse in den ersten Tagen und Wochen zurückzuführen sein. Wichtig ist hingegen, dass sich auch Merkmale kognitiver und emotionaler Art sehr schnell verfestigen und deshalb eine genetische Fixierung vorspiegeln können.

Es kann also keinen Zweifel daran geben, dass die vorgeburtlichen und früh-nachgeburtlichen Umwelteinflüsse auf die Entwicklung eine große Rolle spielen. Eine deutliche Häufung von Risikofaktoren kann zu einer Intelligenzminderung von 30 IQ-Punkten führen (Mayr, 2000), ebenso das Verhalten der Eltern. Einen positiven Effekt haben die Qualität des sprachlichen Umgangs ebenso wie ein warmherziges und toleranter Erziehungsstil und insbesondere die Ermutigung zu intellektuellen und künstlerischen Leistungen, die ebenfalls zu einem großen Unterschied bei Intelligenzmessungen von rund 30 IQ-Punkten führen können.

3.6
Begabung und Persönlichkeit

Die Mehrzahl derjenigen, die sich wissenschaftlich, administrativ oder politisch mit der Förderung begabter Menschen befassen, wird nicht müde zu betonen, dass Begabungsförderung keineswegs nur den Aspekt des Schulerfolges bzw. des Wissenserwerbs umfasst, sondern auch das Bemühen, sie zu „reifen Persönlichkeiten" werden zu lassen. Dies klingt gut, aber kaum jemand kann – oder will – sagen, was man damit meint. Ein wesentlicher Grund für diesen Mangel ist natürlich, dass die Vorstellungen von der „reifen Persönlichkeit" starken historischen Schwankungen ausgesetzt ist und – wenn man von Zeiten der nationalsozialistischen Diktatur oder der DDR absieht – von dem Bild des verlässlich und effektiv seine Pflicht erfüllenden (in der Regel männlichen) Menschen der Adenauer-Republik bis hin zum gnadenlosen Regimekritiker der 68er und 70er Jahre reicht. Das heutige Bild ist diffus, und deshalb scheuen sich die meisten Begabtenförderwerke, genauer positiv zu umreißen, *welche* junge Menschen sie fördern wollen – am besten schulisch-akademische Leistungsträger, die gleichzeitig demokratisch, gewaltfrei und weltoffen gesinnt sind. Gerade an diesem diffusen Bild arbeiten sich dann die Begabtenförderwerke bei den Aufnahmeverfahren ab. Das ist nicht überraschend, denn auch in der Wissenschaft sind der Begriff der Persönlichkeit und die Frage, wie man sie verlässlich bestimmen kann, umstritten. Dies ist zu bedauern, denn Begabung und Intelligenz hängen selbst in einer auf kognitive Leistungen beschränkten Bedeutung eng mit den anderen Persönlichkeitsmerkmalen zusammen.

Wenn man von der „Persönlichkeit" eines Menschen spricht, so meint man in aller Regel etwas Charakteristisches und Überdauerndes an diesem Menschen, das ihn von anderen Menschen unterscheidet. Anders als in der Vergangenheit, in der man klar abgrenzbare Typen der Persönlichkeit annahm (z. B. Sanguiniker, Choleriker, Phlegmatiker und Melancholiker), sucht die heutige Persönlichkeitspsychologie nicht nach solchen Persönlichkeits*typen*, sondern nach dem Vorhandensein von einzelnen *Persönlichkeitsmerkmalen*. Die *Individualität* eines Menschen entsteht also aus einer jeweils einzigartigen Kombination von Merkmalen, die sich in jeweils stärkerer oder schwächerer Ausprägung bei allen Menschen finden.

Wünschenswert für ein möglichst präzises Erfassen der Persönlichkeit sind Merkmale, welche Fühlen, Denken und Handeln eines Menschen gut charakterisieren. Eine verlässliche und allgemein akzeptierte Theorie von der Natur und Persönlichkeit des Menschen gibt es aber noch nicht, auch wenn auf dem Markt eine große Fülle von Tests angeboten werden, die vorgeben, anhand sehr weniger, oft obskurer Merkmale wie Farbpräferenzen die Persönlichkeit eines Menschen verlässlich feststellen zu können.

3.6.1
Die gängigen psychologischen Grundmerkmale der Persönlichkeit

Die heute gebräuchlichen Persönlichkeitstests gehen meist von fünf Grundfaktoren aus, nämlich Extraversion, Verträglichkeit, Gewissenhaftigkeit, Neurotizismus und Offenheit/Intellekt. Sie werden die „*Big Five*" genannt und wurden aufgrund von Vorarbeiten des deutsch-britischen Psychologen H.-J. Eysenck von den Psychologen Costa und McCrae in den 80er Jahren des vorigen Jahrhunderts entwickelt (Costa und McCrae, 1992). Hiervon liegen zahlreiche Versionen vor. Eine ausführliche, auf insgesamt 240 abgestuft zu beantwortenden und in „Facetten" zusammengefassten Aussagen beruhende Version ist das „NEO-IP-R"-Persönlichkeitsinventar von Ostendorf und Angleitner (2004) und wird in seriösen Testverfahren häufig angewandt. Die genannten Grundfaktoren ebenso wie die Unterfaktoren, auf die hier nicht eingegangen werden soll, können nun in unterschiedlicher Ausprägung zwischen den Extremen „stark" und „schwach" bzw. „voll zutreffend" und „nicht zutreffend" vorliegen. Betrachten wir die fünf Grundfaktoren.

Der Faktor *Extraversion* umfasst in seiner starken Ausprägung die Eigenschaften gesprächig, bestimmt, aktiv, energisch, offen, dominant, enthusiastisch, sozial und abenteuerlustig, und in seiner schwachen Ausprägung die

Eigenschaften still, reserviert, scheu und zurückgezogen. Der Faktor *Verträglichkeit* bezeichnet in starker Ausprägung die Eigenschaften mitfühlend, nett, bewundernd, herzlich, weichherzig, warm, großzügig, vertrauensvoll, hilfsbereit, nachsichtig, freundlich, kooperativ und feinfühlig, und in schwacher Ausprägung die Eigenschaften kalt, unfreundlich, streitsüchtig, hartherzig, grausam, undankbar und knickrig. Der Faktor *Gewissenhaftigkeit* umfasst in starker Ausprägung die Eigenschaften organisiert, sorgfältig, planend, effektiv, verantwortlich, zuverlässig, genau, praktisch, vorsichtig, überlegt und gewissenhaft, und in niedriger Ausprägung die Eigenschaften sorglos, unordentlich, leichtsinnig, unverantwortlich, unzuverlässig und vergesslich. Der Faktor *Neurotizismus* bezieht sich in starker Ausprägung auf die Eigenschaften gespannt, ängstlich nervös, launisch, besorgt, empfindlich, reizbar, furchtsam, selbstbemitleidend, instabil, mutlos und verzagt, und in schwacher Ausprägung auf die Eigenschaften stabil, ruhig und zufrieden. Der Faktor *Offenheit/Intellekt* schließlich bezeichnet in starker Ausprägung die Eigenschaften breit interessiert, einfallsreich, phantasievoll, intelligent, originell, wissbegierig, intellektuell, künstlerisch, gescheit, erfinderisch, geistreich und weise, und in schwacher Ausprägung die Eigenschaften gewöhnlich, einseitig interessiert, einfach, ohne Tiefgang und unintelligent.

In einem Big-Five-Persönlichkeitstest erhält die untersuchte Person einen festgelegten Satz von Aussagen über sich selbst und bewertet jede Aussage in einer fünfstufigen Skala von „voll zutreffend" bis „ganz unzutreffend", oder sie wird von einem Versuchsleiter nach „stark" oder „schwach" eingestuft. Zusammenfassend lässt sich dann feststellen, *in welchem Maße* eine Person „extravertiert", „neurotizistisch" oder „gewissenhaft" ist. Daraus ergibt sich ein *Persönlichkeitsprofil* der betreffenden Person, das man dann zum Beispiel mit den Anforderungen für eine bestimmte Position oder Tätigkeit abgleichen kann.

3.6.2
Kritische Bewertung des „Big-Five"-Ansatzes

Obwohl sehr populär, ist der *Big-Five*-Ansatz in dieser klassischen Form umstritten. Vor allem ist unklar, ob die fünf Grundfaktoren tatsächlich weitgehend unabhängig voneinander sind oder nicht doch teilweise überlappen. In der Tat haben schon bei oberflächlicher Betrachtung Neurotizismus und Gewissenhaftigkeit eine erhebliche Nähe zueinander: ängstliche und unsichere Menschen sind oft pingelig, und ebenso findet man Übereinstimmungen von Extravertiertheit, Verträglichkeit und Offenheit/Intellekt bei Menschen, die zuversichtlich in die Welt blicken und Zutrauen zu den eigenen Kräften haben. Deshalb nehmen führende Experten auf diesem Gebiet an, dass es in Wirklichkeit nur zwei scharf kontrastierende oder sich polar gegenüberstehende Grundfaktoren gibt, nämlich Extraversion und Neurotizismus, wie dies bereits Eysenck konzipiert hatte.

In der Tat bilden eine stark ausgeprägte Extraversion und ein stark ausgeprägter Neurotizismus die zwei Enden eines Kontinuums, und entsprechend gehen eine gering ausgeprägte Extraversion und ein gering entwickelter Neurotizismus nahezu bruchlos ineinander über und charakterisieren einen ausgeglichenen, ruhigen, nicht besonders hektischen und nicht besonders ängstlichen Menschen usw. Viele Persönlichkeitspsychologen glauben entsprechend, dass man die deutlichsten Unterschiede hinsichtlich des *Umgangs mit Risiken* findet: Die einen Menschen haben ein hohes Zutrauen zu sich selbst und ihrem „Glück" und nehmen gern in Kauf, dass Dinge auch manchmal schief gehen können. Sie erfreuen sich am Erfolg und Gelingen. Misserfolge werden schnell abgehakt und widrigen Umständen zugeschrieben. Diese Haltung kann sich dann zu großem Wagemut, Sensationsgier (englisch *novelty seeking*) bis hin zur Tollkühnheit steigern und gilt als Anzeichen psychischer Störung. Die anderen Menschen haben ein geringes Zutrauen zu sich selbst und sehen eher die Risiken als die Chancen (englisch *harm avoidance*). Misserfolge schreiben sie eher dem eigenen Versagen zu, Erfolge dem Zufall. Im Extremfall tun lieber nichts als etwas Falsches. Sie sind oft durch diffuse Ängste vor allem und jedem gekennzeichnet, und manche von ihnen geraten in chronische Depressionen.

Andere Ansätze gehen dagegen von sechs statt fünf Grundmerkmalen aus, indem sie etwa das Grundmerkmal „Integrität-Ehrlichkeit" hinzunehmen, das für die Berufswelt wichtig ist und „quer" zu den genannten „Big Five" steht. Wichtige weitere Begriffe, die nicht explizit in den Big Five enthalten sind, sind *Impulsivität*, was positiv mit Extraversion und negativ mit Gewissenhaftigkeit korreliert, und *Bindungsfähigkeit*, die positiv mit Extraversion, Verträglichkeit und Offenheit und negativ mit Neurotizismus korreliert. Wie bereits festgestellt, gibt es in dieser Hinsicht bis heute keine Einigkeit unter den Persönlichkeitspsychologen.

Die zweite Kritik wirft den gängigen Persönlichkeitstests vor, dass sie alle sehr alltagspsychologisch orientiert sind und keinerlei „tiefere" Begründung dafür liefern, warum es – außer aus rein statistischen Gründen – genau diese Grundfaktoren sind, welche die Persönlichkeit eines Menschen am besten beschreiben. Es stellt sich die Frage, woher es kommt, dass ein Mensch eher extravertiert und der andere eher neurotizistisch ist. Damit wollen wir uns im Folgenden beschäftigen.

3.6.3
Gehirn und Persönlichkeit

Die Persönlichkeit eines Menschen ist tief in seinem Gehirn verankert. Das bedeutet nicht, dass sie ausschließlich dem Gehirn selbst entstammt, vielmehr ist das Gehirn der Ort, an dem genetische Faktoren auf Umweltfaktoren treffen, und dies geschieht teilweise bereits vor der Geburt und besonders stark in den ersten Jahren nach der Geburt. Aufgrund der großen Fortschritte in den unterschiedlichen Bereichen der Neurowissenschaften, die sich mit den neurobiologischen Grundlagen von kognitiven Leistungen wie Wahrnehmung, Denken, Erinnern, Vorstellen und von Gefühlen (Emotionen) und sonstigen psychischen Prozesse wie Motivation und willentlich-zielgerichteten und automatisierten Handelns befassen, gelingt es inzwischen, die Ausprägung und Wirkungsweise von grundlegenden Persönlichkeitsmerkmalen neurobiologisch plausibel zu machen.

3.6.3.1
Das neurobiologische „Vier-Ebenen-Modell" der Persönlichkeit

Das von Roth, Cierpka und Strüber entwickelte „Vier-Ebenen-Modell" (vgl. Roth, 2009; Roth und Strüber, 2014) geht in gewisser Vereinfachung davon aus, dass bewusst, intuitiv oder unbewusst ablaufende psychische Prozesse auf vier „Ebenen" des Gehirns angesiedelt sind, und zwar auf drei „limbischen" Ebenen und einer „kognitiven" Ebene.

Die *untere limbische Ebene* ist die *vegetativ-affektive Ebene*. Sie wird von Zentren repräsentiert, die tief im Innern des Gehirns liegen (Hypothalamus und Teile des Hirnstamms) und zu denjenigen Hirnteilen gehören, die im Laufe der Entwicklung des Embryos bzw. Fötus zuerst entstehen. Diese Hirngebiete sichern über die Kontrolle des Stoffwechselhaushalts, des Kreislaufs und Blutdrucks, der Temperaturregulation, des Verdauungs- und Hormonsystems, der Nahrungs- und Flüssigkeitsaufnahme, des Wachens und Schlafens *unsere biologische Existenz*. Ebenso werden durch diese Ebene unsere *elementaren affektiven Verhaltensweisen und Empfindungen* wie Angriffs- und Verteidigungsverhalten, Flucht und Erstarren, Aggressivität, Wut und Sexualverhalten gesteuert. Diese Antriebe und Affektzustände sind in ihrer Art weitgehend genetisch bedingt und durch Erfahrung und willentliche Kontrolle nur wenig beeinflussbar. Insbesondere laufen sie automatisiert ab. In ihrer individuellen Ausformung legen die Funktionen dieser Zentren das *Temperament* fest, mit dem Personen auf die Welt kommen, d. h. ob eine Person neugierig-draufgängerisch oder vorsichtig ist, kommunikativ oder wortkarg, mutig oder ängstlich usw. ist, und insbesondere die Art, mit der sie mit Stress und Enttäuschungen umgeht.

Die *mittlere limbische Ebene* ist die Ebene der *emotionalen Konditionierung* und des *individuellen emotionalen Lernens*. Hieran sind ebenfalls Zentren tief im Innern unseres Gehirns beteiligt. In der *Amygdala* (Mandelkern) findet die auf *Konditionierung* beruhende Verknüpfung emotional relevanter, negativer und überraschender, aber auch positiver Ereignisse mit den angeborenen Grundgefühlen der Furcht, Angst, Abwehr und Überraschung statt. Hierzu gehört auch das Erkennen der Bedeutung von emotional-kommunikativen Signalen wie Mimik, Gestik, Sprachintonation und Körperhaltung. Interaktionspartner und „Gegenspieler" der Amygdala ist das *mesolimbische System* (u. a. der *Nucleus accumbens*). Es dominiert bei der Registrierung und Verarbeitung natürlicher Belohnungsereignisse („das ist gut gelaufen" bzw. „das hat Spaß gemacht") und stellt über die Ausschüttung hirneigener lusterzeugender Stoffe (sogenannter endogener Opioide) in der Hypophyse das *zerebrale Belohnungssystem* dar: alles, was Lust, Freude, Befriedigung usw. in uns erzeugt, ist an die Ausschüttung solcher Stoffe gebunden. Zum anderen ist es das *grundlegende Motivationssystem*, das über die Ausschüttung des Neuromodulators Dopamin Belohnungen „in Aussicht stellt" und damit unser Verhalten motiviert. Wie viel Dopamin in einer bestimmten Situation ausgeschüttet wird, hängt von der bisherigen Lust-Unlust-Erfahrung in dieser oder einer ähnlichen Situation ab. Die Grundlage unseres Motivationssystems ist unsere *individuelle Belohnungserfahrung*.

Diese mittlere limbische Ebene entwickelt sich vornehmlich in der ersten Zeit nach der Geburt. Auf ihr formen sich die *unbewussten Anteile des Selbst*, und zwar aufgrund frühkindlicher Erfahrungen, insbesondere früher Bindungserfahrungen. Hierbei entstehen die Grundelemente des Verhältnisses zu uns selbst (*Selbstbild*) und zu den Mitmenschen (*Empathiefähigkeit, Feinfühligkeit*) und die Grundkategorien dessen, was aus Sicht des Kleinkindes gut und schlecht ist. Diese Grundelemente und -kategorien sind Ergebnis teils unbewusster und teils bewusster, aber *nicht erinnerungsfähiger* Lernprozesse, da sich noch kein erinnerungsfähiges Gedächtnis ausgebildet hat. Sie finden in einer frühen Lebensperiode statt, die Sigmund Freud „infantile Amnesie" genannt hat. Sie verfestigen sich zunehmend, d. h. Erfahrungen werden selektiv zur Bestätigung von Vorerwartungen und Voreinstellungen gemacht.

Die *obere limbische Ebene* ist die der *bewussten, überwiegend sozial vermittelten Emotionen* und *Motive*. Sie umfasst untere und innenliegende Anteile des Stirnhirns (frontaler Cortex). Hierzu gehören der insuläre, cinguläre und orbitofrontale Cortex. Der *insuläre Cortex* ist der Verarbeitungsort des Körpergefühls einschließlich der Schmerzempfindung, d. h. er legt fest, wann und wie eine Körperverletzung weh tut, und ist auch Ort der affektiv-emotionalen

Eingeweidewahrnehmung, des berühmten „Bauchgefühls". Der *vordere cinguläre Cortex* hat mit Risikowahrnehmung und -bewertung und Schmerzempfindungen zu tun, insbesondere mit Schmerzerwartung, und ist zudem mit kognitiver Aufmerksamkeit und Fehlerüberwachung befasst. Der über den Augenhöhlen (*Orbita*) liegende *orbitofrontale Cortex*, also das untere Stirnhirn, und der innen angrenzende *ventromediale frontale Cortex* stellen in gewissem Sinne den „höchsten" limbischen Cortex dar. Hier befinden sich Netzwerke, welche die positiven und negativen individuellen und sozialen Erfahrungen speichern, in diesem Zusammenhang die Regeln moralischen und ethischen Verhaltens repräsentieren, also diejenigen Verhaltensweisen, die geeignet sind, uns die Unterstützung und Wertschätzung unserer Mitmenschen im engeren Sinne und der Gesellschaft im weiteren Sinne zu erhalten. Dieser Hirnteil benötigt die längste Reifezeit und ist erst im Alter von 18 bis 20 Jahren einigermaßen „ausgereift".

Diesen drei limbischen Ebenen steht die *kognitiv-sprachliche Ebene* gegenüber, die in der Großhirnrinde im engeren Sinne angesiedelt ist. Hier finden sich „exekutive", d. h. handlungsvorbereitende und -steuernde Areale, insbesondere das obere Stirnhirn, der *dorsolaterale präfrontale Cortex*. Im linken Stirnhirn befindet sich auch das Broca-Spracharel, das die Grundlage der menschlichen syntaktisch-grammatikalischen Sprache bildet. Das obere Stirnhirn ist Teil des *Arbeitsgedächtnisses* und damit von *Intelligenz* und *Verstand*. Es hat mit der zeitlich-räumlichen Strukturierung von Sinneswahrnehmungen zu tun, mit planvollem und kontextgerechtem Handeln und Sprechen und mit der Entwicklung von Zielvorstellungen. Zum einen wird hier geprüft, was „Sache" ist, und zum anderen geht es um Problemlösen und zweckrationale Handlungsplanung. Schließlich ist dies die Ebene der rationalen oder pseudorationalen *Darstellung* und *Rechtfertigung* des bewussten Ich vor sich selbst und vor den anderen.

3.6.3.2
Die sechs psycho-neuronalen Grundsysteme

Im Rahmen dieses „Vier-Ebenen-Modells" lassen sich sechs *Grundsysteme* identifizieren, die über das spezifische Zusammenwirken bestimmter Hirnsubstanzen unsere Persönlichkeit bestimmen.

Das erste Grundsystem ist das *Stressverarbeitungssystem*, auch *Stressachse* genannt. Es umfasst die Wirkung schneller Stress-Substanzen wie Adrenalin und Noradrenalin, die die sogenannten „erste Stress-Reaktion" bestimmen, sowie langsamer wirkender Substanzen wie Cortisol und seiner Vorstufen Corticotropin-Ausschüttungshormon (CRF) und Adrenocorticotropes

Hormon (ACTH), die mit ihrer Wirkung beginnen, wenn der Stress nicht vorübergehender, sondern anhaltender Art ist. Die Funktion dieses Systems besteht darin, den Organismus zur Bewältigung körperlicher und psychischer Belastungen und Herausforderungen zu befähigen. Es entsteht sehr früh in der Entwicklung des Gehirns, d. h. bereits in den ersten Schwangerschaftswochen, ist aber erst am Ende des ersten nachgeburtlichen Lebensjahres gut funktionsfähig.

Menschen unterscheiden sich stark in der Art, wie sie mit Stress umgehen, d. h. es gehört zur Persönlichkeit eines Menschen, wie viel Stress er vertragen kann, also *Stress-Resistenz* zeigt, wie schnell und effektiv er potenziell negative und bedrohliche Dinge erkennt, wie schnell die Stressachse Körper und Gehirn „hochfährt" und wie schnell sie wieder die Aufregung „herunterfahren" kann. Manche Menschen können viel Stress vertragen und laufen unter Belastung zur Hochform auf, andere hingegen sind sehr stressempfindlich und vertragen kaum eine Belastung oder Aufregung. Sie lernen es dann, aufregende oder belastende Situationen zu vermeiden.

Das zweite Grundsystem ist das *interne Beruhigungssystem*. Es entwickelt sich zum Teil ebenfalls vor der Geburt und insbesondere früh nachgeburtlich. Es ist überwiegend vom Neuromodulator *Serotonin* (5-Hydroxytryptamin, abgekürzt 5-HT) bestimmt. Serotonin bewirkt über bestimmte Typen von Rezeptoren eine Dämpfung und Beruhigung und ist wesentlich an der Unterdrückung schädlicher Handlungsimpulse beteiligt – „tu lieber nichts, als dass du etwas Falsches tust!". Ein Mangel an Serotonin, meist in Kombination mit einem erhöhten Spiegel an Cortisol, ruft u. a. Depression, Ängstlichkeit, Risikoscheu, reaktive Aggression und Impulsivität hervor. Menschen interpretieren dann typischerweise die Welt als bedrohlicher und fühlen sich ständig beunruhigt, was sich – meist bei Männern – oft in „reaktiver" körperlicher Gewalt äußert („man muss sich ja schließlich wehren!"), bei Frauen eher in Selbstverletzung („ich selbst bin an allem Schuld") und in beiden Geschlechtern in Depression.

Das dritte Grundsystem ist das *interne Bewertungssystem*. Es registriert alles, was eine Person erlebt oder tut, nach dessen Konsequenzen für das eigene Wohlergehen und zieht daraus Schlüsse für das weitere Verhalten. Das Registrieren positiver Ereignisse ist mit der Ausschüttung *hirneigener Opioide* (d. h. opiumartiger Stoffe) verbunden, die – im Hypothalamus und in der Hypophyse produziert – auf viele Zentren des Gehirns einwirken und dann mit dem Gefühl der *Belohnung* und damit von Freude, Vergnügen und Lust verbunden sind. Das Gefühl der Unlust und des Schmerzes ist hingegen mit der Ausschüttung anderer Stoffe wie Substanz-P („P" für „pain") und Vasopressin verbunden. Diese Positiv-Negativ-Bewertung entwickelt sich bereits sehr früh, spätestens im ersten Lebensjahr, und legt fest, wie stark eine Person auf Belohnung und auf Bestrafung reagiert und damit eher belohnungs- bzw. erfolgsempfänglich („extravertiert") oder bestrafungs- bzw. misserfolgempfänglich („neurotizistisch") ist. Entsprechend zeigt sich bei den „Sensationshungrigen" ein hohes Maß an Dopamin kombiniert mit einem geringen Spiegel an Serotonin. Letzteres bringt die „innere Leere" hervor, von denen diese Menschen berichten, und die sie mit dem „Kick" vorübergehend auszufüllen versuchen.

Das Bewertungssystem ist Grundlage des *Motivationssystems*, indem es festlegt, dass Dinge und Handlungen, die in der Vergangenheit zu Belohnung führten, *wiederholt* und Dinge und Handlungen, die zu Bestrafung führten, *vermieden* werden sollten. Die Wiederholungstendenz beruht auf der unbewussten oder bewussten Annahme, dass sich bei Wiederholung erneut die Belohnung oder Bestrafung einstellt – sie ist also durch die *Belohnungs- und Bestrafungserwartung* getrieben. Diese Prozesse sind an die Ausschüttung des Neuromodulators *Dopamin* gebunden. Dopaminproduzierende und dopamingetriebene Nervenzellen etwa im Nucleus accumbens signalisieren mit unterschiedlichen Aktivitätszuständen unterschiedliche Aspekte der Belohnungserwartung wie Höhe, Auftrittswahrscheinlichkeit, Aufwand, Risiko von Belohnung. Wenn wir uns also in einer bestimmten Situation befinden, so überprüft das Gehirn blitzschnell, ob die Situation bereits bekannt ist, und wenn ja, welche positiven oder negativen Erfahrungen dabei gemacht wurden. Im positiven Fall motiviert uns dann ein „Dopamin-Stoß", frühere Verhaltensweisen zu wiederholen, und im negativen Fall ein Substanz-P- oder Vasopressin-Stoß, uns aus der Situation zu entfernen.

Das vierte Grundsystem ist das *Impulshemmungssystem*. Das Verhalten von Säuglingen und Kleinkindern ist in der Regel impulsiv und duldet keinen Belohnungsaufschub („ich will alles, und zwar sofort"). Impulshemmung und Toleranz gegenüber Belohnungsaufschub bzw. Aufschub der Beseitigung negativer Dinge sind für die Reifung der Persönlichkeit von großer Bedeutung und entwickeln sich vom ersten Lebensjahr an bis zum Erwachsenenalter. Verantwortlich sind hierfür auf hirnorganischer Seite das Ausreifen des unteren und inneren Stirnhirns und die dortige Höhe von Cortisol und Serotonin einerseits und Dopamin und Testosteron andererseits. Das untere und innere Stirnhirn bildet hemmende Bahnen zu den limbischen Zentren der unteren und mittleren limbischen Ebene aus, die ihrerseits auf impulsive Reaktionen und unmittelbare Befriedigung egozentrischer Motive ausgelegt sind. Die *Sozialisierung* eines Menschen zu einem „wertvollen Teil der Gesellschaft" geht direkt mit der Ausbildung dieser hemmenden Bahnen einher. Manche Menschen können es nicht abwarten, bestimmte Dinge zu erhalten oder Ziele zu erreichen, sie greifen sofort zu oder drängelnd sich überall nach vorn.

Zum Aufmerksamkeitsdefizit-Hyperaktivitäts-Syndrom (ADHS) gehört als zentrales Symptom mangelnde Impulshemmung.

Das fünfte System ist das *Bindungs-* und *Empathiesystem*. Als *Bindungssystem* entwickelt es sich in wenigen Wochen nach der Geburt, wenn der Säugling beginnt, seine Mutter oder sonstige primäre Bezugsperson gezielt anzulächeln und in immer komplexerer Weise mit ihr zu interagieren. Man nimmt an, dass sich hierdurch die emotionale Kopplung zwischen Kleinkind und Mutter verstärkt und die Ausdifferenzierung der Gefühlswelt des Säuglings und Kleinkindes vorangetrieben und auf die Emotionalität der Mutter geprägt wird. Eine wesentliche Rolle bei dieser Bindung spielt die Hirnsubstanz *Oxytocin*, die bei Mutter-Kind-Beziehungen und auch bei erwachsenen Paarbeziehungen und beim Sexualverhalten, aber auch allgemein bei vertrauensvollen sozialen Kontakten als „Bindungshormon" ausgeschüttet wird. Verstärkt wird diese Wirkung durch die Ausschüttung endogener Opioide und Serotonin, die das Wohlgefühl bei intensiven sozialen Beziehungen verstärken. Dieses Bindungssystem ist auch die Grundlage gegenseitigen Vertrauens, etwa zwischen Lehrenden und Lernenden, der Feinfühligkeit und des gegenseitigen Respekts, wie sie für eine erfolgreiche Schule notwendig sind.

Das sechste Grundsystem ist das *des Realitätssinns und der Risikowahrnehmung*. Es entwickelt sich in stärkerem Maße nach dem dritten Lebensjahr, wenn die kognitiven Fähigkeiten des Gehirns, insbesondere in Hinblick auf Aufmerksamkeit und Gedächtnisleistungen, sich allmählich entwickeln. Dieses System ist vornehmlich an die Hirnsubstanzen *Noradrenalin* und *Acetylcholin* gebunden, die die kognitiven Bereiche der Großhirnrinde, besonders das Stirnhirn, sowie den für Lernen und Gedächtnis von Geschehnissen und Wissensinhalten („deklaratives Gedächtnis") zentralen Hippocampus beeinflussen. Noradrenalin erhöht die generelle Aufmerksamkeit und Zuwendung, Acetylcholin erhöht die Konzentration durch eine „Fokussierung" neuronaler Aktivität im Arbeitsgedächtnis und beim gezielten Abruf von Gedächtnisinhalten.

Zu den Funktionen dieses Systems gehört auch die Fähigkeit, *Risiken* einer bestimmten Situation und damit mögliche negative Folgen des eigenen Handelns zu erkennen. Hier spielt vornehmlich die Aktivität des oberen äußeren und inneren Stirnhirns (dorsolateraler präfrontaler und anteriorer cingulärer Cortex) eine Rolle. Dieses rational-kognitive System entwickelt sich zusammen mit der „Sozialisation" sehr langsam und ist erst zu Beginn des Erwachsenenalters mehr oder weniger ausgereift. Das Erreichen des Erwachsenenalters ist entsprechend charakterisiert durch die Tatsache, dass junge Leute langsam „zur Vernunft und Verstand" gekommen sind und gleichzeitig gelernt haben, sich zu „benehmen".

Die geschilderten psychoneuronalen Grundsysteme entstehen auf den unterschiedlichen limbischen Ebenen und schließlich der kognitiv-sprachlichen Ebene in einer komplexen Wechselwirkung zwischen Genen und Genregulationsmechanismen einerseits und Umwelteinflüssen andererseits, und zwar teilweise bereits vor der Geburt (über das Gehirn der werdenden Mutter) und dann überwiegend in den ersten Lebensmonaten und -jahren. Die Persönlichkeit eines Menschen ist dann ein hochkomplexes Mosaik der individuellen Ausprägungen der Grundsysteme.

3.6.3.3
Vergleich mit den „Big Five"

Man kann die innerhalb der „Big Five" beschriebenen grundlegenden Persönlichkeitsmerkmale gut mit den Eigenschaften und Ausprägungen der genannten psycho-neuronalen Grundsysteme in Einklang bringen. Eine deutliche Ausprägung der Dimension „Extraversion" korreliert mit einem robusten Stressverarbeitungssystem und einer hohen Frustrationstoleranz in Verbindung mit starken Belohnungserwartungen. Zudem besteht ein enger Zusammenhang mit einem hohen Spiegel an Dopamin und hirneigenen Opioiden sowie im Bereich der „Geselligkeit" mit einem deutlich entwickelten Oxytocin-Bindungssystem. Extravertierte Menschen trauen sich selbst meist viel zu, erwarten vom Leben hinreichend Belohnungen, nehmen Enttäuschungen aber nicht so schwer, sondern hoffen lieber auf die nächste Chance.

Die gegensätzliche Dimension „Neurotizismus" zeichnet sich durch eine niedrige Frustrationstoleranz, ein schwaches Selbstberuhigungssystem und ein ebenso schwaches Belohnungserwartungs- und Bindungssystem sowie eine übertriebene Risikowahrnehmung aus. Neurotizistische Menschen sind eher ängstlich und veränderungsscheu, weil jede Veränderung Risiken mit sich bringt. Bei ihnen ist das Merkmal „Gewissenhaftigkeit" oft ausgeprägt zusammen mit einer effektiven Impulskontrolle und einer starken Risikowahrnehmung. Je mehr schief gehen könnte, desto sorgfältiger bereiten sie sich vor oder kontrollieren ihre eigene Lebenswelt.

Der Grundfaktor „Verträglichkeit" ist verbunden mit einer ausgeprägten Frustrationstoleranz zusammen mit einem gut entwickelten internen Selbstberuhigungssystem sowie einem gut funktionierenden Bindungs-, Empathie- und Impulshemmungssystem. Wenn ihr Ehrgeiz gering ausgeprägt ist, so sind die entsprechenden Menschen freundlich, umgänglich und hilfsbereit bis hin zum Verzicht auf die Verwirklichung eigener Interessen („Helfersynrom").

Der Grundfaktor „Offenheit/Intellekt", der mit „Extraversion" verwandt ist, wird entsprechend durch ein starkes Belohnungserwartungssystem und ein funktionierendes Selbstberuhigungssystem sowie einen entwickelten Realitätssinn charakterisiert. Menschen mit einer mittleren bis starken Ausprägung dieses Grundfaktors sind neugierig und wissbegierig, oft auch ehrgeizig, gehen dabei aber meist mit Bedacht vor und schätzen Vor- und Nachteile einer Situation und des eigenen Handelns gut ein.

Die geschilderten Persönlichkeitsmerkmale siedeln sich im Rahmen der sechs psychoneuronalen Grundsysteme auf den drei limbischen Ebenen an. Das bedeutet, dass einiges an unserer Persönlichkeit – man schätzt 20 % bis 30 % – genetisch und epigenetisch vorgegeben ist oder sich während der vorgeburtlichen Entwicklung ausprägt und unser Temperament ausmacht, mit dem wir auf die Welt kommen. An unserem Temperament können wir und andere sehr wenig bis nichts ändern.

Wie erwähnt, geht man in der psychologischen und neurobiologischen Persönlichkeitsforschung davon aus, dass im Alter von 15 Jahren die Persönlichkeit eines bestimmten Menschen in ihren Grundzügen weitgehend festliegt und man daher seine Persönlichkeit im Erwachsenenalter relativ gut vorhersagen kann. Das betrifft innerhalb des dargestellten Vier-Ebenen-Modells die untere und mittlere limbischen Ebene, die sich in früher Kindheit ausbilden und Teile der oberen limbischen und der kognitiven Ebene, die sich in späterer Kindheit und Jugend im Rahmen der Sozialisation und des Erwerbs von Wissen und Fähigkeiten entwickeln, aber bis zum Erreichen des Erwachsenenalters und darüber hinaus wandeln sich die Formen sozialer Interaktion und insbesondere das Selbstbild noch einigermaßen.

An Persönlichkeitseigenschaften sind für den Schul- und Bildungserfolg vornehmlich Offenheit und Neugier, Gewissenhaftigkeit, Verträglichkeit und gute Impulskontrolle, geringe neurotizistische Angst vor dem Neuen und ein gutes Maß an Extraversion, d. h. soziale Offenheit wichtig. Diese Merkmale haben mit einer guten Stressverarbeitung und Selbstberuhigung, einer ausgeprägten Bindungsfähigkeit, eine hohe Motivierbarkeit und die Fähigkeit, Gegebenheiten und Herausforderungen realistisch zu erkennen und Risiken abzuschätzen, zu tun. Sie befördern das Zutrauen zu sich selber und zu den eigenen Kräften ohne deren Überschätzung und ohne große Angst vor dem Versagen. Die Entwicklung dieser Merkmale benötigt auch in der Schule eine Unterstützung durch den Lehrer.

Vor dem Hintergrund dieser Zusammenhänge wird deutlich, warum und in welchem Maße die Entwicklung von Intelligenz kritisch von der vor- und nachgeburtlichen Entwicklung des Gehirns und der parallel verlaufenden Psyche und Persönlichkeit zusammenhängt. Am wichtigsten ist hierfür die Entwicklung des Cortisol- und Serotoninsystems, da diese einen entscheidenden Einfluss auf die allgemeine Hirnentwicklung haben. Ein abnorm erhöhter Cortisolspiegel und ein abnorm erniedrigter Serotoninspiegel können zu schweren Entwicklungsdefiziten des Gehirns führen, die sich neben emotionalen Defiziten auch in kognitiven Beeinträchtigungen niederschlagen, z. B. was das Ausreifen der Sinnesfunktionen oder des oberen Stirnhirns als Sitz des Arbeitsgedächtnisses betrifft.

Spezifischer geht es beim Cortisol- und Serotoninstoffwechsel um die Ausbildung eines funktionierenden Stressbewältigungs- und Selbstberuhigungssystems als Grundvoraussetzung für emotionale und kognitive Belastbarkeit. Auch hier ist die Funktion des Arbeitsgedächtnisses in aller Regel besonders betroffen. Genauso wichtig ist ein normales Funktionieren des Motivationssystems, insbesondere in Hinblick auf die Tatsache, dass der Schulerfolg neben Intelligenz und Fleiß von der Motivation abhängt. Die Entwicklung des Motivationssystems ist ihrerseits entscheidend an die Erfahrung von Erfolgen und die Reduktion von Versagensangst gebunden. Dies erklärt, warum die An- bzw. Abwesenheit früher Ermutigung und die Qualität des Erziehungsstils (tolerant-fördernd oder strafend-abwertend) einen deutlichen Einfluss auf die Intelligenzentwicklung hat.

Eine gesunde Entwicklung des Bindungs- und Empathiesystems ist von großer Bedeutung für die Fähigkeit, vertrauensvolle Bindungen einzugehen, zum Beispiel Anregungen von anderen Personen aufzunehmen, sie als Vorbilder wahrzunehmen. Kaum etwas ist für talentierte junge Menschen so inspirierend wie Vorbilder. Wie oben erwähnt, zeichnen sich Hochbegabte in aller Regel durch ein positives Bindungs- und Empathieverhalten aus, das sich u. a. in einer ausgeglichenen psychischen Verfassung äußert. Schließlich sind ein hoher Realitätssinn und eine adäquate Risikowahrnehmung ein wesentlicher Bestandteil von hoher Intelligenz und Begabung.

3.7
Wie fördert man Intelligenz und Begabung?

Wie stark Umweltfaktoren oder Fördermaßnahmen die Intelligenzentwicklung beeinflussen, ist offenbar stark altersabhängig. Nach Neubauer & Stern (2007) liegt zu Beginn der kindlichen Entwicklung der Einfluss der Umwelt bei +/- 21 IQ-Punkten und sinkt mit zunehmendem Alter auf +/- 13 IQ-Punkte ab. Dies könnte so klingen, als ob der Einflussbereich der Umwelt auf die Intelligenz verhältnismäßig gering ist. Doch das stimmt nicht: Nehmen wir in sehr grober Vereinfachung eine Person, die „angeborenermaßen" eine durchschnittliche Intelligenz besitzt und durchschnittlich gefördert wird. Diese Person wird im Erwachsenenalter definitionsgemäß einen IQ um 100 haben. Wächst sie unter sehr ungünstigen kognitiv-emotionalen Bedingungen auf, so erreicht sie später einen IQ von rund 80, bei dem ein Mensch in seiner geistigen Leistungsfähigkeit schon eingeschränkt wirkt. Bei optimaler Förderung kann die Person hingegen einen IQ von rund 120 erreichen, der dem Durchschnitt der deutschen Abiturienten entspricht oder sogar darüber liegt. Relativ geringe Abweichungen vom Mittelwert ergeben also bereits *deutlich wahrnehmbare* Unterschiede in der Intelligenz. Dies hängt damit zusammen, dass die Masse der Individuen mit ihrem IQ zwischen 85 und 115 liegt, d. h. was wir unter ‚normaler Intelligenz' verstehen, bewegt sich in einem ziemlich engen Bereich. Es bedeutet auch, dass Umwelteinflüsse und Erziehung bei der geistigen Entwicklung durchaus eine Chance haben, auch wenn Intelligenz mehr als andere Persönlichkeitsmerkmale angeborene Anteile hat.

Umstritten ist die Frage, was man spezifisch machen kann, um die Intelligenz von Kindern und Jugendlichen langfristig zu steigern. Die Intelligenzforschung hat gezeigt, dass selbst im Kindesalter – im Gegensatz zu vielen vollmundigen Versprechungen – die üblichen Denk- und Intelligenztrainings nur einen kurzfristigen Effekt von wenigen IQ-Punkten haben. Diese Zugewinne verschwinden in der Regel, sobald das Lernprogramm vorbei ist. Vorschulprogramme für benachteiligte Kinder haben nur dann einen messbaren Effekt im Bereich von circa fünf IQ-Punkten, wenn sie täglich sechs Stunden über mehrere Jahre andauern und in der Grundschule mindestens drei Jahre lang fortgesetzt werden (vgl. Rost, 2013, 417–452)

Demgegenüber haben, wie geschildert, positive frühkindliche Bindungserfahrung und frühe sensorische, kognitive und kommunikative Erfahrungen einen höheren Effekt. Die größte Auswirkung hat langjähriger Schulbesuch, verbunden mit vielseitiger kognitiver, musischer und körperlicher Anregung und nachhaltigem Üben. Nach Rost (2013) erbringt jeder einzelne Schulmonat einen Intelligenzzuwachs von etwa einem Drittel IQ-Punkt, zumindest im mittleren IQ-Bereich.

Der Schlüssel ist eine effektive und insbesondere andauernde Förderung. Deshalb sind Maßnahmen wie eine Verkürzung der Schulzeit von 13 auf 12 Jahre auch in dieser Hinsicht als kontraproduktiv anzusehen und die sich allgemein abzeichnende Tendenz zur Rücknahme dieser Maßnahme ist zu begrüßen.

3.8
Welche Rolle spielen Intelligenz, Motivation und Fleiß für den Schul- und Berufserfolg?

Nach Meinung vieler Experten ist der Faktor ‚Intelligenz' bei weitem der stärkste erfolgsrelevante Faktor, denn der Einfluss des Intelligenzgrades auf den schulischen Erfolg liegt bei 25 % bis 45 %. Er sagt am besten schulischen

Erfolg voraus, wenn dieser Schulnotendurchschnitt gemessen wird. Schulnoten sind trotz berechtigter Kritik wiederum bisher der beste Prädiktor für den Studien- und Berufserfolg (Sauer, 2006; Rost, 2013). Dies bedeutet, dass man sich bei der Einstellung junger Bewerber in führende Positionen durchaus auch die Abiturzeugnisse anschauen sollte.

Hinsichtlich des Erfolgs bei höheren Ausbildungsstufen wie der Hochschule sinkt die Vorhersagekraft des IQ auf 20 % bis 30 %, schneidet aber von allen Faktoren immer noch am besten ab. Vergleicht man die Abiturnote mit der Note des Vorexamens bzw. Examens, so kommt man in Deutschland auf eine mittlere Korrelation vom $r = .35$ bis $r = .40$. Der deutliche Einfluss der Intelligenz auf den Schul-, Hochschul- und Berufserfolg erklärt sich zum einen dadurch, dass intelligente Kinder schneller lernen als weniger intelligente, und zwar egal, ob der Unterricht gut oder schlecht ist. Wie Neubauer und Stern 2007 feststellten, profitieren intelligente Kinder *mehr* von einem guten Unterricht als weniger intelligente (insofern ist ein Unterricht umso ‚ungerechter', je besser er ist!), und sie lernen auch besser unter ungünstigen Bedingungen. Das bedeutet, dass ein schlechter Lehrer und ein schlechter Unterricht besonders schlecht für die weniger intelligenten Schüler sind, da diese eine intensive Förderung benötigen, während intelligente Kinder auch noch aus dem Unterricht einer ‚Niete' einigen Nutzen ziehen können.

In einer Untersuchung über den Zusammenhang zwischen Begabung, Leistung und Karriere (Heilmann, 1999) wurden die Sieger im Bundeswettbewerb Mathematik aus den Jahren 1971 bis 1995 mit drei weiteren Gruppen in ihren schulischen und akademischen Leistungen, ihren Persönlichkeitsmerkmalen und ihrem späteren Erfolg miteinander verglichen, nämlich, erstens, mit den Teilnehmern an der Endrunde, die nicht Bundessieger wurden, zweitens, mit Stipendiaten der Studienstiftung des deutschen Volkes, die nicht an der Endrunde des Wettbewerbs teilgenommen hatten, und, drittens, mit normalen Abiturienten ohne bisherige herausragende mathematische Leistungen.

Die Bundessieger hoben sich in folgenden Merkmalen deutlich von den normalen Abiturienten ab, aber nur geringfügig von den übrigen Endrundenteilnehmern und den Stipendiaten der Studienstiftung: Sie sind vielseitiger befähigt als die normalen Abiturienten, haben bessere bis viel bessere Schulleistungen, erhalten viele Auszeichnungen, haben häufig eine bis mehrere Klassen übersprungen, für sie ist Mathematik sehr wichtig, viele sind von Mathematik fasziniert, aber zugleich ist Mathematik nur eines von durchschnittlich sechs Interessengebieten, – sie sind also entgegen dem verbreiteten Vorurteil vielfältig begabt und interessiert. Sie entstammen meist einer „Akademikerfamilie", das heißt mindestens ein Elternteil hat einen akademischen Abschluss –, sie haben eine deutliche Unterstützung von Seiten der Familie in Hinblick auf den Wert der Bildung erfahren. Sie zeigen ein starkes Streben nach Kompetenz und Leistung, haben eine entsprechend hohe intrinsische Motivation, sind aber zugleich sehr ehrgeizig: Es macht ihnen Spaß, an Wettbewerben teilzunehmen und diese zu gewinnen!

Schließlich sind sie sehr fleißig im Lernen und Üben, sie verbringen im Vergleich zu Normalbegabten einen beträchtlich größeren Teil ihrer Zeit mit Mathematik. Für Schulen und Hochschulen ergibt sich hieraus, dass Intelligenz und Begabung gefördert werden müssen, und zwar bei Minderbegabten, Normalbegabten und auch bei den Hochbegabten; dass Motivation und die Förderung der Persönlichkeitsbildung gleichermaßen wichtig sind; und dass *Fleiß* und *Ausdauer* ebenso unerlässliche Ingredienzien des schulischen, akademischen und beruflichen Erfolgs sind. Beim Fleiß ergibt sich die besondere Problematik, dass er bei jungen Menschen meist nicht gut angesehen ist, allerdings mit dem wichtigen Unterschied, dass er bei Mädchen zumindest *geduldet* wird, während fleißig zu sein bei Jungen als extrem ‚uncool' gilt und sozial abgestraft wird. Dies gilt bis weit in das Studium hinein; so müssen die besonders Begabten ihren Fleiß oft vor ihren Kommilitonen verbergen, um nicht ausgegrenzt zu werden. Man kann vermuten, dass diese unterschiedliche Einstellung zum Fleiß einer der Gründe ist, warum inzwischen Mädchen und junge Frauen in ihren Schul- und Studienerfolgen im Durchschnitt besser abschneiden als Jungen und junge Männer.

3.9
Wie wirkt sich die soziale Herkunft auf Bildung und Berufserfolg aus?

Der sozioökonomische Status (SöS) der Eltern auf die Intelligenz und den Berufserfolg der Kinder ist nach allgemeiner Überzeugung der Experten von hoher gesellschaftlicher Bedeutung. Im SöS wird auch berücksichtigt, welche Bildung die Eltern haben, welche Berufe sie ausüben, wie viel Geld sie verdienen und auch wie viele Bücher es in dem Haushalt gibt. Unbestritten ist eine deutliche Korrelation zwischen IQ und Schichtenzugehörigkeit: Während Angehörige der obersten von sechs sozialen Schichten einen durchschnittlichen IQ von 113 aufweisen, beträgt dieser bei der untersten Schicht 92 und fällt auf 85 ab bei Männern (nicht bei Frauen) ab, die zusätzlich in Wohngebieten geringster Qualität wohnen. Weiterhin ist unbestritten, dass der IQ der Kinderzeit die spätere Schichtenzugehörigkeit signifikant vorhersagt: Erwachsene aus der obersten sozialen Schicht waren als Kinder überdurchschnittlich intelligent. Diese Befunde könnten besagen, dass Intelligenteren aufgrund ihrer angeborenen Begabungen nicht nur in Schule und Hochschule, sondern auch allgemein in der Gesellschaft erfolgreicher sind. Andererseits könnte man argumentieren, dass eine günstige soziale Herkunft viel mehr als eine angeblich angeborene Intelligenz den eigenen gesellschaftlichen Aufstieg bzw. die Bewahrung eines hohen SöS begünstigt. Wie ist diese Frage zu entscheiden?

Wenn wir unterstellen, dass die generelle Intelligenz zu einem nennenswerten Anteil angeboren ist – was genetische und vorgeburtliche einwirkende Faktoren einbezieht –, dann haben intelligente Eltern nicht nur einen höheren SöS, sondern auch wieder intelligente Kinder, denen es leichter fällt, den SöS der Eltern zu halten oder zu steigern. Häufig heißt es in der Öffentlichkeit, dass das Einkommen stark mit der Intelligenz der Eltern und ihrer Kinder korreliert. Das aber ist nicht so – am stärksten wirkt sich die Schulbildung der Eltern aus, noch vor dem Berufsstatus. Eltern mit einer höheren Schulbildung schaffen, statistisch gesehen, ein Klima, in dem sie signifikant mehr mit den Kindern sprechen und sich für deren Interessen interessieren, sie zum Lesen anhalten und betonen, wie wichtig schulische Leistungen sind. Hierdurch werden neben dem genetischen Anteil der Intelligenz auf nicht-genetische Weise Intelligenz, Bildung und damit berufliche Chancen von den Eltern an die Kinder weitergegeben.

3.10
Sind Mädchen intelligenter als Jungen?

Eine brisante Frage ist diejenige nach Intelligenz- und Begabungsunterschieden zwischen Jungen und Mädchen bzw. Männern und Frauen. In zahlreichen früheren Untersuchungen wurde ein kleiner, aber statistisch ‚robuster' Unterschied von 4 bis fünf IQ-Punkten zugunsten der Jungen im Vergleich zu den Mädchen gefunden, was bedeuten würde, dass Jungen im Durchschnitt etwas intelligenter sind als Frauen (Neubauer & Stern, 2007). Andere Autoren berichten einen Unterschied von weniger als einem IQ-Punkt (vgl. Rost, 2013). Man kann die IQ-Mittelwertunterschiede zwischen Jungen bzw. Männern und Mädchen bzw. Frauen daher als vernachlässigbar ansehen.

Allerdings ergeben sich deutliche Begabungsunterschiede zwischen den Geschlechtern: Während die Jungen bei Aufgaben zur Raumvorstellung (wie etwa mentaler Rotation) und zu Mathematik deutlich besser abschneiden, werden sie von den Mädchen bei Aufgaben, die Wahrnehmungsgeschwindigkeit, Wortfindung, verbale Flüssigkeit und verbales Benennen, episodisches Gedächtnis, visuelles Kurzzeitgedächtnis, aber auch bei Feinmotorik übertroffen. Die jeweiligen besseren Leistungen der Jungen scheinen etwas größer zu sein als die der Mädchen, was den möglicherweise geringfügig höheren

IQ-Durchschnitt der Jungen in manchen Studien erklären könnte. Interessanterweise werden keine Unterschiede beim verbalen und nichtverbalen Schlussfolgern gefunden.

Wie erwähnt, ist die Gauß-Kurve der Intelligenzverteilung bei Jungen flacher und breiter ist als die der Mädchen. Dies besagt, dass es unter den Jungen mehr extrem Minderbegabte und mehr Hochbegabte gibt. Ab einem IQ von 145, also bei ‚Höchstbegabten' erreicht das Verhältnis von Jungen zu Mädchen etwa 8:1. Die Gründe hierfür sind unklar. Genannt werden hormonale Einflüsse; so wird darauf hingewiesen, dass das männliche Sexualhormon Testosteron typisch männliche kognitive Leistungen wie räumliche Orientierung befördert, während verbale Fähigkeiten mit dem weiblichen Sexualhormon Östradiol in Zusammenhang gebracht werden. Interessant in diesem Zusammenhang ist eine Reihe von Untersuchungen wie zum Beispiel die von Gouchie und Kimura aus dem Jahr 1991, die ergaben, dass sich bei Frauen auf dem Höhepunkt des Monatszyklus die Unterschiede in den kognitiven Leistungen zu den Männern erhöhen und sich auf dessen Tiefpunkt die Frauen den kognitiven Leistungen der Männer (etwa bei mentaler Rotation) annähern (vgl. zu Geschlechtsunterschieden in der kognitiven Leistungsfähigkeit Rost, 2013, S. 255–289).

3.11
Hochbegabtenförderung

Die Begabten- bzw. Hochbegabtenförderung hat generell das Ziel, junge Menschen, die als überdurchschnittlich begabt identifiziert wurden, in der Entwicklung ihrer wissenschaftlichen und künstlerischen Fähigkeiten zu unterstützen. Oft (z. B. bei der Studienstiftung des deutschen Volkes – SdV) wird damit die Erwartung verbunden, dass diese Fähigkeiten später auch für „besondere Dienste für die Gesellschaft" erbracht werden. Die 1925 gegründete SdV verstand sich anfangs nahezu ausschließlich als Wirtschaftshilfe für besonders begabte Studierende, für die ein Studium aus „eigener Tasche" nicht möglich war. Erst viel später setzte sich der Gedanke einer allgemeinen Förderung durch, allerdings immer noch mit der Differenzierung, dass Studierende aus „wohlhabenderen" Familien an finanzieller Unterstützung nur das sogenannte Büchergeld erhalten, während die übrigen Geförderten, inzwischen etwas weniger als die Hälfte, zusätzlich ein Lebenserhaltungsstipendium erhalten, das sich an den BAföG-Sätzen orientiert, das nach dem Studium nicht zurückgezahlt werden muss. Die „ideelle Förderung" ist etwa in Form der Sommerakademien, wissenschaftlichen Kollegs oder Sprachkursen für alle dieselbe. Die Differenzierung der finanziellen Förderung wird häufig in der Öffentlichkeit übersehen und das Bild gepflegt, die Begabtenförderwerke einschließlich der SdV dienten nur dazu, Kinder der Wohlhabenden finanziell noch besser zu stellen.

3.11.1
Staatliche Hochbegabtenförderung in Deutschland

In Deutschland gibt es rund 1200 Institutionen, die Stipendien für begabte Studierende erteilen, jedoch gehen rund 90 % aller Bewerbungen oder Vorschläge bei rund 1 % der fördernden Institutionen ein. Dabei handelt es sich durchweg um Förderwerke, die vornehmlich mit Mitteln des Bundesministeriums für Bildung und Forschung (BMBF) und in geringerem Maße der Länder und Kommunen stammen sowie in geringem Umfang aus privaten Zustiftungen. Die bereits genannte Studienstiftung des deutschen Volkes umfasst rund die Hälfte der zur Zeit geförderten Stipendiaten und ist auch das einzige Förderwerk, das ausdrücklich weltanschaulich oder politisch unabhängig ist. Alle anderen 11 größeren Förderwerke sind politisch oder weltanschaulich gebunden, z. B. das Cusanuswerk (katholisch-bischöfliche Studienförderung), das Evangelische Studienwerk Villigst, die Hans-Böckler-Stiftung des DGB, die CDU-nahe Konrad-Adenauer-Stiftung, die CSU-nahe Hanns-Seidel-Stiftung, die SPD-nahe Friedrich-Ebert-Stiftung. Im Jahre 2012 betrug die Gesamtfördersumme der 12 Förderwerke 172 Millionen Euro. Seit dem Sommer 2011 gibt es allerdings ebenfalls mit Bundesmitteln sowie mit Privatmitteln finanzierte „Deutschlandstipendien", die im Gegensatz zu den zuvor genannten Förderwerken nicht zentral, sondern von den Hochschulen vergeben werden. Ursprünglich sollten hierüber 8 % aller Studierenden, d. h. rund 160000 gefördert werden, allerdings wurden diese Zahlen bei weitem nicht erreicht.

Entsprechend den Erwartungen von Staat und Gesellschaft an die Hochbegabten wäre es sinnvoll, 2 % oder mindestens 1 % eines Jahrgangs zu fördern, die statistisch als hochbegabt gelten können. Eine solche Quote ist bisher aber nicht erreicht worden, weil im öffentlich-politischen Bewusstsein Hochbegabtenförderung über lange Zeit und bis in die Gegenwart hinein als identisch mit „Eliteförderung" gesehen wurde. Die staatliche Förderpolitik änderte sich deutlich erst kurz nach der Jahrtausendwende, und zwar zusammen mit einem deutlichen Anstieg der Prozentzahl der Studierenden am Jahrgang. Dieser betrug im Jahre 1993 mit ca. 1.5 Millionen Studierenden 29 % und wuchs bis 2012 mit ca. 2.5 Millionen Studierenden auf 50 % des Jahrgangs. Zur selben Zeit wuchs die Zahl der geförderten Hochbegabten von 0.73 % (rund 11000) der Studierenden und 0.25 % des Jahrgangs auf ziemlich genau 1 % (rund 25500) der Studierenden, was 0.5 % des Jahrgangs ausmacht. Selbst wenn man die Deutschlandstipendien hinzuzählt, kommt man auf 0.6 % des Jahrgangs, die gefördert werden im Vergleich zu den 1 %, die man beim Anlegen schärfster Kriterien fördern müsste. Es besteht zumindest theoretisch noch „Luft" für einen weiteren Anstieg, ohne dass man – wie anfangs befürchtet – die Ansprüche an die Qualität der Stipendiaten senken müsse. Dennoch ist die Steigerung beachtlich, denn die Zahl der geförderten Hochbegabten ist schneller gestiegen als die Zahl der Studierenden pro Jahrgang.

3.11.2
Wer wird gefördert?

Idealiter sollten alle Hochbegabten gefördert werden, d. h. 1 % bzw. 2 % des Jahrgangs, und zwar unabhängig von Geschlecht, ethnischer oder sozialer Herkunft. Was die Geschlechtszugehörigkeit betrifft, so waren die Förderwerke einschließlich der SdV geprägt von einer deutlichen „männlichen Dominanz". In den sechziger Jahren, als der Autor dieses Textes in die Studienstiftung aufgenommen wurde, betrug der männliche Anteil mehr als zwei Drittel, und kaum jemand nahm daran Anstoß, weil selbst die damalige Begabungspsychologie eindeutig zu belegen schien, dass Männer intelligenter waren als Frauen, wenngleich nur „kümmerliche" rund fünf IQ-Punkte. Im Jahre 1993 betrug der Frauen-Anteil bei der SdV immer noch 32 %, hatte sich also kaum verbessert, stieg dann innerhalb der nächsten 10 Jahre auf knapp 44 % an und stagniert trotz intensiver Bemühungen seit 2008 bei rund 46.7 %, was allerdings ziemlich genau dem Frauenanteil unter den Studierenden betrifft (47 %).

Man könnte die heutige Differenz zwischen den Geschlechtern deshalb als geringfügig interpretieren, würde nicht eine genauere Analyse bemerkenswerte Fakten ans Licht bringen. Hierzu ist es wichtig zu wissen, dass die Bewerber um die Aufnahme in die Studienstiftung sich zu 50 % aus Vorschlägen der Gymnasien (in der Regel aufgrund der Abiturnoten) und zur anderen Hälfte aus Hochschulvorschlägen aufgrund von (Vor-)Examensleistungen und aufgrund von Selbstbewerbungen zusammensetzen. Die Vorschläge und Bewerbungen werden einer Vorauswahl unterzogen, die Selbstbewerber müssen einen eigens entwickelten Tests ablegen. Alle ‚Gewinner' der Vorrunde stellen sich einem letzten Auswahlverfahren, das sich auf Beurteilungen hinsichtlich der fachnahen Qualifikation, der Persönlichkeit des Bewerbers und seiner Leistungen bzw. seines Verhaltens in der Gruppenarbeit zusammensetzt.

Bei den Schulvorschlägen sind Frauen mit 55 % in der Überzahl, was vermutlich mit etwas besseren Abiturnoten zusammenhängt, während deren Quote bei den Hochschulvorschlägen bei rund 41 % liegt. Bei den Selbstbewerbungen, die seit einigen Jahren möglich sind, finden sich rund 49 % Frauen – die Geschlechterquote ist hier also nahezu ausgeglichen. Bemerkenswerterweise reduziert sich bei allen drei Verfahren in der Endauswahl der Frauenanteil: Bei den Schulvorschlägen geht der Frauenanteil von 55 % auf 47 % zurück und nimmt bei den Hochschulvorschlägen ebenso deutlich ab, bei den Selbstbewerbungen ist der Rückgang sogar dramatisch, nämlich von 49 % auf knapp 37 %.

Man könnte unterstellen, dass dieser Rückgang bei den Schul- und Hochschulvorschlägen auf eine Voreingenommenheit der Auswählenden gegenüber Frauen zurückgeht – doch dafür gibt es keine Belege. Ein solches Argument träfe zudem nicht auf den viel stärkeren Rückgang bei den Selbstbewerbungen zu, denn hier kommt ein eigens entwickelter Online-Test zum Einsatz. Dieser könnte nun ‚frauenfeindlich' konzipiert sein, und in der Tat gab es bei der ersten Runde der Selbstbewerbung im Jahre 2010 Anteile des Tests, die von einigen Experten als zu ‚männerfreundlich' in Hinblick auf mathematisch-naturwissenschaftlich-technische Begabungen und Leistungen interpretiert wurden. Jedoch hat eine testpsychologisch bedenkliche Nachjustierung des Tests zugunsten geistes- und sozialwissenschaftlicher Begabungen und Leistungen auch in der zweiten Runde im Jahre 2011 keine nennenswerten Veränderungen ergeben. Hingegen ist der Rückgang der ‚Frauenquote' bei der Endauswahl – dort, wo man Vorurteile der Prüfer am ehesten erwarten würde – deutlich geringer. Hier unterscheiden sich inzwischen die ‚Erfolgsquoten' zwischen den Geschlechtern mit 24.2 % bei Frauen und 25.9 % bei Männern nur noch unerheblich voneinander.

Diese Testergebnisse, so unbefriedigend sie sein mögen, bestätigen international gewonnene Befunde, dass Mädchen einerseits in ihren Schulleistungen die Jungen übertreffen, bei Begabtenauswahlverfahren hingegen schlechter abschneiden. Dabei fällt in den mathematisch-naturwissenschaftlich-technischen Fächern dieses schlechte Abschneiden besonders deutlich aus und wird nicht genügend durch ein besseres Abschneiden in geistes-, kultur- und sozialwissenschaftlichen Fächern kompensiert. Da Frauen und Männer sich im IQ-Mittelwert kaum oder gar nicht unterscheiden, bleiben zwei Erklärungen übrig, nämlich erstens die Tatsache, dass bei Minderbegabungen, aber auch bei Hoch- bzw. Höchstbegabungen das männliche Geschlecht eindeutig dominiert. Zweitens scheint das Ausmaß der Selbsteinschätzung der eigenen Kräfte und Leistungen bei Männern deutlich höher zu sein als bei Frauen. Wenn man im Aufnahmegespräch fragte „Sind Sie tatsächlich von dem überzeugt, was Sie da sagen?", dann antworteten die Kandidaten mehrheitlich „natürlich bin ich das!", während die Kandidatinnen erwiderten: „doch, schon, aber man kann die Sache natürlich auch anders sehen!" oder so ähnlich. Obgleich dies objektiv gesehen die korrektere Antwort ist, macht die höhere Selbstsicherheit der Kandidaten den größeren Eindruck, und zwar nicht nur bei den männlichen, sondern auch bei den weiblichen Interviewern!

3.11.3
Welche Auswirkungen hat die Herkunftsfamilie bei Hochbegabten?

In der ersten PISA-Studie aus dem Jahre 2000 wurde festgestellt, dass in keinem OECD-Land das Testergebnis so stark von der sozialen Herkunft bzw. dem elterlichen Beruf abhängt wie in Deutschland. Obwohl sich die deutschen Werte inzwischen im Mittelfeld bewegen (was in den Medien wie auch von vielen Experten hartnäckig ignoriert wird), führt dieser Umstand bis heute zu einer scharfen Kritik an unserem Bildungssystem. Auf die Begabtenförderung angewandt fällt die Kritik noch deutlicher aus, wobei die SdV besonders schlecht wegkommt.

Die Ergebnisse der „Sozialerhebung der Studienstiftung des deutschen Volkes" (bei anderen Förderwerken liegen bisher keine entsprechenden Zahlen vor):

- Bei 80 % der Stipendiaten hat mindestens ein Elternteil ein Abitur oder Fachabitur und bei 79 % einen akademischen Abschluss (51 % beim Studentendurchschnitt);
- 64 % der Stipendiaten haben eine „hohe" soziale Herkunft (42 % beim Studentendurchschnitt);
- 4 % der Stipendiaten weisen eine „niedrige" soziale Herkunft auf (11 % des Studentendurchschnitts).

Die bestehenden staatliche Begabtenförderwerke und insbesondere die Studienstiftung des deutschen Volkes werden entsprechend in den Medien häufig als „eine elitäre Einrichtung für Söhne und Töchter aus reichem Hause" angesehen. Es wird von einer „sozialen Schieflage" der Förderwerke gesprochen. Andererseits werden derartige Zahlen von manchen Fachleuten und ebenso von Populisten zur Stützung der Ansicht verwandt, Intelligenz sei eben angeboren bzw. genetisch bedingt, und der Berufserfolg spiegele eben die deutlich ungleiche Verteilung dieser Intelligenz wider.

Untersucht man die „soziale Schieflage" der SdV genauer, so stellt man einige Zusammenhänge fest, welche diese Situation erklären können. So hängen IQ und sozio-ökonomischer Status (SöS) einer Person signifikant miteinander zusammen (oberster SöS: IQ = 113, unterster SöS: IQ = 92). Sofern es zutrifft, dass der IQ ca. zur Hälfte genetisch bedingt ist, ist die Wahrscheinlichkeit groß, dass die Kinder von Eltern mit hohem SöS intelligentere Kinder haben. Es wäre überdies merkwürdig, wenn Intelligenz, Bildungsstand und Wohlstand der Herkunftsfamilie *nicht* den beruflichen Erfolg begünstigen würden. Warum sollte man dann Bildungschancen und Wohlergehen der Familien fördern, wie alle es verlangen, wenn dies nicht auch die beruflichen Chancen erhöhen würde!

Zugleich trifft der Hauptvorwurf, nämlich die Begabtenförderung sei eine Maßnahme zur Förderung von Kindern aus „reichem Hause", nicht zu, denn privater Reichtum korreliert am schwächsten von allen sozioökonomischen Faktoren mit Intelligenz sowie Schul- und Berufserfolg; ein höherer sozialer Status geht zudem keineswegs mit einem höheren Einkommen einher (Rost, 2013).

Weiterhin findet sich eine „soziale Schieflage" bereits in den Schulvorschlägen für die Studienstiftung. Deren Auswahlverfahren ändert daran nichts, und eine Quotenregelung, die durchaus diskutiert wurde, wäre rechtlich bedenklich. Insofern müsste man konsequenterweise den vorschlagenden Schulen ein falsches soziales Augenmaß vorwerfen. Allerdings gibt es keinerlei stichhaltigen Belege dafür, dass die Schulvorschläge absichtlich sozial einseitig gemacht werden. In diesem Zusammenhang möchte ich noch einmal auf die Tatsache hinweisen, dass der schulische Erfolg – ganz grob geschätzt – nur zu rund einem Drittel von der Intelligenz im Sinne der Tests abhängen, von einem weiteren Drittel von Motivation und schließlich einem dritten Drittel von Ausdauer und Fleiß. Die beiden Faktoren Motivation und Ausdauer/Fleiß sind ihrerseits nur zu einem geringen Anteil genetisch Bedingt (schätzungsweise zu 20 % bis 30 %) und hängen überwiegend von frühen familiären Fördereffekten ab, die bei Eltern mit hohem SöS bzw. hoher Bildung beträchtlich höher sind als bei solchen mit niedrigem SöS und Bildungsferne.

Dies alles bedeutet, dass eine genetische Komponente von Intelligenz „nur" zu rund einem Sechstel in den Schulerfolg eingeht, und dass die positiven oder negativen Umwelteinflüsse, besonders in früher Kindheit und Jugend eine sehr viel größere Rolle spielen. Entsprechend setzen die Begabtenförderwerke notgedrungen „zu spät" an.

3.11.4
Wie fördert man (Hoch-)Begabte am besten?

Die Förderung besonders begabter junger Menschen unterliegt zunächst denselben Bedingungen wie bei allen jungen Menschen: Eine positive frühkindliche Bindungserfahrung, eine feinfühlige und ermutigende Erziehung und ein konfliktfreies und förderliches soziales Umfeld in Kindheit und Jugend sind die besten Voraussetzungen für die kognitive, psychische und soziale Entwicklung. Allerdings zeigen sich Hochbegabungen oft früh und verlangen deshalb zusätzliche Fördermaßnahmen, die mit Beginn des vierten auch gezielt sein dürfen, insbesondere was musische Begabungen betrifft. Keineswegs sollte nach Meinung der Experten eine gezielte Förderung früher stattfinden. In den ersten Lebensjahren ist das menschliche Gehirn noch sehr unreif und schnell überbeansprucht; zudem sind in diesem frühen Alter spezifische Begabungen meist noch nicht gut erkennbar. Auch danach ist jeglicher übertriebener elterlicher Ehrgeiz fehl am Platz: Er nützt kognitiv wenig, schadet aber emotional und sozial sehr.

Besonders wichtig sind Angebote zur Entwicklung und Ermutigung – dies schließt einfühlsame Kritik bei Fehlern ein. Die meisten Experten sind sich auch darin einig, dass es das Beste für hochbegabte Schüler ist, sie im normalen Klassenverband zu belassen, wenn sie gleichzeitig besondere Lernanreize und eine besondere Betreuung erfahren. Es ist ein – auch in der Studienstiftung lang gehegter – Irrglaube, Hochbegabte fänden ihren Weg zum Erfolg ‚von ganz allein', und man müsse sie nicht gezielt fördern. Auch sie brauchen Anleitung, Ermutigung und insbesondere Vorbilder.

Wichtig in diesem Zusammenhang ist das Augenmerk auf die ‚minderleistenden Hochintelligenten' (*underachievers*), die rund 12 % der Hochbegabten ausmachen (Rost & Hanses, 1997), aber weit unter ihren Möglichkeiten bleiben (Rost, 2013). Die meisten von ihnen haben geringes Selbstvertrauen und geringe Selbstmotivation – zudem unterschätzen sie oft die Schwierigkeit einer Aufgabe und geben dann schnell auf, wenn sie sehen, dass sie nicht auf Anhieb mit der Aufgabe fertig werden; ihnen fehlen häufig Ausdauer und Fleiß. Es können aber auch ganz andere Gründe vorliegen, zum Beispiel psychische Probleme, familiäre Konflikte bzw. Scheidung oder Trennung der Eltern, oppositionelles Verhalten im Sinne einer Persönlichkeitsstörung bzw. Leistungsverweigerung, Konflikte mit dem Freund oder der Freundin und insbesondere mit der Schule und Lehrern. Lehrkräfte müssten für das Erkennen solcher Minderleistender unter den Hochbegabten und die jeweils vorliegenden Gründe trainiert werden.

Ein wichtiger Faktor für die Entwicklung Hochbegabter sind intellektuelle und musische Freiräume. Diese werden ihnen leider durch enge Studienpläne in der Bachelor- und Masterausbildung sowie im derzeitigen Medizin- und Jurastudium systematisch genommen, so vorteilhaft sich die Straffung des Studiums für die Mehrzahl der Studierenden auch ausgewirkt hat. Es passiert häufig, dass Medizinstudenten große terminliche Schwierigkeiten haben, an den wissenschaftlichen Kollegs der Studienstiftung teilzunehmen, die als besondere Fördermaßnahmen gedacht sind. Unsere Gesellschaft tut gut daran, den besonders begabten jungen Menschen diese Freiräume zu geben, um ihren Blick für andere Disziplinen zu schärfen und eigenverantwortlich Lebenserfahrungen zu sammeln. Deshalb erscheint eine frühe berufliche Spezialisierung, wie sie oft von der Wirtschaft gefordert wird, unvorteilhaft.

Notwendig ist es, die Chancen in Schule, Hochschule und Beruf für Kinder aus nichtakademischen Elternhäusern zu erhöhen. Fördermaßnahmen, die erst in später Schulzeit oder gar in der Studienzeit einsetzen, haben nur noch eine geringe Wirkung. Vielmehr muss es um Bildung und Förderung von früher Kindheit an gehen, was natürlich eine gesamtgesellschaftliche Aufgabe ist und nicht von den Begabtenförderwerken geleistet werden kann. Wie wichtig eine möglichst frühe Förderung und Ermutigung ist, zeigt sich an der Tatsache, dass – anders als häufig dargestellt – ein ‚Migrationshintergrund' für hochbegabte junge Leute *kein* Negativfaktor ist, sofern ihre Familien, gleichgültig welcher Herkunft, bildungsorientiert sind. In Begabtenförderwerken wie der Studienstiftung sind Stipendiatinnen und Stipendiaten mit Migrationshintergrund überproportional vertreten.

Ein weiterer wichtiger Ansatzpunkt in der Begabtenförderung ist die endgültige Beseitigung des numerischen Ungleichgewichts zwischen den Geschlechtern. Die Tatsache, dass dieses Ungleichgewicht umso stärker zu Ungunsten der Frauen ausfällt, je ‚höher hinauf' die Karriere geht, zeigt, dass Unterschiede im Selbstbild, insbesondere im Vertrauen auf die eigenen Kräfte und in der Durchsetzungsfähigkeit eine große Rolle spielen. Auch hier müssen Fördermaßnahmen möglichst früh ansetzen, die etwa das Vertrauen der Frauen in die eigenen Kräfte und die Überzeugungskraft des eigenen ‚Auftretens' stärken. Natürlich müssen Gesellschaft und Wirtschaft auch bereit sein, mögliche kognitive und emotionale Begabungsunterschiede zwischen den Geschlechtern positiv zu nutzen, das heißt herausragende psychosoziale Fähigkeiten (Einfühlungsvermögen, Konfliktbewältigung) als gleichwertig mit herausragenden kognitiven Fähigkeiten zu akzeptieren. Es kann also keineswegs darum gehen, Frauen den Aufstieg in die Führungsetagen allein damit zu erleichtern, in dem man sie psychisch und intellektuell ‚vermännlicht'.

3.12
Was bedeutet dies für die Gesellschaft?

Für die Gesellschaft ist die Förderung begabter Menschen unerlässlich, und zwar nicht nur hinsichtlich der erwünschten intellektuellen, fachlichen und organisatorischen Kompetenzen, sondern auch in Hinblick auf Verantwortung, Vorbildcharakter und Gewissenhaftigkeit, wie sie nach einschlägigen Erkenntnissen in der Regel mit Hochbegabung einher gehen. Dies bedeutet, dass Staat, Gesellschaft und Wirtschaft sich in viel größerem Maße hierfür einsetzen müssen, als dies bisher geschieht. Zwar gibt es ein eigenes Förderwerk, nämlich die Stiftung der Deutschen Wirtschaft, diese ist aber vergleichsweise klein, und auch die Beteiligung der Wirtschaft an den ‚Deutschlandstipendien' ist keineswegs ausreichend.

Ein wichtiger Ansatzpunkt ist die gezielte Verbesserung des bereits erwähnten geringen Ansehens von Fleiß und Leistungswillen unter den Jungen und jungen Männern in Deutschland, wobei es sich um ein Phänomen handelt, das genauso verbreitet wie schädlich ist, und dessen Gründe unklar sind. Wird dieses Problem nach einer genauen Analyse der Gründe nicht gezielt angegangen, so wird sich das schulische Leistungsniveau der Jungen weiter verringern und als Folge der bereits eingetretene Mangel an männlichen hochqualifizierten Fachkräften und Führungspersonen weiter verstärken.

Neben der allgemeinen Förderung begabter junger Menschen müssen Gesellschaft und Wirtschaft in viel höherem Maße Instrumente dafür entwickeln, wie sie zu ihrem eigenen Nutzen unter Bewerbern und jungen Mitarbeitern Begabungen besser erkennt und fördert. Vieles davon geschieht in den Betrieben unprofessionell, insbesondere im Glauben, Vertreter der Personalabteilung könnten dies schon allein – meist als Folge einer Überschätzung der eigenen Menschenkenntnis, denn die Einschätzung von Persönlichkeitsmerkmalen wie Kreativität, Motivation, Fleiß und Zuverlässigkeit und entsprechende Maßnahmen der Personalentwicklung sind eine schwierige Aufgabe.

Andererseits gilt, dass eine sorgfältige Auswahl aufgrund derartiger professioneller Tests viel effektiver ist als nachträgliche Fördermaßnahmen, die stets einen nur mäßigen Effekt haben. Schließlich gilt auch hier, dass begabte Mitarbeiter von den Betrieben gezielt gefördert werden müssen und man nicht darauf vertraut, sie würden ihren Weg schon allein machen. Insbesondere benötigen diese Mitarbeiter die Möglichkeit, eigene Ideen zu entwickeln, spezielle Fortbildungskurse besuchen zu können, sie benötigen intensive und realistisch gehaltene Erfolg-Rückmeldungen als Ermutigung ebenso wie als Maßnahme gegen die Überschätzung der eigenen Kräfte.

Es muss weiterhin für Gesellschaft und Wirtschaft angesichts des Fachkräftemangels von großem Interesse sein, Menschen aus ‚bildungsfernen' Schichten zu fördern bzw. ihre Förderung zu befürworten. Allerdings kostet dies viel Geld und muss sehr professionell betrieben werden. Die Wirtschaft täte gut daran, zusammen mit der Politik einen präzisen und wissenschaftlich fundierten Maßnahmenkatalog zu entwickeln. Schließlich muss die gezielte Förderung der Karriere weiblicher Bewerber und Mitarbeiter viel ernsthafter betrieben werden. Die Einrichtung von ‚Frauenquoten' kann hier nur eine vorübergehende, oberflächliche Maßnahme sein.

Die Feststellung, dass Deutschland ein rohstoffarmes Land und deshalb extrem von der ‚Ressource Begabung' abhängig ist, kann man fast als eine Binsenweisheit ansehen. Erstaunlicherweise werden aus dieser Erkenntnis noch nicht genügend die notwendigen Schlüsse gezogen. Die Förderung begabter junger Menschen muss zum einen viel früher geschehen und viel intensiver betrieben werden, als es bisher war. Es ist ein Irrtum zu glauben, es genüge, Begabte über Stipendien zu fördern und sie sich dann einfach ‚entwickeln' zu lassen. Auch sie brauchen schon früh Vorbilder, Ermutigung, Förderung und zugleich Freiräume für ihre hohe Kreativität. Zugleich ist die Distanz zwischen den meisten bestehenden Förderwerken und der Wirtschaft noch sehr groß. Auch wenn es in den Förderwerken stets heißt, man wolle nicht nur für den wissenschaftlichen Nachwuchs sorgen, sondern auch etwas für zukünftige Führungskräfte in Wirtschaft und Politik tun, so werden die Geförderten noch viel zu wenig mit den ‚Realitäten' und Erfordernissen dieser Bereiche vertraut gemacht. Auch Praktika in der Wirtschaft haben oft nicht den gewünschten Effekt, weil die universitäre Welt zu oft und sehr zu Unrecht als ein sicherer Hafen angesehen wird. Hier bleibt noch viel Überzeugungsarbeit zu tun.

3.13
Post-Ludium: Musikalische Hochbegabung

Auf keinem Gebiet intellektuell-künstlerischer Begabung wird das Zusammenwirken von „Anlage" und „Umwelt" so deutlich wie bei musikalischer Hochbegabung. Einerseits zeigt sich, vielleicht abgesehen von einer mathematischen Begabung, nichts so früh im Leben wie ein großes musikalisches Talent, d. h. oft schon mit vier bis fünf Jahren, gleichzeitig spielt aber auch eine extensive Frühförderung nirgendwo sonst eine so bedeutende Rolle, zumal hier neben der reinen Begabung instrumentelles und kompositorisch-technisches Können wichtig ist. Entsprechend umfangreich ist die einschlägige Literatur, die allerdings hinsichtlich des Anlage-Umwelt-Problems bis heute zu keinem abschließenden Ergebnis gekommen.

Berühmte Fälle extremer musikalischer Frühbegabung sind Mozart, aber auch Händel, Beethoven, Schubert, Mendelssohn und Richard Strauss – um nur einige zu nennen. Hier wurde die große Begabung bereits im Alter von vier bis fünf Jahren deutlich, und entsprechend früh begann eine intensive Förderung. Bei anderen großen Komponisten wie Bach, Haydn, Schumann, oder Wagner wurde die hohe Begabung etwas später oder erst mit 10 bis 13 Jahren sichtbar, wobei im Falle von Bach dies auch dem Fehlen von Belegen geschuldet sein mag.

Ein Teil dieser hervorragenden Komponisten wuchsen in Familien voller Berufsmusiker oder Musikliebhaber auf. Die bekanntesten Fälle sind Bach, der in einen ganzen „Clan" von professionellen thüringischen Musikern, z. T. von einiger Bedeutung, hineingeboren wurde, sowie Mozart, dessen Vater Leopold ein damals bekannter Musiker war. Musiker-Väter, die sich intensiv um die Entwicklung des Talents ihres Sohnes kümmerten, hatten auch Beethoven, Brahms, Bruckner und Strauss, während im Falle von Mendelssohn eine lange Tradition von Musikinteresse vorlag. Dem stehen die Fälle von Schubert, Schumann, Wagner, Haydn, Tschaikowski und insbesondere Händel gegenüber, in deren Familie Musik weder professionell noch liebhabermäßig betrieben wurde. Während die Mehrzahl dieser Komponisten dennoch eine Frühförderung durch Personen außerhalb der Familie aufgrund eigenen oder deren Wunsch erhielt, widersetzte sich im Falle von Händel (will man dem Bericht des ersten Händel-Biographen John Mainwaring glauben) dessen Vater, ein Chirurg, anfangs hartnäckig dem überragenden Talent seines Sohnes und wollte, dass dieser Jurist werde. Nur die frühe Intervention des Herzogs von Sachsen-Weißenfeld bekam der schon fast virtuos Orgel spielende Siebenjährige (!) professionellen Unterricht.

Im Falle des Gleichaltrigen Johann Sebastian Bach war dies gar kein Problem, d. h. jedermann in seiner Familie ging davon aus, dass der junge Bach Musiker werden würde, und entsprechend früh wurde er gefördert. Von einer extrem frühen kompositorischen Tätigkeit ist bei Bach leider nichts bekannt – die ersten überlieferten Kompositionen entstammen wohl einem Alter von 15 bis 16 Jahren, in dem Mozart, Händel und Schubert bereits zahlreiche Kompositionen, oft von hoher Qualität, vorlegen konnten. Interessant ist allerdings, dass Bachs Vater Johann Ambrosius zwar ein sehr guter und angesehener Musiker („Stadtpfeifer") war, aber offenbar nicht komponierte. Kompositionsunterricht erhielt Bach frühestens ab einem Alter von 10 Jahren, als er nach dem Tod seiner Eltern bei seinem älteren Bruder Johann Christoph lebte.

Auch wenn man aufgrund dieser historischen Fälle nicht genau musikalische Anlage und den Effekt von Frühförderung präzise auseinanderhalten kann, so kann man auch bei denjenigen großen Komponisten, in denen in der Familie über Generationen vorher Musik *keine* nennenswerte Rolle spielte wie Händel, Haydn, Schubert, Schumann und Wagner, nicht umhin, eine plötzlich aufgetretene genetisch-epigenetische Grundlage der hohen Musikalität anzunehmen, die auch nicht durch vorgeburtliche Einflüsse erklärbar ist, die sich aber gegen Widerstände oder trotz ökonomischer Probleme durchsetzte. Aber auch in den Fällen, die man möglicherweise durch vorgeburtliche oder früh-nachgeburtliche Prägung erklären könnte wie bei Mozart, Bach, Beethoven oder Mendelssohn ist das *Ausmaß* der Begabung und der unbedingte Wille, Musiker bzw. Komponist zu werden, rein aufgrund von Umwelteinflüssen nicht plausibel zu machen. Man könnte aber argumentieren, dass sich eine hohe Musikalität mit bestimmten anderen Persönlichkeitseigenschaften wie Intelligenz, Ehrgeiz, Fleiß, Hartnäckigkeit usw. paarte – man denke an die langen Wanderschaften nach Lüneburg, Hamburg und Lübeck, die der junge Bach als einziger seiner gesamten Sippschaft unternahm, und die große Unternehmungslust Händels, die ihn schon in sehr jungen Jahren nach Hamburg und dann nach Italien trieb. Auch diese Persönlichkeitseigenschaften sind nicht allein über Umwelteinflüsse erklärlich.

Vertreter einer reinen Umwelttheorie der Musikalität (vor allem der bekannte Musikpädagoge Shinichi Suzuki) haben auch mit der Tatsache zu kämpfen, dass sich eine überragende musikalische Begabung innerhalb der Nachkommen berühmter Komponisten (sofern vorhanden) über kurz oder lang verliert, obwohl alle eine hervorragende musikalische Frühausbildung erhielten. Unter Bachs Söhnen gab es mindestens vier hervorragende Komponisten, deren Werke auch heute noch aufgeführt werden, nämlich Wilhelm Friedemann, Carl Philipp Emanuel, Johann Christoph Friedrich und Johann Christian Bach. Unter deren Kindern finden sich aber keine bedeutenden Komponisten mehr. Unter den Söhnen Mozarts gab der Ältere Carl Thomas nach mäßigem Erfolg die Musikerkarriere auf, der Jüngere Franz Xaver Wolfgang war ein mäßig erfolgreicher Komponist. Beide starben kinderlos. Von den insgesamt 8 Kindern von Robert und Clara Schuman, also zwei hervorragenden Musikern und Komponisten (auch Clara!) waren die Überleben trotz intensiver Förderung entweder musikalische Dilettanten oder überhaupt nicht musikalisch aktiv. Wagners Sohn Siegfried war ein mittelmäßiger Komponist, danach war zumindest in kompositorischer Hinsicht Schluss. Über Richard Strauss' Sohn Franz ist musikalisch nichts bekannt. Überraschend viele große Komponisten, darunter Händel, Haydn, Beethoven, Schubert, Brahms, Bruckner, Tschaikowski usw. hatten keine Kinder. Insgesamt ist die Familie Bach hinsichtlich einer Musiker-Genealogie über drei Generationen einzigartig, was mit der Annahme, hohe Musikalität sei überwiegend umweltbedingt, unvereinbar ist. Vielmehr drängt sich bei aller Bedeutung der Frühförderung das Bild einer „genetischen Lotterie" auf, die sich in einer auffallenden Frühbegabung äußert. Während die einen großen Komponisten von Familienangehörigen direkt oder indirekt intensiv gefördert werden, bricht sich bei anderen das Talent mehr oder weniger selbst die Bahn.

Literatur

Amelang, M. & Bartussek, D. (2001). *Differentielle Psychologie und Persönlichkeitsforschung*. Stuttgart, DE: Kohlhammer.
Asendorpf, J. & Neyer, F. J. (2012). *Psychologie der Persönlichkeit*. Berlin, DE: Springer.
Baddeley, A. D (1986). *Working memory*. Oxford, GB: Clarendon Press.
Baddeley, A. D (2000). The episodic buffer: A new component for working memory? *Trends in Neurosciences, 4*, 417–423
Duncan, J., Seitz, R. J., Kolodny, J., Bor, D., Herzog, H., Ahmed, A., Newell, F. N. & Emslie, H. (2000). A neural basis for general intelligence. *Science, 289*, 457–460.
Cattell, R. B. (1963). Theory of fluid and crystallized intelligence: A critical experiment. *Journal of Educational Psychology, 54*, 1–22.
Gazzaley A. & Nobre A. C. (2012). Top-down modulation: Bridging selective attention and working memory. *Trends in Cognitive Sciences, 16*, 129–135.
Gouchie C. & Kimura D. (1991). The relationship between testosterone levels and cognitive ability patterns. *Psychoneuroendocrinology, 16*, 323–34
Gunnar, M. R. & van Dulmen, M. H. M. (2007). Behavior problems in postinstitutionalized internationally adopted children. *Development and Psychopathology, 19*, 129–148.
Haier, R. J., Siegel, B. V., MacLachlan, A., Soderling, E., Lottenberg, S. & Buchsbaum , M. S. (1992). Regional glucose metabolic changes after learning a complex visuospatial/motor task: A positron emission tomographic study. *Brain Research, 570*, 134–143.
Heilmann, K. (1999). *Begabung, Leistung, Karriere*. Göttingen, DE: Hogrefe.
Hoppe, C., Fliessbach, K., Stausberg, S., Stojanovic, J., Trautner, P., Elger, C. E. & Weber, B. (2012). A key role for experimental task performance: Effects of math talent, gender and performance on the neural correlates of mental rotation. *Brain & Cognition, 78*, 14–27.
Hüther, G. & Hauser, U. (2012). *Jedes Kind ist hoch begabt: Die angeborenen Talente unserer Kinder und was wir aus ihnen machen*. München, DE: Knaus.

Neubauer, A. C., Freudenthaler, H. H. & Pfurtscheller, G. (1995). Intelligence and spatiotemporal patterns of event-related desynchronization (ERD). *Intelligence, 20*, 249–266.

Neubauer, A. C. & Stern, E. (2007). *Lernen macht intelligent – Warum Begabung gefördert werden muss*. München, DE: DVA.

Rost, D. H. (Hrsg.) (1993). *Lebensumweltanalyse hochbegabter Kinder. Das Marburger Hochbegabtenprojekt*. Göttingen, DE: Hogrefe.

Rost, D. H. (Hrsg.) (2009). *Hochbegabte und hochleistende Jugendliche. Befunde aus dem Marburger Hochbegbatenprojekt* (2. Aufl.). Münster, DE: Waxmann.

Rost, D. H. (2010). Stabilität von Hochbegabung. In F.Preckel, W. Schneider & H. Holling (Hrsg.), *Diagnostik von Hochbegabung* (S. 234–266). Göttingen, DE: Hogrefe.

Rost, D. H. (2013). *Handbuch Intelligenz*. Weinheim, DE: Beltz.

Rost, D.H. & Hanses, P. (1997). Wer nichts leistet, ist nicht begabt? *Zeitschrift für Pädagogische Psychologie, 12*, 53–71.

Rost, D. H., Sparfeldt, J. R. & Schilling, S. R. (2006). Hochbegabung. In K.J. Schweizer (Hrsg.), *Leistung und. Leistungsdiagnostik* (S. 187–222). Berlin, DE: Springer.

Roth, G. (2011). *Bildung braucht Persönlichkeit. Wie Lernen gelingt*. Stuttgart, DE: Klett-Cotta.

Roth, G. & Strüber N. (2014). Pränatale Entwicklung und neurobiologische Grundlagen der psychischen Entwicklung. In M. Cierpka (Hrsg.), *Frühe Kindheit 0–3 Jahre. Beratung und Psychotherapie für Eltern mit Säuglingen und Kleinkindern* (2. Aufl., S. 3–30). Berlin, DE: Springer.

Roth, H. (Hrsg.) (1968). *Begabung und Lernen. Ergebnisse und Folgerungen neuer Forschungen*. Stuttgart: DE Klett.

Sauer, J. & Gamsjäger, E. (1996). *Ist Schulerfolg vorhersagbar?* Göttingen, DE: Hogrefe.

Stern, E. & Neubauer A. (2013). *Intelligenz. Große Unterschiede und ihre Folgen*. München, DE: DVA.

4
Von der Synapse in die Schule?*
Lehren heißt, das Lernen verstehen – aber was genau bedeutet das?

Elsbeth Stern

In diesem Artikel stehen die Voraussetzungen für geistige Leistungen in anspruchsvollen akademischen Inhaltsgebieten im Mittelpunkt. Die genetische Grundausstattung, die unsere Gehirnfunktion steuert, hat sich in den letzten 40000 Jahren, nach allem, was wir bisher wissen, nicht wesentlich verändert, die Welt, in der wir leben, hingegen schon. Obwohl Menschen Jahrtausende brauchten, um die Schrift zu entwickeln, können die meisten Kinder nach wenigen Monaten Schulbesuch lesen. Auch wenn das arabische Zahlensystem erst vor 1200 Jahren entwickelt wurde, können die meisten Grundschulkinder dividieren und verstehen, dass die Null eine Zahl ist. Mit welchen speziellen Ressourcen ist das menschliche Gehirn im Gegensatz zu den Gehirnen anderer Lebewesen ausgestattet, um solche Kompetenzen zu ermöglichen? Roth und Dicke (2005) haben eine systematische Analyse vorgenommen, in der sie der Frage nachgehen, in welchen Aspekten sich das menschliche Gehirn von den Gehirnen anderer Lebewesen unterscheidet. Weder beim absoluten Gewicht des Gehirns noch beim relativen, d. h. auf das Körpergewicht bezogenen Gewicht, nimmt der Mensch eine Spitzenstellung ein, bei der absoluten Anzahl der Nervenzellen hingegen schon. Auch was die Leitungsgeschwindigkeit zwischen den Nervenzellen angeht, ist der Mensch anderen Spezies überlegen. Die Autoren kommen zu dem Schluss, dass sich das menschliche Gehirn weniger in qualitativen als vielmehr in quantitativen Aspekten von anderen Lebewesen unterscheidet. Das zeigt sich vor allem im Frontalhirn, welches beim Menschen besonders ausgeprägt und das erst nach der Pubertät voll ausgereift ist. Läsionen im Frontalhirnbereich gehen mit Funktionsstörungen einher, die sich in mangelnder Selbstkontrolle, mangelnder Flexibilität im Umgang mit Neuem sowie Planungsunfähigkeit zeigen. Das menschliche Gehirn hat offensichtlich nicht nur von allem etwas, sondern auch von allem etwas mehr, und das ermöglicht unserer Spezies die enorme Lernfähigkeit und Flexibilität. Ein heute fünf Jahre altes Kind, das mit einem Gehirn ausge-

---

* Zur besseren Lesbarkeit wurde zugunsten des generischen Maskulinums darauf verzichtet, im allgemeinen Fall stets beide Geschlechter zu nennen.

stattet ist wie ein in der Steinzeit geborenes Kind vor 5000 Jahren, kann einen Computer bedienen und mit diesem lernen.

Wenn wir Menschen uns mit anderen Lebewesen hinsichtlich unserer Lernfähigkeit vergleichen, schneiden wir sehr gut ab. Dessen ungeachtet befassen wir uns vor allem mit dem Lernen, weil wir unzufrieden mit unserer Lernleistung sind. Warum ist es so mühsam, eine Fremdsprache zu lernen? Warum sitzen Schüler über Jahre im Physik- und Mathematikunterricht, ohne das Wesentliche verstanden zu haben? Warum lernen Kinder manches so viel einfacher als Erwachsene? Lernen dient der besseren Anpassung an die Umwelt und ist deshalb immer in Interaktion mit der Umwelt zu sehen. Die im lernenden Subjekt ausgelösten Veränderungen lassen sich auf neurobiologischer und auf psychologischer Ebene beschreiben. Auf neurobiologischer Ebene verändern sich chemisch-physikalische Verbindungen zwischen den Synapsen, und auf psychologischer Ebene verändert sich das Wissen. Auf welcher Ebene Lernen beschrieben wird, hängt von der Fragestellung ab. Möchte man erklären, warum es so schwer ist, eine Fremdsprache zu lernen oder Mathematik zu verstehen, ist es wenig erhellend, wenn man dies darauf zurückführt, dass sich die zuständigen Synapsen nicht verbinden. Aus einer derartigen Erklärung lassen sich keine Hinweise für die Gestaltung von Lerngelegenheiten ableiten. Wissenspsychologische Begriffe wie Automatisierung oder Konzeptwechsel hingegen geben Aufschluss über mögliche Ursachen der genannten Lernschwierigkeiten und deren Bewältigung. Möchte man hingegen erklären, warum ein an Alzheimer erkrankter Mensch nichts dazu lernt, lässt sich das auf neurobiologischer Ebene mit der Beeinträchtigung des Gehirns erklären. Es gibt aber auch Fragen zum Lernen, bei denen beide Ebenen herangezogen werden müssen. Dies betrifft insbesondere altersbedingte Auswirkungen auf das Lernen: Können kleine Kinder bestimmte Dinge noch nicht lernen, weil ihnen das Vorwissen fehlt oder weil die beteiligten Hirnareale noch nicht entwickelt sind? Erreicht ein 20-Jähriger ein bestimmtes Lernziel schneller als ein 60-Jähriger, weil sein Gehirn noch effizienter ist oder aber weil der 60-Jährige über Wissen verfügt, das interferiert und damit ein Umlernen erschwert?

Trotz aller Fortschritte in den Neurowissenschaften liegen bisher nur wenige praxisrelevante Erkenntnisse über Veränderungen im Gehirn vor. Hingegen wurde die Bedeutung des Wissens für das kompetente Handeln in zahlreichen psychologischen Untersuchungen nachgewiesen. An dieser Stelle wollen wir eine kleine Gedächtnisübung machen. Folgende Sätze werden vorgelesen und gleichzeitig projiziert:

- Hans baute ein Boot.
- Urs ließ einen Drachen steigen.

- Lutz aß einen Apfel.
- Beat ging über das Dach.
- Jochen versteckte ein Ei.
- Dominik setzte das Segel.
- Peter schrieb ein Drama.
- Viktor drückte den Schalter.

Es handelt sich bei den Sätzen keinesfalls um komplizierte Sachverhalte. Jeder einzelne Satz ist leicht verständlich und löst klare Vorstellungen aus. Demnach sollte es nicht schwer sein, die folgenden Fragen zu beantworten, auch wenn die Sätze nicht mehr zugänglich sind:

- Wer aß einen Apfel?
- Wer versteckte ein Ei?
- Wer ließ einen Drachen steigen?
- Wer ging über das Dach?
- Wer drückte den Schalter?
- Wer setzte das Segel?
- Wer baute ein Boot?
- Wer schrieb das Drama?

Tatsächlich wird kaum jemand mehr als zwei Namen richtig wiedergeben, übrigens auch nicht die Gedächtnis-Weltmeisterin, der ich in einer gemeinsamen Radiosendung die Aufgaben vorgab. Wie kommt es, dass jemand, der sich 100 Zahlen in der richtigen Reihenfolge merken kann, mit acht Sätzen überfordert ist?

Geben wir allen – also Leuten, die von sich behaupten, ein schlechtes Gedächtnis zu haben sowie auch der Gedächtnis-Weltmeisterin – eine zweite Chance mit neuen Sätzen:

- Noah baute ein Boot.
- Benjamin Franklin ließ einen Drachen steigen.
- Adam aß einen Apfel.
- Der Weihnachtsmann ging über das Dach.
- Der Osterhase versteckte ein Ei.
- Christoph Kolumbus setzte das Segel.
- William Shakespeare schrieb ein Drama.
- Thomas Edison drückte den Schalter.

Jetzt dürfte die Lösungsrate bei allen Menschen, die sich einer Allgemeinbildung nicht völlig verschlossen haben, bei 100 Prozent liegen. Warum war die

Aufgabe in der ersten Version so schwer und in der zweiten so einfach? Warum unterschied sich die Gedächtniskünstlerin nicht von anderen Menschen? Weil die Gedächtnisleistung vorwiegend davon abhängt, ob man eingehende Information an bestehendes Wissen anknüpfen kann. In der ersten Aufgabe war die Zuordnung von Namen zu den Tätigkeiten völlig willkürlich. Warum Hans und nicht Viktor das Boot baute, ist nur für die wenigen Menschen plausibel, die einen Hans im Bekanntenkreis haben, der etwas mit Booten zu tun hat. In der zweiten Aufgabe passte die Tätigkeit stets zu den Namen. Warum aber kann sich die Gedächtniskünstlerin 100 Zahlen merken, obwohl dich die ganz überwiegende Zahl der Menschen nur sieben Zahlen merken kann? Erstere hat wie alle Gedächtniskünstler sehr viel Zeit darauf verwendet, zahlenbezogenes Wissen aufzubauen. Sie verknüpft jede Zahl von 0 bis 99 mit einem Bild, z. B. 0 mit einem Ei und 7 mit einem Zwerg. Kommt die Zahlenfolge 07, stellt sie sich einen Zwerg vor, der auf einem Ei sitzt. Sie hat also Bildergeschichten für alle möglichen Zahlenfolgen parat. Es wurde also Wissen – in diesem Falle Vorstellungsbilder – aufgebaut, das aktiviert werden konnte, wenn Zahlenfolgen eingingen. Drei wichtige Punkte können wir von Gedächtniskünstlern lernen:

- Die bloße Wiederholung von Information kann im Einzelfall helfen, hilft aber nicht, eine überdauernde Kompetenz aufzubauen.
- Man muss sein Wissen so organisieren, dass es eingehende Information „auffängt". Unter dem Begriff *chunking* wird das weiter unten noch vertieft.
- Man trainiert sein Gedächtnis nicht allgemein, sondern nur in festgelegten Inhaltsbereichen.

Wir werden noch öfters auf die Rolle des Wissens bei Gedächtnisleistungen und anderen kognitiven Funktionen zurückkommen. Zunächst soll ein Überblick über das gesamte Buchkapitel gegeben werden. Ziel ist es, aus der Sicht einer kognitiv orientierten Lehr- und Lernforschung das Zustandekommen geistiger Leistungen zu erklären. Im ersten Abschnitt steht unter dem Titel „Intelligentes Wissen als der Schlüssel zum Können" die Frage im Mittelpunkt, wie Wissen so modifiziert werden kann, dass es zur Bewältigung anspruchsvoller Anforderungen herangezogen werden kann. Im zweiten Schwerpunkt wird die Wissenspsychologie auf Lehrer angewendet, und es geht um das Professionswissen von Lehrpersonen. Im dritten Abschnitt wird dann noch einmal auf den Punkt gebracht, dass Lehrpersonen mit dem Wissen aus der Hirnforschung ihren Unterricht nicht verbessern können, mit Wissen aus der Kognitionspsychologie hingegen schon. Schließlich werden im vierten Abschnitt Intelligenzunterschiede und deren Bedeutung für die Gestaltung des Schulsystems diskutiert.

4.1
Intelligentes Wissen: der Schlüssel zum Können

In den letzten Jahrzehnten hat sich die Auffassung gefestigt, dass es intelligente Schüler nicht nötig haben, für die Schule zu lernen, was sich denn auch über Jahre hin zu bestätigen schien. Erst der Globalisierungsschock namens PISA förderte zutage, dass Deutschland (und auch Österreich), was Spitzenleistungen – insbesondere in der Mathematik und den Naturwissenschaften – angeht, nicht auf die Herausforderungen der Zukunft vorbereitet sind. Es wurde ja bereits hervorgehoben, dass der Schule die Aufgabe zukommt, Wissen weiter zu geben und zu erhalten, welches unter großen Mühen von teilweise genialen Geistern entwickelt wurde. Neuere Ergebnisse der Kognitionsforschung zeigen die Bedeutung des Wissens für das Können. Ich möchte dazu Ergebnisse aus zwei Forschungsparadigmen grob skizzieren:

- *Expertiseforschung.* In der Tradition der Expertiseforschung werden Menschen erforscht, die in einem anspruchsvollen und komplexen Gebiet Höchstleistungen erbringen. Schach, Mathematik, Musik und Naturwissenschaften sind gut erforschte Gebiete. Es zeigte sich, dass sich Menschen, die Höchstleitungen erbringen, von so genannten Novizen weniger durch ihre Intelligenz, sondern hauptsächlich durch ihr Wissen unterscheiden. Systematische biographische Forschungen haben gezeigt, dass Experten lange Jahre hindurch sehr intensiv auf ihrem Gebiet geübt haben. Natürlich sind Experten in vielen Bereichen auch überdurchschnittlich intelligent. Ein unterdurchschnittlich intelligenter theoretischer Physiker ist schwer denkbar. Aber während fehlendes Wissen nicht kompensierbar ist, können mögliche Defizite bei Intelligenz und speziellen Begabungen durch besonders intensives Üben ausgeglichen werden.
- *Vorhersage von Leistungsunterschieden.* Warum unterscheiden sich am Ende eines Schuljahrs die Schüler einer Klasse in ihren Leistungen auf Gebieten, welche im Unterricht ausführlich behandelt wurden? Eine einfache Erklärung wäre, dass manche Schüler aufgrund ihrer Persönlichkeit, die sich in Merkmalen wie Intelligenz, Motivation oder Anpassung ausdrücken kann, mehr vom Unterricht mitbekommen haben als andere. Tatsächlich liegt die Sache noch einfacher: Kinder, die unabhängig von ihrer Intelligenz schon zu Beginn des Schuljahres Wissen mitbrachten, haben die besten Chancen, etwas dazu zu lernen. Unterschiede des Vorwissens

z. B. in der Mathematik treten schon sehr früh auf. Manche Kinder können rechnen, lange bevor sie in die Schule kommen und sich diesen Vorsprung oft auch erhalten. Dies zeigen Längsschnittstudien wie z. B. LOGIK und SCHOLASTIK. An mehreren Hundert Münchener Schülern wurden unter der Leitung von Weinert, dem 2001 verstorbenen Direktor des Max-Planck-Instituts für psychologische Forschung, über einen Zeitraum von 15 Jahren regelmäßig Leistungsmessungen in Mathematik, Lesen und Schreiben sowie naturwissenschaftlichem Verständnis vorgenommen. Gleichzeitig wurden auch Intelligenz und andere Persönlichkeitsmerkmale mehrfach erfasst. In ganz unterschiedlichen Analysen zeigte sich immer wieder das gleiche Ergebnis: Sobald bereichsspezifisches Wissen in die Analyse aufgenommen wurde, verloren Persönlichkeitsunterschiede an Vorhersagekraft. Ein Ergebnis war besonders beeindruckend: Unterschiede der Mathematikleistung bei Gymnasiasten in der 11. Klasse ließen sich besonders gut durch Unterschiede der Mathematikleistung in der zweiten Klasse erklären. Es war sogar so, dass nur Kinder, die bereits in der 2. Klasse ein fortgeschrittenes Verständnis von Zahlen hatten – später wird noch näher darauf eingegangen, was darunter zu verstehen ist – in der 11. Klasse noch sehr gute Leistungen erbringen konnten. Verglich man den Einfluss von Vorwissen und Intelligenz, so zeigt sich – wie nicht anders zu erwarten – dass intelligentere Kinder im Allgemeinen auch über mehr Wissen verfügen. Wer es jedoch nicht geschafft hat, seine Intelligenz in Wissen umzusetzen, der hat in dem entsprechenden Fachgebiet weniger Chancen als jemand, der bei schlechteren Ausgangsbedingungen mit vielleicht etwas größerer Anstrengung Wissen erworben hat (Stern, 2003, 2009).

Im Folgenden wird an drei Beispielen erörtert, wie sich Wissen durch Lernen verändert.

4.1.1
Lernen als Chunking: Das Bündeln von Information zu größeren Einheiten

Beginnen wir mit einem Beispiel, das sich nur oberflächlich von den zu Beginn dieses Kapitels genannten Säten unterscheidet. Wer die Zahlen *91119893101990* hört, wird sich diese kaum merken können. Im Allgemeinen kann sich der Mensch nur sieben bis neun Einheiten merken. Wenn ich aber sage, dass es sich bei den Zahlen um zwei wichtige Daten der jüngsten deutschen Geschichte handelt, nämlich den Tag der Mauerfalls und den Tag der Wiedervereinigung, kann man die Zahlenreihe wahrscheinlich problemlos reproduzieren: *9.11.1989 3.10.1990*. Unsere Gedächtniskapazität, also die Fähigkeit, eine bestimmte Menge an Information in einer bestimmten Zeit aufzunehmen, ist grundsätzlich begrenzt. Diese Fähigkeit ist jedoch keine starre, naturgegebene Größe, sondern hängt wesentlich davon ab, ob wir über bereichsspezifisches Wissen verfügen und ob dieses Wissen in einer Weise organisiert ist, die es uns ermöglicht, Informationen zu bündeln. Die Bildung von Einheiten, der wissenschaftliche Fachausdruck für diese kognitive Leistung ist *chunking*, versetzt uns nämlich in die Lage, Informationen zu komprimieren und so die Gedächtniskapazität zu vergrößern. Diese Abhängigkeit unserer Gedächtniskapazität von der Wissensorganisation lässt sich an folgendem Beispiel gut veranschaulichen: Werden wir mit der Anforderung konfrontiert, eine Buchstabenreihe wie *lsiftgvsazbtdk*, die uns für kurze Zeit präsentiert wurde, exakt wiederzugeben, so werden die meisten von uns scheitern. Hingegen werden die meisten Leser die Buchstabenreihe *hamburgberlinfrankfurtmünchenvenedigflorenzrom* auch nach Stunden noch reproduzieren können, selbst wenn sie nur wenige Sekunden dargeboten wurde. Denn spätestens, nachdem „Hamburg" erkannt wurde, wird im Gedächtnis die Kategorie „Städtenamen" aktiviert. Die einzige Herausforderung besteht nun lediglich noch darin, sich die Reihenfolge der Städte zu merken. Dabei reichen durchschnittliche Geographiekenntnisse aus, um zu bemerken, dass wichtige deutsche und italienische Städte in Nord-Süd-Richtung aufgeführt werden. All dieses Wissen wurde aktiviert, ohne dass der Aufgabenstellung selbst ein Hinweis darauf zu entnehmen war. Während sich niemand auf Anhieb die 14 zufällig angeordneten Buchstaben merken kann, weil sich in diesem Fall nicht auf Wissen zurückgreifen lässt, das die Bündelung einzelner Buchstaben zu größeren Einheiten erlaubt, kann man sich die 46 Buchstaben durchaus merken, weil man sie zunächst zu sieben Städtenamen-Einheiten zusammenfasst, für die es bereits Gedächtniseinträge gibt. Weitere Gedächtniseinträge über die geographische Lage der einzelnen Städte erlauben eine zusätzliche Verdichtung der Information.

Im Alltag spricht man zwar häufig von gutem oder schlechtem Gedächtnis wie von einer Persönlichkeitseigenschaft – der eine hat es, der andere eben nicht. Tatsächlich zeigen sich aber Einschränkungen in der generellen Gedächtnisleistung nur als Folge von kortikalen Störungen. Ansonsten hängt es vor allem von der zur Verfügung stehenden Wissensrepräsentation ab, in welchem Umfang man sich Informationen merken kann. Die Abhängigkeit der Merkfähigkeit von der bereichsspezifischen Wissensstruktur wurde auch mit dem folgenden, inzwischen klassisch gewordenen Experiment der kognitiven Psychologie, eindrucksvoll nachgewiesen: Man zeigte Schachexperten und Schachnovizen (also nicht Laien, sondern Personen, die das Schachspiel beherrschen, wenn auch nicht auf professionellem Niveau) für eine begrenzte Zeit Bilder mit Schachbrettern und Schachfiguren. Die Versuchsteilnehmer hatten die Aufgabe, die Schachstellungen zu reproduzieren. Handelte es sich dabei um Schachstellungen, die sich aus einem sinnvollen Spielverlauf ergeben, zeigten die Experten eine sehr viel bessere Gedächtnisleistung als die Novizen. Kein Unterschied hingegen trat auf, wenn die Schachfiguren auf dem Brett zufällig angeordnet waren. Man geht davon aus, dass Schachexperten Tausende von Schachstellungen als Einheiten gespeichert haben. Dieses Wissen, das es ihnen erlaubt, über mehrere Züge hinweg die möglichen Konsequenzen bestimmter Züge abzuschätzen, erleichtert ihnen die Gedächtnisaufgabe unter der Bedingung eines sinnvollen Spielverlaufs (Simon & Gilmartin, 1973).

Auch die Strategien von Gedächtniskünstlern, die sich bis zu 80 Ziffern merken können (und nicht nur 7, wie die meisten von uns), sprechen für die Bedeutung der Wissensorganisation für die Gedächtniskapazität. Sie erweitern ihre Merkfähigkeit nämlich dadurch, dass sie sich ein zahlenintensives Wissensgebiet wie zum Beispiel Geschichtszahlen, Sportdaten oder Telefonnummern auswählen und es systematisch derart organisieren, dass sie jede längere Zahlenkombination auf ein Ereignis abbilden können.

4.1.2
Lernen als Automatisierung: Perfektion auf Kosten der Flexibilität

Erinnern wir uns daran, wie wir Autofahren gelernt haben: Kupplung treten, Gang raus, Fuß auf das Gas, Schlüssel umdrehen, Fuß auf die Kupplung, Gang rein. Führt man diese Schritte nicht in der angegebenen Reihenfolge durch, besteht die Gefahr, dass das Auto absäuft bzw. gegen die Mauer springt. Ein geübter Autofahrer führt diese Schritte in Sekundenschnelle aus und kann seine Aufmerksamkeit problemlos auf etwas anderes – z. B. das Gespräch mit dem Beifahrer – lenken. Der Anfänger hingegen muss sich nach jedem ausgeführten Schritt selbst sagen, was als nächstes kommt, und wenn er abgelenkt wird, treten die genannten Ereignisse ein. Dass wir in Sekundenschnelle das Wort *Mississippidampfschifffahrtsgesellschaftskapitän* lesen können, verdanken wir der hochgradigen Automatisierung des Erkennens von Buchstaben sowie dem Wissen darüber, welche Buchstabengruppen – jedenfalls in einer uns gut bekannten Sprache – welchen Silben zugeordnet sind. Ein im Lesen ungeübter Mensch hingegen muss jeden Buchstaben in einen Laut übertragen und daraus mühsam ein Wort konstruieren. Es wird eine Arbeitsspeicherkapazität gebunden, die für das Sinnverständnis verloren geht. Bei manchen Schülern ist der Leseprozess so wenig automatisiert, dass die gesamte Aufmerksamkeit absorbiert wird, so dass das Stiften von Sinnzusammenhängen nicht möglich ist. Automatisierung wird in allen Bereichen gefordert. Das Beherrschen des 1 × 1 gehört ebenso dazu wie das Erkennen von Schaubildern oder das Vokabellernen in der Fremdsprache. Automatisierung ist die Folge von Übung in Teilschritten. Ein kapitaler Fehler ist es, Üben gering zu schätzen. Automatisiertes Wissen ist die Voraussetzung für Verstehensprozesse, weil man für Verstehensprozesse freie Kapazitäten braucht. Wenn ich die binomischen Formeln nicht nur rekonstruieren kann, sondern sie auch auswendig weiß, kann dies beim Auflösen einer komplexen Gleichung hilfreich sein, weil ich auf einen Blick erkenne, wo ich etwas vereinfachen kann. Wer Vokabeln einer Fremdsprache gelernt hat, kann sich bei der Konstruktion eines Satzes auf die Grammatikregeln konzentrieren. Einmal automatisiertes Wissen ist nur noch schwer veränderbar und das kann natürlich zu Nachteilen in neuen Situationen führen. Wenn wir im amerikanischen Internetcafé E-Mails versenden, werden sich wegen unterschiedlicher Anordnungen der Buchstaben auf der Tastatur sehr typische Tippfehler zeigen.

4.1.3
Lernen als Verstehen: Der Erwerb und die Umstrukturierung von Begriffen

Den Kern unseres bewusst zugänglichen und kommunizierbaren Wissens bilden Begriffe. Wir nennen Wörter wie *Peter, Hund, Säugetier, Teufel, Gerechtigkeit, Gewitter* oder *Relativitätstheorie* und erwarten, dass unser Kommunikationspartner versteht, auf welchen Ausschnitt der Welt wir uns beziehen. Begriffswissen entsteht durch die Verbindung zu anderen Begriffen. Dies können Eigenschaften sein, wie z. B. *Ball* und *rund* oder aber Begriffe auf der gleichen Ebene wie *Ball* und *Teddybär*, die zusammen die Grundlage für Oberbegriffe wie *Spielzeug* bilden können. Aus der Verbindung zwischen Begriffen entstehen Netzwerke, die unterschiedlich umfangreich und unterschiedlich strukturiert sein können. Der passionierte Hundebesitzer wird bei dem Begriff *Hund* sofort Namen und visuelle Vorstellung seines Hundes aktivieren, der Biologe hingegen einen übergeordneten Begriff wie *domestiziertes Säugetier*. Ein entscheidender Grund für suboptimale Kommunikation zwischen Menschen, insbesondere die zwischen Lehrern und Schülern, besteht darin, dass die gleichen Begriffe verwendet werden, dass aber die Netzwerke, in die sie eingebettet sind, sehr unterschiedlich sind. So ist das Begriffswissen von Kindern zunächst von charakteristischen Oberflächenmerkmalen und nicht von theoriegeleiteten, definitorischen Merkmalen bestimmt, weil sie sich bei der Bildung von Begriffen in erster Linie von ihren Wahrnehmungen leiten lassen. Jüngere Grundschulkinder bejahen zum Beispiel die Frage, ob ein Haufen Reis etwas wiege, verneinen aber die Frage, ob ein einzelnes Reiskorn etwas wiege. Diese zunächst unverständliche Antwort wird nachvollziehbar, wenn man berücksichtigt, dass jüngere Kinder *Gewicht* und *sich schwer anfühlen* noch miteinander gleichsetzen. Auch dass der Wal ein Säugetier und kein Fisch ist, ist für Kinder schwer zu verstehen, weil sie Tiere zunächst nach ihrem Lebensraum einteilen. Dass die Art der Fortpflanzung ein sinnvolles Kriterium bei der Klassifikation von Tieren sein kann, versteht man erst im Zusammenhang mit zusätzlichem und tiefer gehendem biologischen Wissen. Erst wenn ein Verständnis für den theoretischen Hintergrund vorliegt, der die Unterteilung in Säugetiere und Fische notwendig macht, werden nicht mehr charakteristische Merkmale (lebt im Wasser, hat Flossen), sondern definitorische (Nachwuchs wird lebend geboren und mit Muttermilch ernährt) zur Unterscheidung herangezogen (Carey, 2000).

Dass Wal und Hund und nicht Wal und Hai unter dieselbe Kategorie fallen, ist schwer einzusehen. Die Einteilung der Tiere nach ihrem Lebensraum ist viel plausibler als die Einteilung nach der Art, wie der Nachwuchs heranreift. Was spricht dagegen, die Sonne als ein mächtiges Lebewesen zu sehen, das uns Erdenbewohnern in regelmäßigen Abständen Licht schenkt? Auch wer einen Strudel im Fluss oder abfließendes Wasser in der Badewanne beobachtet hat, kann sich durchaus vorstellen, dass das Wasser saugt. Wenn in Wasser eingetauchte Gegenstände untergehen, wird dies konsequenterweise damit erklärt, dass das Wasser sie nach unten saugt. Wer gesehen hat, wie der Wind – von Kindern mit Luft gleichgesetzt – Gegenstände aufwirbelt, wird die Tatsache, dass manche Gegenstände nicht im Wasser untergehen, damit erklären, dass die Luft sie nach oben zieht. Eine Erklärung dafür, dass vom Physikunterricht so wenig hängen bleibt, ist die, dass sich die Schüler bereits lange, bevor das Fach in der Schule gelehrt wurde, so viele Gedanken über Begriffe wie Energie, Arbeit oder Geschwindigkeit gemacht haben, dass für die Feinheiten, die der Physiklehrer zu vermitteln versucht, in ihrem Wissensnetz kein Platz mehr ist (Hardy et al., 2005).

Lernen als Konzeptwechsel gehört zu den anspruchsvollsten geistigen Tätigkeiten und erfordert professionelle, institutionalisierte Lerngelegenheiten. Wenn selbst sehr intelligente Schüler in Mathematik und in den Naturwissenschaften schlechte Leistungen erbringen, führen Unterrichtsforscher dies darauf zurück, dass nicht ausreichend am Konzeptwechsel gearbeitet wird (Baumert, Kunter, Brunner, Krauss, Blum & Neubrand, 2004). Lehrer ignorieren entweder, dass Schüler bereits Vorwissen mitbringen, oder sie reagieren negativ auf unpassende Äußerungen der Schüler. Tatsächlich gibt es Evidenz dafür, dass Lehrer, die das Vorwissen der Schüler berücksichtigen und aufgreifen, bessere Lernerfolge erzielen.

4.1.4
Lernbar, aber nicht direkt lehrbar: Lern- und Denkstrategien sowie fächerübergreifende Kompetenzen

Aus den bisherigen Ausführungen wurde deutlich, dass Kompetenzen in bestimmten Kontexten erworben werden und auf diese beschränkt sind. Demnach sind Kompetenzen in erster Linie inhaltsspezifisch und deren Transferierbarkeit auf andere Bereiche ist weit beschränkter als es gewünscht wäre. Das trifft auch auf überdurchschnittlich intelligente Menschen zu. Ein allgemeiner Transfer von einem inhaltsspezifischen Material auf allgemeine kognitive Fähigkeiten lässt sich aus der Sicht der Kognitionswissenschaften ganz prinzipiell nicht begründen. So sind beispielsweise die Leistungen von Gedächtniskünstlern, die sich Dutzende von Zahlen merken können, bei Buchstaben und Wörtern nur durchschnittlich. Auch die Leistungen von Abakus-Experten, die in kürzester Zeit eine Vielzahl von Rechenaufgaben lösen können, waren in anderen Bereichen der Mathematik nicht zwangsläufig gut. Aufgrund der überragenden Rolle des bereichsspezifischen Wissens für das Erbringen geistiger Leistungen haben sich Versuche, den menschlichen Geist möglichst umfassend zu trainieren – wie beispielsweise durch das Bearbeiten von Aufgaben, die Intelligenztests ähneln (sogenanntes *Gehirnjogging*) – als unwirksam erwiesen. Auch wenn insbesondere kommerziell motivierte Personen das Gegenteil behaupten, so zeigen doch alle Metaanalysen und Überblicksartikel, dass durch das wiederholte Ausführen von Aufgaben die Lösungszeit reduziert und die Lösungsrate erhöht wird, dass es aber keine Transfereffekte auf Aufgaben gibt, die keine Wissenselemente teilen (Shipstead, Redick & Engle, 2012; Chein & Morrison, 2010; Melby-Lervåg & Hulme, 2013).

Auch sind keine Transfereffekte von jahrelangem Lateinlernen auf das logische und mathematische Denken zu erwarten, wie ich mit Haag, einem früheren Lateinlehrer und jetzigen Professor für Pädagogik an der Universität Bayreuth, zeigen konnte (Haag & Stern, 2000; 2003). Inzwischen liegen auch von österreichischen Kollegen entsprechende Resultate vor. In meiner Studie mit Haag konnten jedoch einige Transfereffekte von Latein auf die Muttersprache Deutsch nachgewiesen werden: Erfahrene Lateiner fanden die meisten der in einen deutschen Text eingebaute Grammatikfehler. Sie übertrugen die beim Übersetzen lateinischer Texte sinnvolle Strategie, sich zuerst die Endungen zentraler Wörter im Satz anzuschauen, auf das Lesen deutscher Texte. Lateiner hatten keinen Vorteil beim inhaltlichen Textverständnis, sondern nur beim Finden von Endungsfehlern. In einer weiteren Studie waren Latein-Schüler im Nachteil gegenüber Französisch-Schülern, wenn sie Spanisch lernten, was ebenfalls für bereichsspezifische Effekte spricht, sind doch die spezifischen Wissensanteile zwischen den modernen Sprachen Französisch und Spanisch größer als zwischen Latein und Spanisch (Haag & Stern, 2003). Das Lernen ist also situationsspezifischer als lange gedacht und erhofft. Es gibt keine Hinweise darauf, dass wir unsere Lernfähigkeit unspezifisch trainieren können. Wir können immer nur inhaltliche Kompetenzen erwerben, indem wir uns mit Inhalten befassen. Parolen wie „Lernen lernen statt Wissen aneignen" sind gefährliche Worthülsen, und die gescheiterten Versuche zu ihrer Umsetzung sind mitverantwortlich für die schlechten Schulleistungen in Deutschland. Ängste vor der angeblich immer geringer werdenden Halbwertzeit von Wissen sind im Übrigen fast immer unbegründet, da man mit einer gut strukturierten Wissensbasis auch eine sich verändernde Realität besser verstehen kann.

Natürlich gibt es Transfer. Das macht ja gerade die Plastizität des menschlichen Gehirns aus. Aber Transfer basiert auf der Nutzung von Wissen in unterschiedlichen Situationen, wie bei Mähler und Stern (2010) diskutiert wird. Sogenannter analoger Wissenstransfer ist der stärkste Mechanismus des menschlichen Lernens. Lernen durch Analogieschluss besteht darin, dass wir uns in einer bestimmten Anforderungssituation daran erinnern, wie wir ein in bestimmter Hinsicht ähnliche Anforderungssituation bewältigt haben. Schon Kleinkinder können nachweislich Ähnlichkeiten zwischen oberflächlich unterschiedlichen Situationen sehen und damit analoge Schlussfolgerungen ziehen. Dazu gibt es viele sehr phantasievolle Experimente wie sie beispielsweise bei der Entwicklungspsychologin Goswami (2004) beschrieben werden. Haben sie einmal gelernt, wie man das Stapeln von Kisten als Kletterhilfe nutzen kann, verwenden sie dazu auch andere Gegenstände, wie beispielsweise Reifen. In akademischen Gebieten kommt es zum Transfer, wenn man nicht nur oberflächliche und direkt wahrnehmbare Ähnlichkeiten zwischen verschiedenen Aufgaben und Situationen sieht. Es gibt Wissen mit großem Transferpotenzial. Dazu gehört vieles aus der Mathematik, unter anderem der Graph einer linearen Funktion. Wenn man beispielsweise möchte, dass der Graph einer linearen Funktion, der in Mathematik behandelt wurde, in anderen Fächern genutzt wird (z. B. Physik: Geschwindigkeit oder Beschleunigung, Chemie: Konzentration, Ökonomie: Stückpreis), muss dies gezielt forciert werden. Bringt man die Schüler dazu, zu verstehen, dass die Steigung des Graphen einer linearen Funktion die Rate der Veränderung der auf der Y-Achse abgetragenen Variablen in Abhängigkeit von der auf der X-Achse abgetragenen Variablen ist, kann der Graph als Denkinstrument auch auf unterschiedliche Gebiete als Denkinstrument genutzt werden.

Geistige Leistungen basieren aber nicht nur auf Inhaltswissen, sondern erfordern auch unterschiedliche Formen von Strategiewissen, z. B. zum Lernen aus Texten, zur graphisch-visuellen Veranschaulichung komplexer Zusammenhänge oder zum Führen von Fachgesprächen. Solche und ähnliche Arten von Wissen werden auch als *Schlüsselqualifikationen* bezeichnet, und weil sie den Zugang zu Neuem erleichtern, verdienen sie zweifellos auch besondere Aufmerksamkeit. Wer hätte ihn nicht gern – den Generalschlüssel für das Tor zum Reich der Weisheit! Doch je mehr Einsichten die Kognitionswissenschaften über den menschlichen Geist liefern, umso deutlicher zeigt sich, dass dessen Funktionen auf eine große Anzahl von Kästchen verteilt sind, die sich nur mit Spezialschlüsseln öffnen lassen. Wie immer wieder betont wurde, sind geistige Leistungen das Ergebnis von vernetztem Begriffs-, Fakten- und Handlungswissen. Das lässt sich – wie gerade im vorangegangenen Teil betont wurde – nicht ohne weiteres auf andere, selbst ähnliche Inhaltsgebiete übertragen. Den Ausdruck *Schlüsselkompetenzen* halte ich für irreführend, weil er weismacht, man könne sich mit einem einzigen Hilfsmittel den Zugang zu einer besseren Welt verschaffen. Es gibt selbstverständlich Strategien, welche sich breit einsetzen lassen. Dazu gehören beispielsweise Planungsstrategien bei der Bewältigung vor Vorhaben unterschiedlicher zeitlicher Perspektiven oder das Lernen aus Texten. *Metakognitive Kompetenzen* hat sich als Überbegriff bewährt. Unter Metakognition versteht man das Wissen über eigene Lern- und Denkprozesse: Dass man etwas lernen muss, bevor man es kann, gehört ebenso dazu wie das Wissen um die Tatsache, dass man etwas vergessen kann. Die Art von Wissen bringen wir nicht von Anfang an mit, wie Untersuchungen an kleinen Kindern zeigen. Erst mit etwa vier Jahren verstehen die meisten Kinder solche grundlegenden Mechanismen des Denkens und können ihr Wissen dann in Abhängigkeit von der eigenen Lernerfahrung weiter entwickeln. Gute Lehrpersonen– und das gilt für den Elementarerzieher wie für die Universitätsprofessorin – fördern metakognitive Kompetenzen indirekt zusammen mit Inhaltswissen. Sie konfrontieren ihre Schüler mit echten, aber doch zu bewältigenden Herausforderungen, weil damit die Bereitschaft der Lernenden zur Erprobung neuer Strategien steigt. Werden diese lange genug praktiziert, entwickeln sie sich zu eigenständigen, kontrolliert einsetzbaren Wisseneinheiten, und es eröffnen sich neue geistige Horizonte. Werden Strategien hingegen losgelöst von den relevanten Inhaltsbereichen gelehrt, verkommen sie schnell zur lästigen Pflichtübung oder erleiden das Schicksal gut gemeinter Ratschläge: Wenn sie gebraucht werden, sind sie längst vergessen.

Möglichkeiten zur indirekten Förderung metakognitiver Kompetenzen fänden sich in allen Bildungsinstitutionen. Bereits mit Vorschulkindern lässt sich eine sachorientierte Gesprächsführung üben, im Grundschulunterricht finden Tabellen und Diagramme ihren Platz, und das Lernen aus Texten kann während der gesamten Schulzeit in fast allen Fächern praktiziert werden. Auch an der Universität lassen sich Schlüsselqualifikationen in inhaltlich ausgerichteten Lehrveranstaltungen fördern. Wenn Studierende beispielsweise, wie es an angloamerikanischen Universitäten selbstverständlich ist, mehrere Essays zu den im Seminar behandelten Themen schreiben müssen und zudem detaillierte Rückmeldungen erhalten, werden sie ihre schriftliche Ausdrucksfähigkeit ganz generell verbessern. Auch wenn Lehrveranstaltungen aufgrund der internationalen Zusammensetzung der Studierenden in Englisch abgehalten werden, lassen sich Sprachkompetenzen ganz nebenbei perfektionieren.

Da metakognitive Kompetenzen zwar indirekt lernbar, aber nur sehr begrenzt direkt lehrbar sind, muss ihre Förderung bei der Gestaltung von Lernumgebungen eingeplant werden. Damit dies auf möglichst effiziente Weise geschehen kann, sollten den Lehrenden – und nicht den Lernenden – Beratungsstellen für Methoden zur Verfügung stehen. Kurz und gut: Wenn überhaupt, sollte es Methodenwochen für Lehrpersonen und nicht für Schüler geben. Lehrpersonen sind es, die dank gut durchdachter Arbeitsaufträge und Aufgaben ihren Schülern ein breit anwendbares Rüstzeug vermitteln. Lern- und Denkstrategien sind also ein sehr wichtiges Nebenprodukt des inhaltlichen Lernens. Zum Professionswissen von Lehrpersonen gehört es, genau das zu verstehen und zu beherzigen.

Mit wissenspsychologischen Konstrukten lässt sich erklären und vorhersagen, unter welchen Bedingungen das Lernen von anspruchsvollen Inhalten Schwierigkeiten bereitet und unter welchen Bedingungen es erfolgreich sein kann. Wie schnell und effizient intelligentes Wissen erworben werden kann, hängt natürlich von der Effizienz des Gehirns ab. Intelligente Personen brauchen im Allgemeinen weniger Zeit zum Erwerb einer intelligenten Wissensbasis und können schneller generalisieren. Das soll hier nur angedeutet werden, da Intelligenzunterschiede weiter unten noch vertieft werden. Im folgenden Abschnitt soll die Frage im Mittelpunkt stehen, warum eine Institution wie die Schule gebraucht wird, um begabten wie weniger begabten Schülern Kompetenzen zu vermitteln, die in einer modernen Wissens- und Informationsgesellschaft gebraucht werden. Im Folgenden werden die Ausführungen zum Thema Wissen auf den Schulunterricht ausgeweitet.

4.2
Schule als zentraler Ort der Wissensvermittlung: Professionswissen von Lehrpersonen aus kognitionswissenschaftlicher Sicht

Schule ist ein künstlich geschaffener Ort, an dem Wissen und Kompetenzen vermittelt werden, die in der natürlichen Umgebung nicht erworben werden können. Zur Schule gehören Lehrpersonen, also Menschen, die die Auswahl des Lernstoffes und seine Vermittlung zu ihrem Beruf gemacht haben. Was die Komplexität und Vielfalt der Aufgaben angeht, dürfte der Beruf der Lehrpersonen kaum zu übertreffen sein. Weinert (1998) hat das Aufgabenfeld wie folgt zusammengefasst: „Schüler brauchen eine vielfältige Allgemeinbildung, sie benötigen Strategien zur praktischen Nutzung dieses Wissens, Kompetenzen zum permanenten selbständigen Lernen und ein System verbindlicher Wertorientierungen. Und all das müssten ihnen kompetente Lehrer vermitteln."

Als Berufsgruppe sind Lehrpersonen sehr häufig gesellschaftlicher Kritik ausgesetzt. Die schlechten PISA-Ergebnisse werden ihnen ebenso angekreidet wie die unzureichende Vorbereitung auf ein Universitätsstudium. Hoch angesehene Berufe wie Ärzte bringen anerkanntes Professionswissen mit, das sie um Studium und in der Weiterbildung erwerben. Wie sieht das Professionswissen von Lehrpersonen aus und welche Lernprozesse müssen diese während der Aus- und Weiterbildung durchlaufen? Zunächst muss man sich vergegenwärtigen, dass Lehrpersonen sich beim Erwerb ihres Professionswissens von den Inhabern anderer anspruchsvoller Berufe in manchen Aspekten fundamental unterscheiden: Alle Lehrpersonen haben aus ihrer Zeit als Schüler langjährige Erfahrung aus erster Hand mit ihrem Beruf. Zwar dürften auch die meisten Mediziner den einen oder anderen Arztbesuch hinter sich gebracht haben, aber erstens haben ärztliche Behandlungen verglichen mit dem Schulbesuch nur sehr wenig Lebenszeit in Anspruch genommen, und zweitens kann eine ärztliche Behandlung erfolgreich sein, ohne dass der Patient auch nur die geringste Ahnung von der Tätigkeit des Arztes hat. Letzteres trifft auf die Lehrer-Schüler Interaktion nicht zu. Die Aktivitäten einer Lehrpersonen umfassen unter anderem: Interesse erwecken, Erklärungen geben, eine Sache an Beispielen erläutern, Übungen anleiten oder Diskussionen initiieren. Alle diese Tätigkeiten sind auch im Alltag geläufig, wenn auch nur selten in so geballter Ladung wie in der Schule.

Lange bevor Lehrpersonen vor einer Klasse stehen, haben sie also bereits alles gemacht und alles gesehen, was eine Lehrperson tun kann. In ihrer Ausbildung werden Lehrpersonen mit mehr oder weniger gut geordnetem deklarativem Wissen zum Lehr- und Lernprozess überhäuft. Sie lernen Lernzieltaxonomien und Kriterien für guten Projektunterricht kennen, sie sollen die Unterschiede zwischen rezeptivem und selbstentdeckendem Lernen aufzählen und wissen, was man unter adaptiver Instruktion versteht. Wie aber nutzen sie dieses Wissen, wenn sie ihren Unterricht planen und mit Schülern interagieren? Hat professionelles Wissen überhaupt eine Chance, im Klassenzimmer umgesetzt zu werden? Selbst wer keine systematische Ausbildung erhalten hat, weiß in etwa, was er vor einer Klasse zu tun hat, unter anderem weil er sich seine eigenen Lehrer zum Vorbild nehmen könnte.

Dass dieses Lernen am Modell Jahrzehnte überstehen kann, wird nicht selten als Schreckgespenst herauf beschworen: Am Schulunterricht ändert sich nichts, weil junge Lehrepersonen, auch wenn sie ein Universitätsstudium hinter sich gebracht haben, so unterrichten, wie sie es bei ihren eigenen Lehrern gesehen haben. In den exakten Worten ihrer eigenen Lehrer reagieren sie selbst auf Disziplinprobleme. Mit dem Rücken zur Wand (*dorsal teaching*) leiten sie an der Tafel mathematische Formeln ab und erwarten, dass ihre Schüler durch deren Abschreiben zu neuen Einsichten kommen. Beim Korrigieren der Klassenarbeit erkennen sie, dass längst nicht alle Schüler die von ihnen gestellten Aufgaben lösen können. Spätestens jetzt greifen sie auf ihr explizit verfügbares Wissen über Ursachen interindividueller Unterschiede zurück. Sie werden sich an Aussagen zu Verwahrlosung im Elternhaus erinnern und an die Vererbung von Begabung. Auf der Grundlage dieses Wissens werden sie im Zweifelsfalle Ursachen für das Scheitern extern attribuieren und nicht auf ihren wenig lernwirksamen Unterricht zurückführen. Wie kann man einem solchen unerwünschten Lernprozess in der Aus- und Weiterbbildung von Lehrpersonen entgegen steuern?

Es gibt einen weiteren Befund, der zum Nachdenken Anlass gibt: Bisher ist keine Studie bekannt, die zeigt, dass mit den Erfahrungsjahren einer Lehrperson, die Lernwirksamkeit ihres Unterrichts zunimmt (Hascher, 2005; Weinert & Helmke, 1997). Dies widerspricht sowohl unseren intuitiven Vorstellungen, wonach Übung den Meister macht als auch den Befunden der Expertisenforschung, wonach bei anspruchsvollen Tätigkeiten der Höhepunkt der Leistungsfähigkeit nach etwa zehn Jahren erreicht wird (Ericsson, 2006). Offensichtlich unterscheiden sich die Lernprozesse von Lehrpersonen sowohl in deren Ausbildung als auch während der Ausübung der Berufstätigkeit von den Lernprozessen in anderen Berufen. Im folgenden Teil wird dies aus lernpsychologischer Sicht näher analysier bevor dann im nächsten Teil der Frage nachgegangen wird, wie die Professionalisierung von Lehrpersonen vor dem Hintergrund der Besonderheit der Lernprozesse optimiert werden kann.

4.2.1
Adaptive Expertise als Ziel der Lehrerbildung

Das Thema *Expertise* wurde bereits zu Beginn dieses Kapitels angesprochen und soll in Bezug auf den Lehrerberuf vertieft werden. Seit mehr als dreißig Jahren setzt sich die Psychologie mit der Frage auseinander, wie Menschen zu Experten in einem Gebiet werden (Ericsson, 2006). Experten können

Probleme lösen, die Nicht-Experten vor unüberwindbare Hindernisse stellen. Für einen Chirurgen ist die Entfernung eines entzündeten Blinddarms ein Routineeingriff, während der Patient dem Tode geweiht wäre, wenn ein Laie den Eingriff in einem perfekt eingerichteten Operationssaal vornehmen müsste. Ein Röntgenspezialist kann die Anfänge eines Tumors auf einem Bild erkennen, wo der Laie nur das Schwarz-Weiß-Foto eines Aquarells sieht. Für den Laien ist $e = m \times c^2$ eine recht einfache mathematische und ansonsten inhaltsleere Formel, während für den Physiker ein komplexes Weltbild an dieser Formel hängt, auf deren Grundlage sehr komplizierte Sachverhalte erläutert werden können. Im vorangegangenen Abschnitt wurde beschrieben, wie explizites Wissen in implizites Wissen übergeht. Nach Hatano und Oura (2003) ist dies ein klarer Fall von routinierter Expertise, die entsteht, wenn man solche komplexe, aber dennoch wohl-definierte (*well-defined*) Probleme löst. Experten in einem Gebiet bauen hoch automatisiertes Wissen auf und erledigen deshalb Routineaufgaben „mit links". Der Begriff *Problem* impliziert bereits, dass wohl-definierte Probleme nicht mit Routineaufgaben verwechselt werden dürfen. Die Entfernung eines Blinddarms bleibt auch für den erfahrenen Chirurgen ein Problem, da es kein Rezept gibt, nach dem er vorgehen kann, sondern die spezielle Anatomie des Patienten zu berücksichtigen hat. Während der Operation muss er bestimmte Vorgänge beim Patienten im Auge haben (*monitoring*) und seine Routine unterbrechen, sobald etwas Unerwartetes auftritt. Da jedoch alles Unerwartete im Rahmen des Bekannten liegt, bleibt auch die Operation mit Komplikationen ein wohl-definiertes Problem.

Das Lernen im Umgang mit wohl-definierten Problemen besteht überwiegend in der Proceduralisierung von Wissen, wie es im vorangegangenen Kapitel angesprochen wurde: Die Assoziationen zwischen zu Beginn unverbundenen Wissenseinheiten, deren Aktivierung bewusst gesteuert werden musste, werden so eng, dass sie sich automatisch gegenseitig aufrufen. In diesem viel beachteten Aufsatz haben Hatano und Oura (2003) darauf aufmerksam gemacht, dass die beschriebene Art der Expertise nur einen Teilaspekt menschlicher Kompetenzen abdeckt. Sie bezeichneten den kompetenten Umgang mit wohl-definierten Problemen als Routine-Expertise und grenzten sie von der Adaptive-Expertise ab. Letztere beschreibt Fähigkeiten im Umgang mit Unsicherheiten bzw. mit so genannten schlecht-definierten Problemen (*ill-defined problems*). Aus der Sicht der Problemlöseforschung ist Lehren ganz klar ein *ill-defined problem* (Lambert, 2001). Zu beachten sind eine Vielzahl von teilweise schwer zu vereinbarenden Zielen, die sich aus einem Zusammenspiel von nicht immer klar definierten gesellschaftlichen Anforderungen an die Schule, curricularen Vorgaben, fachlichen Lernzielen, institutionellen Rahmenbedingungen und Heterogenität der Lernenden hinsichtlich kognitiver und persönlicher Voraussetzungen ergeben. Verglichen mit dieser komplexen Anforderungsstruktur scheint die Arbeit eines Herzchirurgen geradezu übersichtlich. Dessen Erfolg wird vor allem nach einem Kriterium bemessen: der Überlebensdauer seiner Patienten. Auf dieses eine Ziel wird er alle seine Handlungen ausrichten und er kann sicher sein, dass andere an der Operation beteiligte Personen, z. B. der Anästhesist, das gleiche Ziel verfolgen. Lehrpersonen hingegen müssen sich permanent zwischen unterschiedlichen Zielen entscheiden und sie bewegen sich in einem Feld mit vielen ungeklärten Fragen. Zusätzlich zu den Zielkonflikten, die Lehrpersonen zu einem *ill-defined problem* machen, kommt noch etwas anderes dazu: Selbst wenn man als Lehrperson klare Ziele gefasst und alle Konsequenzen durchdacht hat, wird man diese in Abhängigkeit vom Verhalten der Lernenden häufig ändern müssen. Treten Disziplinprobleme auf, wird man seine inhaltsbezogenen Aktivitäten unterbrechen müssen. Sich auf Unerwartetes einzustellen ist zwar in jedem qualifizierten Beruf eine wichtige Kompetenz, aber in kaum einem anderen Beruf dürfte sie so häufig zum Einsatz kommen wie bei Lehrpersonen. Wie sieht der Erwerb einer solchen Expertise aus, und wo zeichnen sich suboptimale Entwicklungsprozesse ab?

4.2.2
Die Reflexion von Entscheidungen als zentrale Kompetenz von Lehrpersonen

Lehrpersonen stehen permanent vor der Entscheidung, mit welchen Aktivitäten sie ihre Schüler beschäftigen sollen. Fertigkeiten wie Nähen, Skifahren oder Kochen lernt man, indem man sie wiederholt ausführt. Professionelle Begleitung, wie sie in der Meisterlehre vorgesehen ist, wird einerseits für die Festsetzung des Anforderungsniveaus der Aufgabe benötigt (ein Schneiderlehrling wird zunächst eine gerade Naht nähen und nicht gleich einen teuren Stoff zuschneiden; ein Skianfänger wird seine ersten Abfahrten am „Idiotenhügel" machen), und andererseits um den Lernenden Rückmeldung über den Prozess und das Produkt zu geben. Geübt wird in der Ausbildungs- und Lernphase, was auch später noch gebraucht wird. Das ist beim Erwerb akademischer Kompetenzen anders. In der überwiegenden Zeit wurden nicht die Dinge geübt, die später gekonnt werden sollen. Der Gymnasiallehrer erwartet, dass die Schüler, die frisch aus der Grundschule kommen, eigenständig Texte lesen können. In der Grundschule wurden aber in den ersten Jahren Buchstaben und Wörter geübt. Diese Basisfähigkeiten sind Voraussetzung für den Schriftspracherwerb, aber wenn dieser erfolgt ist, kommen sie nicht mehr zum Einsatz. Von Abiturienten werden fließende Englischkenntnisse in Wort und Schrift erwartet. Im Englischunterricht der Schule wurde viel Zeit mit dem Lernen und Abfragen von Vokabeln und unregelmäßigen Verben sowie dem Explizieren von Grammatikregeln verbracht. Wenn am Ende die Schüler zwar korrekt *go, went, gone* herunterbeten können, aber den Satz *He goed home* formulieren, müsste der Englischunterricht als gescheitert betrachtet werden. Aber ohne das isolierte Einüben der unregelmäßigen Verben könnte man wohl kaum den Satz *He went home* produzieren. Die Tatsache, dass Schüler Dinge üben müssen, die sie in dieser Form nicht anwenden können, die aber unabdingbar sind für den Erwerb der angestrebten komplexen Kompetenz, macht eine professionelle Ausbildung von Lehrpersonen erforderlich. Sie müssen wissen, welche Übungen zielführend sind und welche nicht. Hier stehen Lehrer permanent vor Entscheidungen, wie sie die Unterrichtszeit nutzen können.

Soll der Unterricht so angelegt werden, dass die unmittelbare Stoffreproduktion maximiert wird, oder sollte man auf die nachhaltige Wissensnutzung setzen, die sich langfristig in Transferleistungen auf neue Aufgaben zeigt? Sollen Lehrpersonen Aufgaben stellen, die die schwächeren Schüler voranbringen, oder sollen sie sich auf die stärkeren konzentrieren? Sollen sie im naturwissenschaftlichen Unterricht die Schüler selbst experimentieren lassen, oder sollen sie die Zeit eher für lehrergesteuerte Aktivitäten wie Erklärungen nutzen? Sollen sie im Mathematikunterricht Übungsaufgaben vom gleichen Typ vorgeben, oder sollen sie unterschiedliche Aufgaben mischen? Solche und ähnliche Entscheidungen müssen Lehrpersonen permanent treffen. Dazu müssen sie sich nicht nur über ihre Ziele im Klaren sein, sondern auch wissen, wo es zu Zielkonflikten kommen kann. Mit jeder Entscheidung für etwas hat man eine Entscheidung gegen etwas anderes getroffen.

4.2.3
Fachspezifisches pädagogisches Wissen

Aufgrund der Komplexität der Anforderungen und der unvermeidlichen Zielkonflikte gibt es keine präzisen und allgemeinverbindlichen Vorstellungen darüber, wie das Professionswissen von Lehrpersonen aussehen sollte. Allerdings ist es zwischenzeitlich gelungen, sich mindestens auf drei Eckpfeiler zu einigen, die von Shulman (1987) formuliert wurden: Wissen über das zu unterrichtende Fach, Wissen über Lernen und Lehren sowie das so genannte fachspezifische Pädagogische Wissen, das verstanden werden kann als „die Zusammenführung von Inhalt und Pädagogik zu einem Verständnis dessen, wie bestimmte Themen, Probleme oder Fragen strukturiert, dargestellt und an die Interessen und Fähigkeiten der Lernenden angepasst und für den Unterricht aufbereitet werden sollten." Voraussetzung für lernwirksamen Unterricht ist, dass die Lehrpersonen das Fachwissen „durch die pädagogische Brille" sehen und „kognitive Empathie" zeigen, d. h. sich in die Lernschwierigkeiten ihrer Schüler hinein versetzen. Es häufen sich die Belege dafür, dass diese Fähigkeit zentral für lernwirksamen Unterricht ist (Staub & Stern, 2002). Die Lernwirksamkeit von Unterricht – und das gilt vom Elementarbereich bis zur universitären Bildung – hängt entscheidend davon ab, ob es der Lehrperson gelingt, Lernsituationen zu schaffen, in denen das bereits verfügbare Wissen der Schüler aktiviert und weiter entwickelt werden kann.

Wie erwirbt man Wissen, das einen in die Lage versetzt, genau diesen Anforderungen zu genügen? So konnten Staub und Stern (2002) zeigen, dass Grundschullehrer, die im Mathematikunterricht das Verstehen förderten, die schwächeren Schüler keineswegs vernachlässigten. Das wissenschaftliche Potenzial der SCHOLASTIK-Studie ergibt sich insbesondere aus dem an bayerischen Grundschulen obligatorischen Lehrerwechsel von der 2. zur 3. Klasse. Dieser ermöglicht es, die zwischen den Klassen gefundenen Unterschiede im Leistungszuwachs von der 2. zur 3. Jahrgangsstufe dem Einfluss des in der 3. Klasse unterrichtenden Lehrers zuzuschreiben. Auch wenn deutschen Grundschullehrepersonen wenig Freiraum bei der Auswahl der Inhalte des Mathematikunterrichtes bleibt, können möglicherweise recht subtile Faktoren bedeutsam werden. Ein Merkmal, dem zunehmend Bedeutung geschenkt wird, sind die fachspezifischen pädagogischen Grundhaltungen der Lehrpersonen. Darunter versteht Shulman (1987) die Zusammenführung von Inhalt und Pädagogik zu einem Verständnis dessen, wie bestimmte Themen, Probleme oder Fragen strukturiert, dargestellt, an die Interessen und Fähigkeiten der Lernenden angepasst und für den Unterricht aufbereitet werden sollten. Eine gute Lehreperson weiß, wie Schüler bestimmte Inhalte lernen. Aus unvollständigen Lösungen und Fehlern kann erkannt werden, ob Kinder, selbst wenn sie noch nicht das Leistungskriterium erfüllen, auf dem richtigen Weg sind.

Für den Mathematikunterricht ist die geistige Aktivität des Verstehens entscheidend. Auch wenn die Kognitionswissenschaften und die Lehr-Lern-Forschung noch weit davon entfernt sind, das Phänomen des Verstehens erklären zu können, gibt es doch einige allgemein akzeptierte Grundannahmen. Dazu gehört, dass Verstehen das Ergebnis eines aktiven Konstruktionsprozesses auf Seiten des Lernenden ist. Dieser muss Dinge erproben, Irrwege gehen und sie erkennen können, bevor ein Gegenstand wirklich verstanden wurde. Verstehen ist also nicht das Ergebnis der Übertragung von Wissen vom Lehrenden auf den Lernenden. Diese Auffassung wird unter dem Begriff *konstruktivistisches Lernen* zusammengefasst. Für das Verstehen und Lösen von Textaufgaben ist eine aktive Konstruktion des zugrundeliegenden Situationsmodells und dessen Transformation in eine mathematische Gleichung entscheidend. Peterson, Fennema, Carpenter und Loef (1989) entwickelten einen Fragebogen, in dem die Grundhaltungen der Lehrpersonen zur aktiven Rolle der Schüler beim Lösen von Textaufgaben erfasst wurden. Eine *konstruktivistische Grundhaltung* spiegelt sich beispielsweise in folgenden Items des Fragebogens wider:

- Schüler sollten bereits Textaufgaben erhalten bevor sie Rechenprozeduren gut beherrschen.
- Lehrpersonen sollten Schüler ermutigen, ihre eigenen Lösungswege für Mathematikaufgaben zu suchen, selbst wenn diese ineffizient sind.
- Mathematik sollte in der Schule so gelehrt werden, dass der Schüler Zusammenhänge selbst entdecken kann.

Demgegenüber drückt sich eine *rezeptive Grundhaltung* zum Verstehen von Textaufgaben in folgenden Items aus:

- Lehrpersonen sollten für das Lösen von Textaufgaben detaillierte Vorgehensweisen vermitteln.
- Um Mathematik zu lernen, ist es wichtig, dass der Schüler gut zuhören kann.
- Effiziente Lehrpersonen führen die richtige Art und Weise vor, in der eine Textaufgabe zu lösen ist.

Auf Anregung von Staub, der 1994 als Gastwissenschaftler am Münchener Max-Planck-Institut arbeitete, wurde der übersetzte Fragebogen zwei Jahre nach Beendigung der SCHOLASTIK-Studie den teilnehmenden Lehrern zugeschickt. Es zeigte sich ein erstaunlich enger Zusammenhang zwischen einer im Fragebogen geäußerten konstruktivistischen Grundhaltung und dem mittleren Lernfortschritt der Klasse im Lösen von Textaufgaben (Staub & Stern, 2002). Es zeigte sich, dass das Vorwissen, also die am Ende der 2. Klasse gemessene Mathematikleistung, ein besserer Prädiktor für die Mathematikleistung am Ende der 3. Klasse ist als die Intelligenz, wobei allerdings zu berücksichtigen ist, dass die konfundierte Varianz aus Intelligenz und Mathematikleistung in den Koeffizienten für das Vorwissen eingeht. Für das Lösen von Textaufgaben zeigt sich, dass die Lehrerüberzeugungen fast genauso viel Varianz aufklären wie die „reine" Intelligenz. Obwohl in der deutschen Grundschulmathematik kaum die Möglichkeit genutzt wird, mit Hilfe von Textaufgaben das mathematische Verständnis zu erweitern, lassen sich indirekte Effekte der Lehrpersonen auf die mathematische Problemlösekompetenz der Schüler nachweisen. Lehrpersonen, die sich der Bedeutung eines aktiven, problemorientierten Lernens von Mathematik bewusst sind, unterstützen das Lösen von Textaufgaben auch indirekt. Tatsächlich zeigte sich, dass Lehrpersonen mit konstruktivistischen Grundhaltungen häufiger konzeptuell anregende Arithmetikaufgaben präsentierten (Renkl & Stern, 1994). Die Ergebnisse zeigen, dass ein auf das Verständnis ausgerichteter Mathematikunterricht keine Vernachlässigung des arithmetischen Faktenwissens mit sich bringt. Klassen mit Lehrpersonen, die eine konstruktivistische Grundhaltung vertraten, zeigten keine schlechteren Leistungen bei Additions- und Subtraktionsaufgaben als Klassen mit rezeptiv orientierten Lehrpersonen. Bei Multiplikations- und Divisionsaufgaben zeigte sich sogar ein positiver Trend. Auch für den Einwand, dass ein anspruchsvoller, am Verständnis orientierter Mathematikunterricht zu Lasten der schwächeren Schüler gehe, gab es keinerlei Hinweise (Staub & Stern, 2002). Auch konnten neben der Grundhaltung der Lehrpersonen keine weiteren Einflussmerkmale wie Klassengröße oder mittleres Intelligenz- und Leistungsniveau der Klasse identifiziert werden.

Auch wenn generell auf individueller Ebene durch Lehrpersonen nur wenig Varianz aufgeklärt wird, darf die Bedeutung dieser Effekte aus mindestens drei Gründen nicht unterschätzt werden. Erstens könnte es bei dem gegenwärtigen Mangel an qualifizierten Mathematikern und Naturwissenschaftlern bereits als Erfolg gewertet werden, wenn sich durch einen anregenden Unterricht 1–2% mehr Schüler in diese Richtung orientieren würden. Zweitens bleibt zu bedenken, dass in der Analyse von Staub und Stern (2002) lediglich der Effekt eines einzigen Schuljahres berücksichtigt wurde. Über die Jahre aufaddiert können sich am Ende der Schulzeit beachtliche Effekte zeigen. Drittens bleibt zu berücksichtigen, dass die stark reglementierten Lehrplanvorgaben auch Lehrpersonen mit einer konstruktivistischen Grundhaltung wenig Spielraum für die Darbietung anspruchsvoller Textaufgaben lassen. Es kann erwartet werden, dass sich eine konstruktivistische Grundhaltung der Lehrpersonen stärker auf den Leistungszuwachs im Lösen anspruchsvoller Textaufgaben auswirken würde, wenn diese im Grundschulcurriculum vorgesehen wären.

4.3
Warum Neurowissenschaften nicht zum Professionswissen von Lehrpersonen gehören

Niemand bezweifelt, dass das Gehirn der wichtigste Körperteil für das Lernen ist. Trotzdem stellt sich die Frage nach der Bedeutung der Neurowissenschaften für die Erklärung von Gelingen und Misslingen von schulischem Lernen. Dank der zahlreichen Fortschritte in der Hirnforschung verfügen wir heute über umfassendere Erkenntnisse über menschliches Lernen und geistige Entwicklung als noch vor einem Jahrzehnt. Denn bildgebende Verfahren können uns zum Beispiel Informationen über die Unterschiede zwischen den Gehirnzuständen von Menschen mit normaler geistiger Entwicklung sowie normalen Lernfähigkeiten und Menschen mit Entwicklungsstörungen sowie eingeschränkten Lernkompetenzen liefern. So haben Einsichten in die Gehirnfunktionen von Schülern mit Lese-Rechtschreibschwäche (Dyslexie) dazu beigetragen, verständlich zu machen, aus welchen Gründen normale Unterrichtsmethoden in manchen Fällen erfolglos bleiben (Goswami, 2004). Die Entdeckung solcher durch das Gehirn bedingter Einschränkungen für das Lernen hat eine fortdauernde Diskussion darüber ausgelöst, inwieweit Ergebnisse der Hirnforschung generell dazu geeignet sind, eine Grundlage für die Verbesserung von Unterrichtsmethoden bereitzustellen.

Während einige Autoren Leitideen dafür skizziert haben, wie sich pädagogische, psychologische und neurowissenschaftliche Forschungen zum menschlichen Lernen integrieren ließen (Ansari, De Smed & Grabner, 2012; Blakemore & Frith, 2006), haben andere Autoren vor unrealistischen Erwartungen an die Neurowissenschaften gewarnt (Bruer, 1997; Schumacher, 2007) und auf die Gefahr hingewiesen, dass dabei die weitaus besser ausgearbeiteten Theorien zur Verbesserung schulischen Lernens der psychologischen Lehr- und Lernforschung ignoriert werden (Stern, 2005). Aus den bisherigen Ausführungen sollte deutlich geworden sein, dass die Kognitionspsychologie gute Erklärungen für das Gelingen von Lernen liefern kann. Wahr ist auch, dass alle kognitiven Funktionen, die bisher beschrieben wurden, wie beispielsweise Arbeitsgedächtnis, *chunking* oder Proceduralisierung ihre Entsprechung im Gehirn haben müssen. Dass Arbeitsgedächtnisfunktionen vor allem im Frontalhirn realisiert werden, gilt als sicher. Das ist allerdings gegenwärtig die genaueste Aussage, die wir zum Zusammenhang zwischen kognitionspsychologischen Konstrukten und Hirnfunktionen machen können. Die Unterscheidung zwischen prozeduralem und konzeptuellem Wissen beispielsweise ist aus kognitionspsychologischer Sicht sehr sinnvoll, weil beide Wissensarten auf unterschiedliche Weise erworben werden, wie an verschiedenen Stellen dieses Textes schon ausgeführt wurde (Schneider & Stern, 2010). Auf neurophysiologischer Basis hingegen ist eine derartige Unterscheidung noch nicht nachweisbar. Weder aus den elektrischen Aktivitäten der Hirnzellen noch dem Verbrauch von Sauerstoff oder Glukose lässt sich schließen, ob jemand gerade beim Lesen ein Wort entziffert oder versucht, ein Konzept zu verstehen. Einen Beitrag können die Neurowissenschaften aber leisten, wenn es um die Erklärung von Lernschwierigkeiten geht, wie später noch erläutert wird.

Keine Bedeutung haben die Neurowissenschaften hingegen für die Auswahl des Schulstoffes und die Formulierung schulischer Lernziele. Zentrale

Aufgabe der Schule ist die Transformation von kulturellem Wissen. Vor welchen Herausforderungen Lehrpersonen stehen, soll im Folgenden erläutert werden.

4.3.1
Die Transformation von Kulturleistungen als Herausforderung im Schulunterricht am Beispiel der Physik

Angenommen, eine Lehrperson hat den Schülern im Physikunterricht das zweite Newtonsche Gesetz erklärt, wonach es zu jeder Kraft eine gleich große Reaktionskraft gibt, die in entgegengesetzter Richtung wirkt. Die Lehrperson stellt den Schülern im Anschluss an ihre Erläuterungen die Aufgabe aus Abbildung 1.

Diejenigen Schüler, die das zweite Newtonsche Gesetz verstanden haben und auf neue Situationen anwenden können, werden die richtige Antwort geben, dass sich beide Skateboard Fahrer gleich schnell zur anfänglichen Mitte bewegen. Hingegen werden andere, die glauben, dass nur der aktiv ziehende linke Skateboard Fahrer eine Kraft ausübt, antworten, der Linke würde stehen bleiben und der Rechte auf ihn zu rollen. Damit stellt sich die Frage, was Lehrpersonen wissen müssen, um nach Möglichkeit *allen* Schülern diesen physikalischen Zusammenhang verständlich zu machen. Woran liegt es, dass der eine Lernende etwas versteht und der andere nicht?

Eine entscheidende Rolle bei der Erklärung und Vorhersage von Leistungsunterschieden beim schulischen Lernen spielt – wie mehrfach angesprochen – das Vorwissen der Lernenden in den jeweiligen Inhaltsbereichen. Zu diesem Vorwissen gehören zum einen Vorstellungen, die mit den wissenschaftlichen Inhalten verträglich sind und an die man daher im Unterricht anschließen kann. Dazu gehört zum Beispiel die Vorstellung, dass Kräfte eine Richtung, einen Ansatzpunkt und einen Betrag besitzen. Diese Kenntnisse werden als anschlussfähige Schülervorstellungen bezeichnet. Zum anderen zählen zum Vorwissen aber auch Vorstellungen, die mit den wissenschaftlichen Inhalten unverträglich sind und daher zu Verständnisschwierigkeiten führen können. Dazu gehört beispielsweise die Vorstellung, dass Kräfte nur dann wirken, wenn Lebewesen aktiv Bewegungen ausführen. Solche Vorstellungen werden als Fehlvorstellungen bzw. als nicht-anschlussfähige Schülervorstellungen bezeichnet. Um den Unterricht optimal auf den Kenntnisstand der Lernenden abzustimmen, müssen Lehrpersonen also wissen, welche anschlussfähigen und nicht-anschlussfähigen Vorstellungen bei den Schülern vorliegen. Dieses Vorwissen lässt sich mit geeigneten Tests, wie sie zum Beispiel vom MINT-Lernzentrum der ETH Zürich entwickelt werden, vor dem

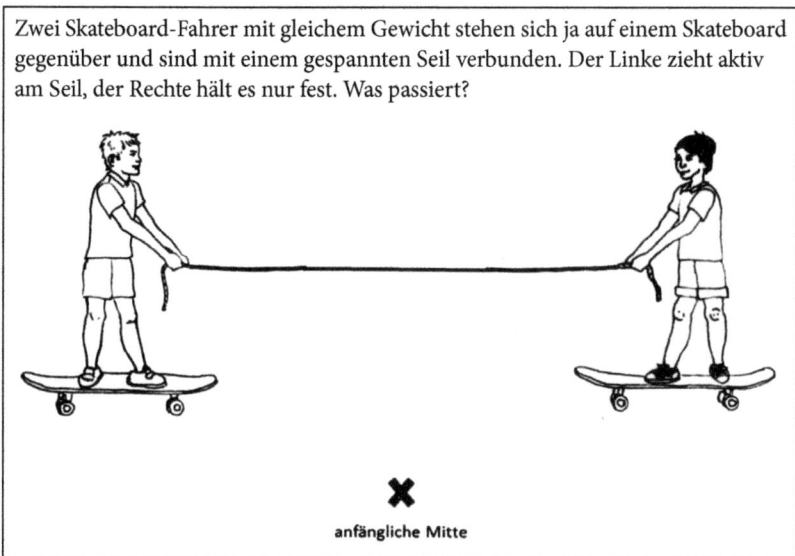

Abbildung 1: *Eine Physikaufgabe, die einen angemessenen Kraftbegriff erfordert*

Unterricht erheben. Näheres dazu kann unter *http://www.educ.ethz.ch/mint* nachgelesen werden.

Damit das Vorwissen der Schüler im Unterricht gezielt genutzt werden kann, müssen Lehrpersonen zudem wissen, welche Lernformen sich besonders eignen, um das Gelernte zu vertiefen oder um vorliegenden Fehlvorstellungen entgegenzuwirken. Eine Lernform, die sich in zahlreichen Vergleichsstudien als besonders wirksam herausgestellt hat, besteht darin, die Lernenden mit inhaltlich genau abgestimmten Aufträgen dazu aufzufordern, Erklärungen zu bilden. Zur Vertiefung des Gelernten kann ihnen beispielsweise der Auftrag gegeben werden, darzustellen, wie sie das zweite Newtonsche Gesetz einem Mitschüler erklären würden, der die betreffende Lektion verpasst hat. Sie müssen sich dabei also genau überlegen, welche Voraussetzungen sie ihrem Mitschüler zunächst erklären müssen, und welche Punkte für das Verständnis dieses Naturgesetzes besonders wichtig sind. Der oben genannten Fehlvorstellung lässt sich wiederum entgegenwirken, indem die Lernenden aufgefordert werden, zu erklären, was genau an der Vorstellung falsch ist, Kräfte würden nur dann wirken, wenn aktiv Bewegungen ausgeführt werden – und durch welche Fälle diese Vorstellung widerlegt werden kann. Auf diese Weise machen sie sich diese Fehlvorstellung noch einmal besonders bewusst.

Wenn es um die Erklärung von Leistungsunterschieden beim schulischen Lernen geht, dann geht es um Leistungsunterschiede zwischen gesunden Personen mit einer Intelligenz im normalen Bereich. Es ist wichtig, dies zu beachten, denn häufig wird von neurowissenschaftlichen Untersuchungen, die sich mit Unterschieden zwischen gesunden Personen und Personen mit pathologischen Störungen wie der Lese- und Rechtschreibschwäche (Dyslexie) oder der Rechenschwäche (Dyskalkulie) befassen, fälschlich darauf geschlossen, sie könnten automatisch auch Leistungsunterschiede zwischen gesunden Personen erklären. Für Leistungsunterschiede zwischen gesunden Personen sind aber neben Unterschieden in der Intelligenz vor allem Unterschiede im Vorwissen verantwortlich. Um guten Unterricht zu machen, müssen Lehrpersonen daher das Vorwissen der Lernenden kennen, und sie müssen wissen, welche Lernformen sich besonders eignen, um Fehlvorstellungen entgegen zu wirken sowie das Wissen zu vertiefen.

Das für die Unterrichtsgestaltung relevante Wissen über das Vorwissen der Schüler sowie über wirksame Lernformen stellt nicht der Blick ins Hirn, sondern die empirische Lehr- und Lernforschung bereit. Schülervorstellungen werden erhoben, indem man die Kinder bzw. Jugendlichen Fragen wie die in Abbildung 2 dargestellte Aufgabe lässt.

Mit den in Abbildung 2 aufgeführten Fragen lässt sich herausfinden, ob die Lernenden bereits über bestimmte Kenntnisse verfügen, oder ob sie noch Vorstellungen haben, die nicht anschlussfähig sind und damit zu Verständnisschwierigkeiten führen können. Solche Testfragen eignen sich ebenfalls, um im Anschluss an den Unterricht festzustellen, ob etwas gelernt bzw. richtig verstanden wurde. Denn Lernen zeigt sich im Bewältigen von Anforderungen: Wenn die Schüler im Unterricht etwas dazu gelernt haben, dann zeigt sich das darin, dass sie nach dem Unterricht Aufgaben lösen können, die sie vor dem Unterricht noch nicht bewältigen konnten. Ob jemand etwas richtig verstanden bzw. gelernt hat, lässt sich also mit dem Blick auf das Verhalten – nämlich auf das erfolgreiche Bewältigen von Anforderungen – erfassen.

Hingegen lässt sich mit dem Blick ins Hirn nicht feststellen, ob etwas richtig gelernt wurde. Denn grundsätzlich gehen *alle* Lernprozesse – auch wenn etwas Falsches gelernt wurde – mit funktionellen oder strukturellen Veränderungen im Gehirn einher, so dass allein von dem Vorliegen neuronaler Veränderungen nicht darauf geschlossen werden kann, dass jemand etwas richtig verstanden hat. Die Beobachtung, dass sich im Gehirn neue Verbindungen von Nervenzellen gebildet haben, ist deshalb *unterbestimmt* in Bezug auf die Frage, ob das Richtige gelernt wurde. Die Beobachtung des Verhaltens hat hier also klare Priorität vor der Beobachtung von Vorgängen im Gehirn: Erst wenn man über das Bewältigen von Anforderungen in Testsituationen festgestellt hat, dass jemand etwas verstanden hat, kann anschließend mit den

Eine Kugel liegt auf einem elastischen Brett. Welche der folgenden Aussagen treffen zu?

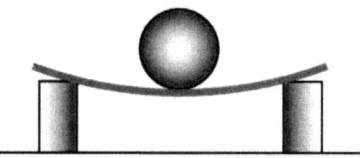

☐ Da die Kugel in Ruhe ist, wirken hier überhaupt keine Kräfte.
☐ Auf die Kugel wirkt nur die Stützkraft des gespannten Bretts, sonst würde sie herunterfallen.
☐ Auf die Kugel wirkt nur die Anziehungskraft der Erde, da sich das Brett durchbiegt.
☐ Das Brett stützt die Kugel ab und wirkt deshalb mit einer nach oben gerichteten Kraft auf die Kugel.

Abbildung 2: Eine Physikaufgabe, die Nachdenken erfordert

Methoden der Neurowissenschaften untersucht werden, welche Veränderungen im Gehirn mit diesen Lernprozessen einhergehen. Aber auch dann, wenn man eine solche Korrespondenz zwischen Lernprozessen und bestimmten Veränderungen im Gehirn festgestellt hat, bleibt die Beobachtung des Verhaltens – wie bereits erwähnt das Bewältigen von Anforderungen – weiterhin das sicherste Mittel, um festzustellen, ob etwas richtig gelernt bzw. verstanden wurde.

Auch die Wirksamkeit verschiedener Lernformen kann nur im Rahmen der empirischen Lehr- und Lernforschung untersucht werden. Dazu müssen Vergleichsstudien mit mehreren Gruppen durchgeführt werden, die unter verschiedenen Bedingungen bzw. mit verschiedenen Lernformen unterrichtet werden. Bei solchen Vergleichsstudien ist es natürlich zentral, zunächst mithilfe geeigneter Vortests sicherzustellen, dass das Ausgangsniveau der verschiedenen Gruppen vergleichbar ist. Dazu werden zum Beispiel Wissenstests mit Fragen wie den oben dargestellten verwendet. Anschließend werden den verschiedenen Gruppen dieselben Inhalte in unterschiedlichen Lernumgebungen bzw. mit verschiedenen Lernformen präsentiert. Zum Beispiel werden die einen aufgefordert, eine Zusammenfassung zu schreiben, während die anderen den Auftrag erhalten, Erklärungen zu bilden oder genau aufzuschreiben, was sie im Einzelnen noch nicht verstanden haben. Nach Abschluss dieser Interventionen wird mit Hilfe von Nachtests geprüft, wie viel die Versuchsteilnehmer unter den verschiedenen Bedingungen gelernt haben und ob sich zwischen den verschiedenen Gruppen statistisch bedeutsame Unterschiede feststellen lassen. Wenn sich gezeigt hat, dass – bei vergleichbaren Ausgangsvoraussetzungen und gleichem Zeitaufwand – eine Gruppe deutlich mehr gelernt hat also die übrigen Gruppen, dann kann behauptet werden, dass die betreffende Lernform wirksamer ist als die anderen. Eine andere – elegante – Möglichkeit besteht in der *Randomisierung*, also die zufällige Zuweisung der Personen zu den Gruppen. Das führt bei hinreichend großen Subgruppen dazu, dass kein systematischer Gruppenunterschied in womöglich relevanten Merkmalen (Wissen, Motivation, Konzentration, Intelligenz etc.) existiert (Rost, 2013).

Hingegen lassen sich solche Aussagen auf der Grundlage der Beobachtung des Gehirns nicht machen, genauso wie weiter vorne erwähnt, ob die Lernperson etwas richtig gelernt hat. Denn aus dem Umfang oder der Art der Veränderung von Nervenverbindungen im Gehirn lässt sich nicht ablesen, welche Lernform im Vergleich mit anderen Lernformen am besten geeignet ist, um Individuen auf die Bewältigung von Anforderungen vorzubereiten. Zum Beispiel ist es nicht so, dass besonders viele Veränderungen bei der Bildung von Nervenzellen darauf hinweisen, dass besonders viel gelernt wurde. Vielmehr ist der Umfang der Veränderung und Aktivierung von Hirnarealen davon abhängig, über wie viel Routine und Expertise die betreffenden Personen verfügen. Ob sich also bei einer bestimmten Lernform besonders viele oder besonders wenige Veränderungen bei der Bildung von Nervenzellen im Gehirn zeigen, hat folglich keine Bedeutung dafür, ob viel oder wenig gelernt wurde. Der Blick ins Hirn ist also auch in dieser Hinsicht *unterbestimmt*.

Wie kommt diese Unterbestimmtheit zustande? Sie entsteht dadurch, dass die Lehr- und Lernforschung und die Neurowissenschaften unterschiedliche Phänomene auf verschiedenen theoretischen Ebenen erklären. Gegenstand der Lehr- und Lernforschung ist das Verhalten von Personen. Unterschiede im Verhalten wie Leistungsunterschiede werden beispielsweise mit Unterschieden im Wissen oder in der Intelligenz erklärt. Gegenstand der Neurowissenschaften sind Vorgänge im menschlichen Gehirn. Diese Vorgänge werden biologisch bzw. chemisch erklärt. Es ist zwar grundsätzlich möglich, geistigen Zuständen bestimmte Hirnzustände zuzuordnen, mit denen sie im Allgemeinen gemeinsam auftreten. Aber solche Zuordnungen sind aufgrund der individuellen Unterschiede niemals eindeutig. Denn jedes Gehirn ist aufgrund seiner Lerngeschichte anders. Dadurch kommt die oben dargestellte Unterbestimmtheit zustande: Auch wenn ich einen bestimmten Hirnzustand identifizieren kann, kann ich damit noch nicht mit Sicherheit sagen, in welchem geistigen Zustand sich die betreffende Person befindet und ob sie zum Beispiel das zweite Newtonsche Gesetz verstanden hat.

4.3.2
Haben neurowissenschaftliche Untersuchungen zu unterrichtsrelevanten Wissen etwas beigetragen?

Die Antwort auf diese Frage hat zwei Teile:

- Keine Einsicht der Lehr- und Lernforschung zur Unterrichtsgestaltung musste aufgrund von Ergebnissen der Neurowissenschaften revidiert werden.
- Darüber hinaus gibt es von Seiten der Neurowissenschaften keine eigenständigen Vorschläge zur Gestaltung schulischer Lerngelegenheiten.

Der erste Teil der Antwort muss nicht weiter erläutert werden. Es liegen einfach keine neurowissenschaftlichen Forschungsergebnisse vor, die zur Revision von Empfehlungen der Lehr- und Lernforschung zur Unterrichtsgestaltung geführt haben. Der zweite Teil der Antwort soll ausführlicher erläutert werden. Bereits in früher veröffentlichten Arbeiten aus den Jahren 2004 bis 2007 wurde dargestellt, aus welchen Gründen neurowissenschaftliche Untersuchungen keinen Beitrag zur Unterrichtsgestaltung leisten können. Eine Zusammenstellung der Arbeiten kann der Homepage http://www-educ.ethz.ch/ll/nw entnommen werden. Stellvertretend sei an dieser Stelle die im Auftrag des Ministeriums für Bildung und Forschung erstellte Expertise genannt (Stern, Grabner & Schumacher, 2005). Aber hat sich in der Zwischenzeit der Forschungsstand vielleicht so verändert, dass die damaligen Schlussfolgerungen nicht mehr zutreffen?

Einen aktuellen Überblick über die neurowissenschaftliche Forschung in diesem Bereich bietet der 2012 veröffentlichte Aufsatz *Neuroeducation – A critical overview of an emerging field* von Ansari, De Smedt & Grabner (2012). Die Autoren weisen gleich zu Anfang einschränkend darauf hin, dass sich die in diesem Bereich vorliegenden neurowissenschaftlichen Untersuchungen *nicht* mit der Erklärung von Leistungsunterschieden zwischen gesunden Personen befassen. Stattdessen beschäftigen sie sich mit pathologischen Phänomenen, insbesondere mit Dyslexie und Dyskalkulie. Es geht dabei also darum, Leistungsunterschiede zwischen gesunden Personen und Personen mit bestimmten Leistungsstörungen zu erklären. Da sich diese Untersuchungen nicht mit Leistungsunterschieden zwischen gesunden Personen befassen, können sie folglich auch nicht erklären, warum zum Beispiel einige Schüler die eingangs dargestellte Mechanikaufgabe lösen können und andere nicht. Der Forschungsstand hat sich in den letzten fünf Jahren also nicht so verändert, dass sich nun behaupten ließe, die Neurowissenschaften würden eigenständige Vorschläge zur Gestaltung schulischer Lerngelegenheiten aufstellen.

Ein denkbarer Einwand könnte nun folgendermaßen lautet: „Aber die Neurowissenschaften bestätigen doch vieles, was die Lehr- und Lernforschung sagt. Und indem sie dies tun, leisten sie doch auch einen wichtigen Beitrag zur Gestaltung des Schulunterrichts. Beispielsweise bestätigen sie, dass Personen mit höherer Lernmotivation besser lernen als Personen mit niedrigerer Lernmotivation." Dieser Einwand lässt sich mit zwei Überlegungen zurückweisen:

- Erstens werden vielfach Ergebnisse der Verhaltensforschung, zu der auch die Lehr- und Lernforschung zählt, als Resultate der Neurowissenschaften ausgegeben. Das trifft auch auf das dargestellte Beispiel zu. Um diese Behauptung begründen zu können, muss man nämlich zunächst Unterschiede in der Lernmotivation erheben, indem Personen mit geeigneten Tests befragt werden. Anschließend muss verglichen werden, wie sich diese Motivationsunterschiede auf Leistungen beim Lernen auswirken. Auch dies geschieht wiederum mit entsprechenden Tests, mit denen geprüft wird, wie Personen unterschiedliche Anforderungen bewältigen. Damit wird deutlich, dass diese Behauptung nur durch die Untersuchung des Verhaltens von Personen gestützt werden kann. Hingegen trägt die Untersuchung von Gehirnzuständen zu dieser Einsicht nichts bei.
- Zweitens werden vielfach Erkenntnisse der Lehr- und Lernforschung mit unpassenden oder viel zu allgemeinen Befunden der Neurowissenschaften unterfüttert. In diesem Fall wird also das Richtige mit den falschen Gründen gestützt. Das ist so, als würde man auf die Frage: „Warum ist dieses Flugzeug abgestürzt?", antworten: „Wegen der Schwerkraft." Diese Antwort ist natürlich viel zu allgemein, denn es interessiert einen ja gerade, warum manche Flugzeuge in der Luft bleiben – und mache nicht.

Ein häufiger Einwand von Anhängern der neurowissenschaftlichen Perspektive ist, dass erst die Hirnforschung die Bedeutung der Emotionen für das Lernen erkannt hätte und dass man erst seitdem wisse, dass Angst ein schlechter Ratgeber beim schulischen Lernen sei. Dieses Argument entbehrt allerdings jeglicher Grundlage und ist wohl auf die Tatsache zurückzuführen, dass viele Kinder mit Schulangst bei Medizinern landen. Wir können derzeit selbst mit Hilfe der besten Hirnscannings nicht zwischen verschiedenen Emotionen unterscheiden. Wir wissen also durch den Blick ins Hirn nicht, ob jemand gerade traurig oder fröhlich ist. Und die Rolle der Angst beim Lernen wurde bereits zu Zeiten geklärt, als der Behaviorismus noch die Psychologie dominierte. Angst kommt auf, wenn negative Konsequenzen, also Strafreize zu erwarten sind, und diesen kann man nur durch Flucht oder Vermeidung entgehen. Durch das Verabreichen von Strafen kann man also erreichen, dass ein Individuum ein unerwünschtes Verhalten unterlässt. Möchte man hingegen erwünschtes Verhalten aufbauen, müssen positiv erlebte Konsequenzen verabreicht werden. Eltern und Lehrpersonen könnten sich manches Ärgernis ersparen, wenn sie Straf- und Belohnungsreize gezielter einsetzen würden. Ziel der Schule ist es, Verhalten und Kompetenzen aufzubauen, die nicht spontan erworben werden. Dies kann nur gelingen, wenn die Lernenden mit dem Verhalten positive Erlebnisse verbinden. Dazu gehört Kompetenzerleben, also die Bewältigung einer Anforderung. Aus der Tatsache, dass Lehrpersonen und Eltern eine lange bekannte Einsicht, nämlich dass man durch Strafen Verhalten ab- aber nicht aufbauen kann, nicht konsequent nutzen, lässt sich also keineswegs ableiten, dass Neurowissenschaften zu neuen pädagogischen Einsichten führen können.

4.3.3
Worin liegen die Stärken neurowissenschaftlicher Untersuchungen in Bezug auf das Verständnis menschlichen Lernens?

Daraus, dass die Neurowissenschaften keine Bedeutung für die Gestaltung schulischer Lerngelegenheiten haben, folgt selbstverständlich nicht, dass sie keinen Beitrag zum Verständnis menschlichen Lernens leisten können. Das wäre ein Fehlschluss. Um die Bedeutung der Neurowissenschaften für die psychologische Forschung zum menschlichen Lernen zu veranschaulichen, sollen im Folgenden einige exemplarische Fälle der Kooperation zwischen beiden Disziplinen diskutiert werden. So können neurowissenschaftliche Untersuchungen Erklärungen für entwicklungsspezifische kognitive Defizite liefern, die auf kognitionswissenschaftlicher Ebene bereits bekannt und untersucht sind. Dies trifft zum Beispiel auf die Studie von DeLoache et al. (2004) zu, in der die mangelnde Fähigkeit von 18 bis 30 Monate alten Kleinkindern, verkleinerte Modelle von Gegenständen wie Stühlen, Rutschen oder Autos als verkleinerte Modelle zu erkennen (und entsprechend zu handeln), in Beziehung gesetzt wird zu der neurowissenschaftlichen Einsicht, dass visuelle Informationen im menschlichen Gehirn in zwei verschiedenen Systemen, nämlich im ventralen und im dorsalen System, verarbeitet werden, die in diesem Entwicklungsstadium noch nicht ausreichend miteinander verbunden sind.

Auch zur Erklärung kognitiver Leistungsstörungen können neurowissenschaftliche Untersuchungen beitragen. Ein Beispiel ist die Erklärung der Lese- und Rechtschreibschwäche. Die meisten Kinder mit Dyslexie haben eine verminderte phonologische Bewusstheit. Das bedeutet, sie haben Schwierigkeiten, zusammengesetzte Sprachlaute in Wörtern zu erkennen und zu erzeugen. Kinder mit solchen phonologischen Defiziten zeichnen sich zudem durch deutlich geringere neuronale Aktivitäten im temporal-parietalen Bereich aus, wenn sie zum Beispiel mit Aufgaben beschäftigt sind, bei denen es darum geht zu entscheiden, ob sich bestimmte Silben reimen (Simos et al., 2002). Da die Aktivierung in dieser Hirnregion mit besserer Lesefähigkeit zunimmt, lässt sich Dyslexie also mit einer verminderten Hirntätigkeit in diesem Bereich erklären.

Neurowissenschaftliche Untersuchungen können für die psychologische Lehr- und Lernforschung an Bedeutung gewinnen können, indem sie Hinweise auf die Art der neuronalen Ursachen kognitiver Leistungsstörungen geben. Zum Beispiel hat sich gezeigt, dass Dyslexie nicht auf einer Fehlentwicklung des phonologischen Systems, sondern auf einer verlangsamten Entwicklung dieses Systems beruht (Goswami, 2004). Da es denkbar ist, dass man auf verlangsamte Entwicklungen mit anderen Trainingsmaßnahmen als auf Fehlentwicklungen reagiert, lassen sich aus solchen Einsichten möglicherweise auch praktische Konsequenzen für die Beseitigung von Leistungsstörungen ableiten. Kognitive Leistungsstörungen können mehrere neuronale Ursachen haben. Während sich also in solchen Fällen auf der Verhaltensebene keine Unterschiede feststellen lassen, können im Zuge neurowissenschaftlicher Untersuchungen bei verschiedenen Personen unterschiedliche Ursachen dieser Störung identifiziert werden. Dies trifft auch auf die Lese- und Rechtschreibschwäche zu, der sowohl Störungen im visuellen System als auch Störungen im auditiven System zugrunde liegen können. Entsprechend diesen Unterschieden müssen also verschiedene Trainingsmaßnahmen ergriffen werden, um die kognitive Störung zu beseitigen. Auf diese Weise können neurowissenschaftliche Untersuchungen praktische Konsequenzen für Trainings- bzw. Unterrichtsmaßnahmen haben. Dabei muss allerdings einschränkend hervorgehoben werden, dass sie noch nichts über die inhaltliche Beschaffenheit dieser Maßnahmen aussagen. In erster Linie erfahren wir durch solche Untersuchungen nämlich nur, dass wir verschiedene Trainingsmaßnahmen ergreifen müssen, um die kognitiven Störungen zu beseitigen. Die Gestaltung von Trainingsmaßnahmen bzw. die Überprüfung ihrer Effektivität ist dagegen eine genuin pädagogische bzw. pädagogisch-psychologische Aufgabe

Eine frühzeitige Diagnose kognitiver Entwicklungsstörungen anhand neurowissenschaftlicher Befunde, bevor sich Störungen auf der Verhaltensebene zeigen, wäre ein großer Gewinn. Dies setzt voraus, dass es einen eindeutigen Zusammenhang zwischen dem Auftreten bestimmter Hirnzustände zu einem bestimmten Entwicklungszeitpunkt und dem späteren Auftreten bestimmter Leistungsstörungen gibt. Gegenwärtig lassen jedoch die neurowissenschaftlichen Methoden noch keine zuverlässige Frühdiagnose – zum Beispiel von Sprachstörungen – im Einzelfall zu.

Neurowissenschaftliche Befunde können zudem in manchen Fällen herangezogen werden, um zu entscheiden, welcher von zwei konkurrierenden psychologischen Erklärungen der Vorzug gegeben werden soll. Erklärt zum Beispiel Theorie A Dyslexie mit Störungen in der visuellen Wahrnehmung und Theorie B mit Störungen beim Sprachverstehen, dann ist es möglich, durch neurowissenschaftliche Untersuchungen der entsprechenden Hirnareale herauszufinden, welche dieser beiden Erklärungen zutrifft (siehe dazu auch Goswami, 2004).

Neurowissenschaftliche Untersuchungen haben gezeigt, dass bestimmte Hirnareale, die später bei Erwachsenen wichtige Funktionen für das Rechnen übernehmen, bei Kindern besonders aktiviert werden, wenn sie ihre Finger abzählen (Dehaene, 1997). Dieser Befund ist vereinbar mit der Annahme, dass es sich beim Rechnen mit Fingern um eine mathematische Vorläuferfähigkeit handelt, deren Förderung sich positiv auf den späteren Kompetenzerwerb auswirkt. Sollte sich diese Prognose in längsschnittlich angelegten Trainingsstudien als zutreffend herausstellen, dann würden sich aus neurowissenschaftlichen Einsichten – in Kombination mit Ergebnissen psychologischer Längsschnittstudien – Anleitungen für die Unterrichtsgestaltung ergeben.

In diesem Zusammenhang muss aber beachtet werden, dass allein aus dem Befund, dass durch das Abzählen der Finger bei Kindern Hirnareale aktiviert werden, die später im Erwachsenenalter für das Ausführen von Rechenoperationen relevant sind, noch nicht ableiten lässt, dass die späteren Rechenleistungen gezielt durch das Üben des Fingerabzählens in der Kindheit verbessert werden können. Aus der Tatsache, dass man seine Hände beim Essen sowie beim Schreiben benutzt, würde man ja auch nicht schließen, dass Essen eine gezielte Übung für das spätere Schreiben ist. Dass am Zustandekommen zweier Kompetenzen die gleichen physiologischen Grundlagen beteiligt sind, lässt noch keinerlei Schlüsse über Fördermöglichkeiten zu. Bei der Entwicklung der Rechenleistungen kann nämlich angenommen werden, dass diese zudem von einer ganzen Reihe kultureller Faktoren abhängt, die im Zuge der Beschreibung des menschlichen Gehirns überhaupt nicht erfasst werden.

Die dargestellten Fälle machen deutlich, dass neurowissenschaftliche Untersuchungen für die psychologische Lehr- und Lernforschung durchaus von Bedeutung sein können, weil sich mit ihnen Unterschiede und Gemeinsamkeiten aufdecken lassen, die auf der Verhaltensebene nicht beobachtet werden können. In diesem Zusammenhang ist es wichtig zu beachten, dass sich viele der dargestellten Fälle auf die Diagnose und Erklärung von kognitiven Leistungsstörungen beziehen. Von der unbestreitbaren Kompetenz der Neurowissenschaften hinsichtlich der Diagnose und Erklärung pathologischer Fälle darf aber nicht vorschnell darauf geschlossen werden, dass ihr damit die gleichen Kompetenzen auch für die Gestaltung von Lerngelegenheiten im regulären Schulunterricht zukommen.

Allerdings muss man sich auch im regulären Schulunterricht mit biologischen Tatsachen auseinandersetzen. Dazu gehören die großen interindividuellen Unterschiede in Persönlichkeitsmerkmalen, die ihre Ursache in einem Zusammenwirken von Umwelt und Genen haben. Diese Diskussion ist vor dem Hintergrund des mehrgliedrigen Schulsystems in den deutschsprachigen Ländern von besonderer Brisanz. Bevor ich mich dem für das schulische Lernen wichtigsten Persönlichkeitsmerkmal zuwende – nämlich der Intelligenz –, sollen einige grundlegende Bemerkungen zur Beschreibung und Erklärung von Unterschieden folgen.

4.4
Keiner wie der andere: Unterschiede als Herausforderung

Zur Beschreibung interindividueller Unterschiede zwischen Menschen hat man im Alltag wie in der Wissenschaft die Möglichkeit, Eigenschaftswörter heranzuziehen: intelligent, fleißig, offen, zuverlässig usw. Eigenschaften sind nicht direkt beobachtbar, sondern müssen aus dem Verhalten erschlossen werden. Wer im Intelligenztest gute Leistungen erbringt, wird als intelligent bezeichnet, und Schüler, die erst nach Beendigung ihrer Hausaufgaben Freizeitaktivitäten nachgehen, gelten als fleißig und sorgfältig. Im Alltag neigen Menschen sehr schnell dazu, aus beobachtetem Verhalten Eigenschaften abzuleiten. Einer uns unbekannten Person, die ihre Restaurantrechnung von 18.80 € mit eine 20 € Schein bezahlt und sich das volle Wechselgeld herausgeben lässt, werden wir die Eigenschaft „geizig" zuschreiben. Das ist natürlich nicht gerechtfertigt, da es viele Gründe für das Verhalten dieser Person geben kann. Erst wenn vergleichbares Verhalten in unterschiedlichen Situationen wiederholt auftritt, lässt sich die Zuschreibung von Eigenschaften rechtfertigen. Ein Kind, das bei der Erledigung seiner Hausaufgaben höchst gewissenhaft ist, aber jede Hilfe im Haushalt verweigert, kann nicht uneingeschränkt als fleißig gelten. Im wissenschaftlichen Sinne darf man nur dann von Eigenschaften sprechen, wenn sich das Verhalten, in dem die Eigenschaft zum Ausdruck kommt, über die Zeit hinweg als stabil erweist und in unterschiedlichen Situationen auftritt. Die Eigenschaft „Intelligenz" erfüllt dieses Kriterium. Mit Hilfe von Intelligenztests lassen sich bei den Menschen Unterschiede ihres geistigen Potenzials abbilden, die über Zeit und Situationen hinweg konsistent sind. Bereits bei Kindern unter 10 Jahren ist die zeitliche Stabilität des Intelligenzquotienten beachtlich, und in den folgenden Jahren bleibt sie sehr hoch. Der Intelligenzquotient sagt zudem den Lernerfolg in unterschiedlichen Gebieten vorher. Es gibt also zweifellos stabile Unterschiede zwischen den Menschen, was ihr allgemeines geistiges Potenzial angeht, auch wenn noch völlig ungeklärt ist, wie diese Unterschiede im Gehirn angelegt sind. Geklärt ist hingegen, dass der Anteil der Intelligenzunterschiede, der auf die Gene zurückzuführen ist, umso höher ist, je größer die Chancengerechtigkeit in einer Gesellschaft ist. Das ist mindestens auf den zweiten Blick plausibel: Wenn Menschen keine Chance zur Entfaltung ihrer Potentiale erhalten, lässt sich Versagen nicht auf die Gene zurückführen. Wenn umgekehrt zwei Menschen die gleichen Chancen hatten, sich aber unterschiedlich entfalten, müssen die Ursachen für ihre Unterschiede bei ihnen selbst – z. B. bei ihren Genen – und nicht in der Umwelt gesucht werden.

Wir müssen akzeptieren, dass sich Schüler von Anfang an in ihrem geistigen Leistungspotenzial unterscheiden und dass sich diese Unterschiede nicht reduzieren lassen. Mehr noch, wir müssen davon ausgehen, dass diese Schere immer weiter aufgeht, da gemäß dem Matthäus-Prinzip „Wer hat, dem wird gegeben" Schüler mit besseren Voraussetzungen auch in höherem Masse von Lerngelegenheiten profitieren, das heißt prozedurales und konzeptuelles Wissen aufbauen, und damit ihren Vorsprung immer weiter ausbauen können.

Die großen Unterschiede der geistigen Eingangsvoraussetzungen stellen natürlich eine besondere Herausforderung für die Gestaltung von Lerngelegenheiten dar und wecken den Wunsch nach Separierung. In diesem Falle geht man davon aus, dass alle Lernende davon profitieren, wenn in Abhängigkeit von den Eingangsvoraussetzungen unterschiedliche Angebote gemacht werden. Tatsächlich kann die Trennung von Lernenden auf der Grundlage der Eingangsvoraussetzungen sinnvoll sein, insbesondere wenn es um eng umrissene Fähigkeiten geht, die in einem eher kurzen Zeitraum verbessert werden sollen. Beim Skikurs Fortgeschrittene auf den Idiotenhügel zu schicken, ist Zeitverschwendung. Umgekehrt ist es unverantwortlicher Leichtsinn, Anfänger an einem steilen Berg üben zu lassen. Auch bei Sprachkursen macht es wenig Sinn, Anfängern und Fortgeschrittenen die gleichen Übungen zu geben.

Für die Schule stellen sich die mit einer Differenzierung einhergehenden Probleme ungleich komplizierter. Der menschliche Geist denkt gern in Schubladen, also in Kategorien, und das kann sehr hilfreich sein. Wenn ich noch nie den Begriff *Wombat* gehört habe, aber erfahre, dass es sich um eine in Australien lebende Säugetierart handelt, weiß ich schon eine Menge über ein Wombat. Da Säugetiere keine Eier legen, gehe ich davon aus, dass die jungen Wombats lebend geboren und von der Mutter gesäugt werden. Soll ich darauf wetten, ob Wombats ein Fell oder eine glatte Haut haben, werde ich – sofern ich keine andere Information habe – auf ein Fell wetten, weil nur wenige der mir bekannten Säugetierarten eine glatte Haut haben. Auf der

Grundlage von kategorialem Denken kann ich ohne zusätzliche Sinneseindrücke neues Wissen aus meinem bestehenden Wissensnetzwerk generieren. Diese Fähigkeit zum schlussfolgernden Denken hat freilich auch ihre Kehrseite, und die besteht in der Bildung von sozialen Stereotypen oder Vorurteilen. Allein aufgrund bestimmter gut sichtbarer Merkmale eines Menschen, z. B. dem Geschlecht, dem Alter oder der Hautfarbe bilden wir uns ein Urteil über seine Charaktereigenschaften, das wiederum unser Verhalten bestimmt. Welche Ungerechtigkeiten Menschen als Folge von Stereotypisierungen erleiden mussten, braucht an dieser Stelle nicht weiter vertieft zu werden.

In der Medizin ist die Kategorisierung eines der wichtigsten geistigen Handwerkszeuge. Aus einem einzelnen Krankheitssymptom kann selten auf eine Krankheit geschlossen werden, aber aus der Kombination von Symptomen kann der Arzt häufig sehr spezifisch auf die Ursache der Störung schließen und die Behandlung darauf abstimmen. Wird man vom Psychiater als endogen depressiv oder schizophren kategorisiert, ist dies zwar alles andere als erfreulich, aber immerhin kann durch die gezielte Verabreichung von Medikamenten das Leiden gelindert werden. Die mit der Diagnose verbundene Stigmatisierung hat damit auch ihre guten Seiten.

Wer wie die Lehrpersonen mit einer Gruppe von 20 bis 30 Schülern konfrontiert ist, hat das starke Bedürfnis nach einer Reduktion von Komplexität. Schüler werden beispielsweise nach ihrer eingeschätzten Begabung sowie nach ihrer Lernhaltung als mehr oder weniger intelligent oder mehr oder weniger fleißig eingestuft. Aus ihrer Leistung in Fächern wie Deutsch und Mathematik wird auf sprachliche oder formale Fähigkeiten geschlossen. Weit verbreitet ist auch die Annahme, es gebe visuelle und verbale Lerntypen. Das Bedürfnis nach einer Kategorisierung von Schülern aufgrund ihres Lernpotenzials entspringt aber nicht nur dem Wunsch nach einer Reduktion von Komplexität, sondern hat eine höchst praxisrelevante Komponente, nämlich wenn Schüler unterschiedlichen Lerngelegenheiten zugeordnet werden müssen. Jede Form der Differenzierung von Lerngelegenheiten – sei es eine innere Differenzierung oder die Zuordnung von Schülern zu unterschiedlichen Schultypen in einem mehrgliedrigen Schulsystem – basiert auf einer Kategorisierung von Schülern. Die Frage, die sich in diesem Zusammenhang stellt, ist aber, ob als Ergebnis einer differenzierten Lern- und Leistungsdiagnostik den Schülern Lernangebote gemacht werden können, die speziell auf ihre Voraussetzungen abgestimmt sind.

Tatsächlich sind Persönlichkeitsmerkmale wie Intelligenz, Interesse und Motivation recht gute Prädiktoren für Lernfortschritt und Leistung in unterschiedlichen Inhaltsgebieten (Stern & Hardy, 2004). Möchte man jedoch auf der Grundlage solcher Persönlichkeitsmerkmale Schüler unterschiedlichen Lerngelegenheiten zuordnen, stellt sich ein ganz anderes Problem: Eine

Vielzahl von Merkmalen, die zur Beschreibung von Menschen herangezogen werden, folgt der Normalverteilung. Dazu gehören Größe, Gewicht, Intelligenz, aber auch der Notendurchschnitt. Die meisten Menschen sind sich recht ähnlich und zeigen auf diesem Merkmal eine mittlere Ausprägung. Abweichungen nach unten oder oben kommen selten vor. Kann man zwei Lernangebote bereitstellen – eine für Schüler mit guten und eine andere für Schüler mit weniger guten Lernvoraussetzungen –, wird man den Einschnitt in der Mitte, also beim Durchschnittswert machen. Daraus ergibt sich allerdings ein Problem: Der Einschnitt wird gerade dort vorgenommen, wo die größte Ähnlichkeit besteht. Eine geringfügige Abweichung vom Mittelwert entscheidet darüber, ob ein Schüler in die Lerngruppe für Schüler mit guten Voraussetzungen oder in die andere Gruppe kommt. Dieses Problem stellt sich auch in unserem mehrgliedrigen Schulsystem. Dort wird die Zuweisung zu einer Schulform zwar nicht auf der Grundlage des Intelligenzquotienten vorgenommen, sondern auf der Grundlage der Noten, doch auch diese hängen mit der Intelligenz zusammen.

Die angesprochenen Probleme ergeben sich, wenn die Merkmale, auf deren Grundlage die Schüler zwei oder drei unterschiedlichen Lerngelegenheiten zugeordnet werden sollen, einer Normalverteilung folgen. Die Übergänge sind fließend und Grenzen müssen willkürlich gezogen werden, wie weiter hinten bei der Darstellung empirischer Forschungsergebnisse noch demonstriert wird. Dieses Problem ließe sich umgehen, wenn man auf eine Typologie des Lernens zurückgreifen könnte. Dass dies jedoch keine Lösung ist, wird im Folgenden erörtert.

4.4.1
Lerntypen: keine sinnvolle Einteilung

Bei Eigenschaften gibt es ein „Mehr-oder-Weniger", bei Typen hingegen nur ein „Entweder-Oder". Geschlecht ist ein Merkmal, das sich nach einer Typologie beschreiben lässt: Fast alle Menschen lassen sich der Kategorie „männlich" oder „weiblich" zuordnen. Typologien eignen sich zur Beschreibung interindividueller Unterschiede, wenn alle Menschen einem Typ zugeordnet und die Merkmale, die der Typologie zugrunde liegen, genau beschrieben werden können. Diesen Kriterien hält allerdings kaum ein psychologisches Merkmal stand. Wenig sinnvoll, aber weit verbreitet ist beispielsweise die Einteilung von Schülern in Lerntypen, z. B. in verbale und visuelle Typen. Sofern man damit nicht blinde oder taubstumme Menschen meint, ist die Unterteilung nur verwirrend und kein bisschen hilfreich. Natürlich können sich bei bestimmten Anforderungen Unterschiede in den Vorlieben für bestimmte

Hilfsmittel zeigen. Um einen Weg von A nach B zu finden, fertigt der eine vielleicht eine Zeichnung an, während der andere Stichworte vorzieht. Aber selbst wenn dies wiederholt geschieht, ist es noch keine sinnvolle Grundlage für eine Typologie. Vielleicht hat die Person, die auf Stichworte zurückgreift, einfach nicht gelernt, Skizzen anzufertigen, obwohl sie erkennt, dass dies die bessere Methode wäre. Aus beobachtetem Verhalten Eigenschaften oder Typologien abzuleiten, ist eine pseudowissenschaftliche Psychologisierung, die schon in Molières „Der eingebildete Kranke" karikiert wird.

Natürlich unterscheiden sich Menschen nach der Art und Weise, wie sie an eine Aufgabe herangehen, selbst wenn sie zur gleichen Lösung kommen. Auch beim Lesen von Texten können sich solche Unterschiede zeigen. Manche Menschen haben die Tendenz, Texte Wort für Wort zu lesen, während andere Menschen sie nur überfliegen. Aber auch zur Beschreibung solcher Tendenzen ist das Typenkonzept wenig hilfreich. Kompetente Lernende zeichnen sich dadurch aus, dass sie über unterschiedliche Strategien verfügen und in der Lage sind, für jede Anforderung die angemessene Strategie auszuwählen. Es gibt Situationen, in denen eine Abbildung mehr wert ist als 10000 Worte, während man in anderen Situationen nicht auf Worte verzichten kann. Insbesondere in formalen Inhaltsbereichen wie z. B. Ökonomie und Naturwissenschaften sind Graphen und Diagramme unverzichtbar. Soll man also Schüler von diesen Fächern befreien, weil sie „verbale Typen" sind? Sicher nicht. Auch bezüglich der Lesekompetenz ist die Verfügbarkeit unterschiedlicher Strategien der Schlüssel zum Erfolg. Beim Lesen einer Gebrauchsanweisung ist man meist gut beraten, sie sorgfältig Satz für Satz durchzugehen. Um sich hingegen durch einen Zeitungsartikel einen Überblick über das Tagesgeschehen zu verschaffen, genügt es, ihn zu überfliegen. Der Leseunterricht muss darauf abzielen, unterschiedliche Lesestrategien zu vermitteln und die Schüler in die Lage zu versetzen, je nach Anforderung zwischen ihnen zu wählen. Dass das sich ein Konzept von Lerntypen wissenschaftlich nicht abstützen lässt, wurde auch in einem Übersichtsartikel von Pashler, McDaniel, Rohrer und Bjork (2009) gezeigt.

Unterschiedliche Vorlieben können natürlich auch immer auf angelegte genetische Unterschiede zurückgeführt werden. So geht man davon aus, dass männliche Personen bessere Voraussetzungen bei der räumlichen Orientierung mitbringen und sich deshalb auch mit der graphisch-visuellen Veranschaulichung leichter tun. Weibliche Personen haben leichte Vorteile im Sprachbereich. Gegenwärtig werden in der Schule sehr viel mehr Übungsmöglichkeiten zur Verbesserung der sprachlichen Kompetenzen angeboten als zur Verbesserung der graphisch-visuellen Kompetenzen. Versuche, bereits in der Grundschule die graphisch-visuellen Veranschaulichungen zu trainieren, waren recht erfolgreich (Stern, Hardy & Koerber, 2002).

Personenbezogene Diagnosen, aus denen keine gezielten Handlungsempfehlungen abgeleitet werden können, sind nicht hilfreich, sondern diskriminierend, weil sie stigmatisieren (dazu auch Kretschmann, 2000). Es gibt aber ein Persönlichkeitsmerkmal, das real ist und für den Unterricht sowie die Schule von größter Relevanz ist: die Intelligenz

4.4.2
Intelligenz und schulisches Lernen: ein Überblick

Menschen mit vergleichbaren schulischen und außerschulischen Lerngelegenheiten können sich dennoch beträchtlich im Lernerfolg unterscheiden und das lässt sich auf Begabungsunterschiede zurückführen, die sich seit ungefähr 100 Jahren gut mit Intelligenztests messen lassen. An dieser Stelle wird eine kurze Einführung in die Intelligenzforschung gegeben, welche sich an ausführlichere Darstellungen anlehnt (Neubauer & Stern, 2007; Rost, 2013; Stern & Grabner, 2013; Stern & Neubauer, 2013). Intelligenztests enthalten sprachliche, mathematisch-rechnerische oder figural-räumliche Aufgaben, aus denen sich der Intelligenzquotient (IQ) errechnen lässt. Dieser folgt einer Normalverteilung (Gaußschen Glockenkurve), das heißt die meisten Menschen haben mittlere Ausprägungen (ca. 70% liegen im Bereich von 85 bis 115 um den mittleren IQ von 100) während in den Extrembereichen sehr hoher (über IQ 130) oder sehr niedriger Intelligenz (unter 70) nur mehr jeweils 2% der Menschen einer Population anzutreffen sind. Der IQ ist keine absolute Größe wie z. B. Maße oder Länge, sondern er beschreibt die Abweichung einer Person von der mittleren Testleistung einer repräsentativen Vergleichsstichprobe.

Die Frage nach den Ursachen von Intelligenzunterschieden wird unter Experten nicht länger kontrovers diskutiert, führt aber in der Öffentlichkeit immer noch zu Missverständnissen, die in Sätzen wie „Intelligenz ist zu 50 bis 80% erblich" zum Ausdruck kommen. Auf was beziehen sich die Prozentangaben? Erblichkeitsschätzungen beziehen sich nie auf die Intelligenz eines Individuums, sondern immer auf Unterschiede innerhalb einer Gruppe. Der statistische Fachausdruck hierfür ist *Varianz*, und in diese Größe geht vereinfacht gesprochen die Abweichung jeder einzelnen Person vom Durchschnittswert ein, wie im vorangegangenen Abschnitt besprochen. Nichts anderes gibt der IQ an. Wissenschaftlich korrekt spricht man von der Erblichkeit von Intelligenzunterschieden.

Erblichkeitsschätzungen basieren auf Zwillingsstudien. Gemeinsam aufgewachsene eineiige, also genetisch identische Zwillinge, zeigen eine sehr hohe Übereinstimmung im IQ. Einen Rückschluss auf den Einfluss der Gene lässt das aber noch nicht zu, weil Zwillinge von der Befruchtung bis ins Erwachsenenleben hinein einer Vielzahl von Umwelteinflüssen gemeinsam ausgesetzt sind: Uterus, Elternhaus, Ernährung, Freundeskreis, Kita oder Schule zählen dazu. Gemeinsamen Umwelteinflüssen sind aber auch zweieiige Zwillingspaare ausgesetzt, insbesondere gleichgeschlechtliche. Ihr genetischer Code ist nicht identisch, sondern weist eine mit „normalen" Geschwistern vergleichbare Übereinstimmung auf. Hätten Gene keinerlei Einfluss auf das Zustandekommen von Intelligenzunterschieden, sollten sich zweieiige Zwillingspaare genauso stark ähneln wie eineiige. Das ist aber ganz klar nicht der Fall, wie alle Studien zeigen. Zudem ist die Übereinstimmung im IQ bei zweieiigen Zwillingspaaren kaum höher als bei „normalen" Geschwisterpaaren, obwohl diese aufgrund ihrer Altersdifferenz deutlich unterschiedlicher aufwachsen. Angesichts dieser Befundlage müssen wir uns endgültig von der Vorstellung verabschieden, alle Menschen ließen sich zu geistigen Überfliegern und damit gleich machen. Statistische Analysen, in denen grob gesagt die Übereinstimmung bei eineiigen Zwillingspaaren mit jener bei zweieiigen in Beziehung gesetzt wird, lassen derzeit folgenden Schluss zu: In entwickelten Ländern mit allgemeiner Schulpflicht sind mindestens 50% der Intelligenzunterschiede auf Variationen in den Genen zurückzuführen.

Warum „mindestens"? Und was hat der Schulbesuch mit der Intelligenz zu tun, wenn diese doch in die Gene geschrieben ist? Zunächst zu Letzterem: Intelligenz wird als das Potenzial einer Person verstanden, sich die mündliche und schriftliche Sprache sowie den Umgang mit mathematischen und anderen Symbolsystemen der jeweiligen Kultur anzueignen und dies alles für schlussfolgerndes Denken zu nutzen. Die genetischen Voraussetzungen, die alle Menschen, wenn auch in unterschiedlichem Ausmaß, dafür mitbringen, können sich aber nur bei entsprechender familiärer und schulischer Förderung entfalten. So wie eine Pflanze nur an einem guten Standort und bei ausreichender Bewässerung und Düngung jene Größe erreicht, die ihre Gene vorsehen.

Hier kommen wir zu einem scheinbar paradoxen Schluss, der das „mindestens" erklärt: Dass nicht sogar 100% der Intelligenzunterschiede auf genetische Variation zurückzuführen sind, liegt im Wesentlichen an der ungleichen Verteilung von Bildungschancen in allen Ländern der Welt – wenn auch in sehr unterschiedlichem Maße. In einer Gesellschaft, in der alle Kinder von Anfang an die für ihre geistige Entwicklung optimale familiäre und schulische Unterstützung vorfänden, könnte jedes die in seinen Genen vorgesehene Intelligenz erreichen. Die Anzahl richtiger Antworten im IQ-Test würde bei allen ansteigen, die Unterschiede aber würden bestehen bleiben oder sogar noch zunehmen, weil einige Gene erst unter optimalen Bedingungen wirksam würden. Weil wir aber von einer solchen Bildungsgerechtigkeit weit entfernt sind, gilt: Erreicht ein rundum geförderter Akademikersohn „nur" einen durchschnittlichen IQ, ist davon auszugehen, dass seine Gene einfach nicht mehr hergeben. Wird hingegen bei der Tochter aus bildungsfernem Hause derselbe Wert gemessen, ist anzunehmen, dass sie ihr genetisches Potenzial nicht optimal in Intelligenz umsetzen konnte. Unter besseren Bedingungen hätte sie wohl einen höheren IQ erzielt.

Intelligenzunterschiede wirken sich auf die Geschwindigkeit und die Tiefe des Lernens im akademischen Bereich aus. Je intelligenter ein Mensch ist, umso effizienter und schneller kann er Information in Form von Symbolen repräsentieren, auf dieser Grundlage neue Schlussfolgerungen ziehen und damit in abstrakte Wissensgebiete eindringen. Es gibt Wissensgebiete (z. B. Differentialrechnung), die sich weniger intelligente Menschen nicht in einem vertretbaren Zeitraum aneignen können und die deshalb separierte Lerngelegenheiten erfordern. Solange jedoch die gleichen Themen behandelt und Lernziele verfolgt werden, ist eine Separierung nicht zwingend, da bislang keine qualitativen Unterschiede in den Lernwegen mehr oder weniger intelligenter Schüler gefunden werden konnten. Intelligenzunterschiede zeigen sich vor allem in der Lerngeschwindigkeit, der Verarbeitungstiefe und einer geringeren Anzahl von Fehlern. Die Art der Fehler und Missverständnisse sind jedoch nicht prinzipiell anders. Die Vorstellung von unterschiedlichen Lerntypen oder Lernstilen ist aus wissenschaftlicher Sicht nicht zu rechtfertigen, wie im vorangegangenen Abschnitt gezeigt wurde. Solange es sich um Stoff der schulischen Allgemeinbildung handelt, sollte man zwar den unterschiedlichen Lerngeschwindigkeiten Rechnung tragen, aber es müssen keine prinzipiell unterschiedlichen Übungen und Erklärungen angeboten werden. Innere Differenzierung, Individualisierung und jahrgangsübergreifender Unterricht könnten demnach eine aus Sicht der Intelligenzforschung sinnvolle Alternative zu einem früh einsetzenden mehrgliedrigen Schulsystem darstellen. Hinzu kommt, dass bei dem Versuch, eine kontinuierliche Variable (IQ) in diskrete Merkmale (Schulformen) umzuwandeln, Fehler unvermeidbar sind. Aus der Sicht der Lernforschung kann man sagen: Um den Unterschieden in der Intelligenz der Schüler gerecht zu werden, braucht es guten Unterricht, der alle Schüler fordert und fördert – wie genau der institutionelle Rahmen aussieht, in dem er stattfindet, ist hingegen nachrangig.

Hinweise auf die Intelligenz eines Menschen gibt es zwar schon ab der frühen Kindheit, aber wirklich aussagekräftig sind Intelligenzmessungen frühestens ab dem Alter von etwa zehn Jahren. Allerdings gilt: Selbst wenn sich also mit zehn Jahren der IQ bei den meisten Kindern stabilisiert hat, sind bei mindestens 20% der Kinder noch deutliche Veränderungen in beide Richtungen zu erwarten (Ramsden et al., 2011). Aber auch bei zehnjährigen Kindern deren IQ sich bereits stabilisiert hat, kann nicht vorausgesetzt werden, dass sie gelernt haben ihre Intelligenz in optimaler Weise in Wissen umzusetzen, weshalb sich Kinder gleicher Intelligenz in ihren Schulleistungen unterscheiden können. Intelligenz kann sich nur über Wissen auf Leistung auswirken. Kinder, die mit zehn Jahren ihre Intelligenz ausgebildet haben, aber suboptimale Lerngelegenheiten in wichtigen Schulfächern hatten, wären bei frühen Schullaufbahnentscheidungen benachteiligt.

4.4.3
Die Intelligentesten: gehen sie auf das Gymnasium?

In den letzten hundert Jahren hat sich das Gymnasium grundlegend verändert. In einer Zeit, in der die große Mehrzahl der Arbeitsplätze keine akademische Bildung erforderte, sollte es eine kleine Minderheit auf ein Universitätsstudium vorbereiten. Auch intelligente Söhne und sehr viel später Töchter aus bildungsfernen Schichten konnten in den Genuss einer solchen Ausbildung kommen. Die Abiturienten- bzw. Maturandenquote nahm bereits vor dem Zweiten Weltkrieg stetig zu, lag aber 1950 in den drei deutschsprachigen Ländern noch um 5%. Dreißig Jahre später, also im Jahre 1980, erwarb in Deutschland jeder fünfte, in Österreich jeder vierte und in der Schweiz jeder zehnte Schüler die allgemeine Hochschulreife. Nachdem sich dreißig Jahre später die Abiturientenquote in allen drei Ländern noch einmal verdoppelt hat, ist eine weitere Ausweitung nicht mehr erwünscht.

Obwohl im Allgemeinen die Gymnasialempfehlung auf der Grundlage von Schulleistungen und nicht Intelligenztests gegeben wird, sollten sich wegen der substantiellen Korrelation zwischen Intelligenz und Schulleistung Unterschiede in der durchschnittlichen Intelligenz zwischen den Schulformen ergeben. Interessant ist natürlich die Frage nach der Überlappung. Gehen wirklich die Intelligentesten auf das Gymnasium? Aus den 1990er Jahren liegen Befunde aus der Münchner Längsschnittstudie LOGIK vor, die die nicht-sprachliche Intelligenz bei zehnjährigen Kindern erfasst hat (Weinert & Schneider, 1999). Zeitnah wurde auch von den Lehrpersonen, die keine Kenntnis von den Intelligenztests hatten, die Gymnasialempfehlung ausgesprochen. Wie in Abbildung 3 zu sehen ist, gibt es eine große Überlappung vor allem im mittleren Bereich. Die Chancen, bei einem IQ von 110 eine Gymnasialempfehlung zu bekommen, liegen bei 50%. Mit steigendem IQ wachsen sie an, liegen aber nie bei 100%. Es gibt sehr intelligente Kinder, die keine Gymnasialempfehlung bekommen haben. Auf der anderen Seite geht offensichtlich eine nicht unbedeutende Zahl von Kindern mit einem klar unterdurchschnittlichen IQ auf das Gymnasium.

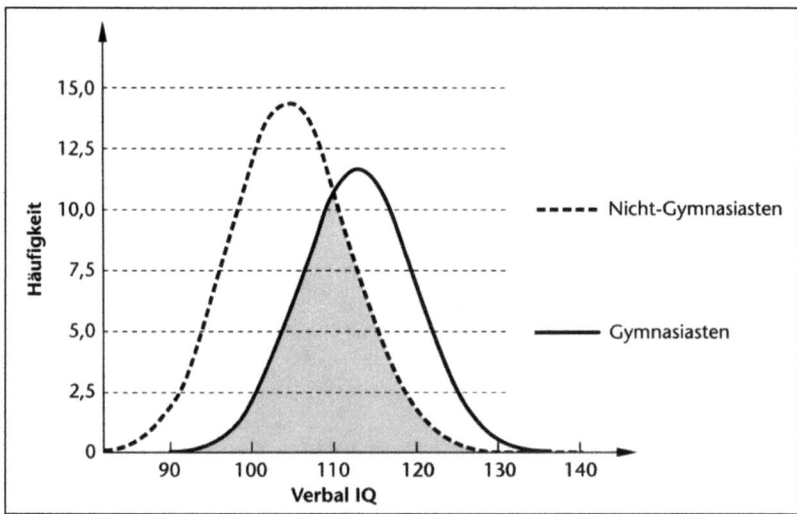

Abbildung 3: Verteilung der Intelligenz bei Münchner Grundschulkindern mit und ohne Gymnasialempfehlung, ermittelt aus den Daten der LOGIK-Studie

Aus der LOGIK-Studie liegen keine Daten zum sozioökonomischen Status vor. Es ist allerdings anzunehmen, dass gerade bei Kindern mit einem IQ im mittleren Bereich die soziale Herkunft eine große Rolle spielt. Von Eltern mit akademischem Hintergrund können in jeder Hinsicht größere Anstrengungen erwartet werden, wenn es darum geht, einem auf der Kippe stehenden Kind den Zugang zum Gymnasium zu ermöglichen. Dafür sprechen Daten aus der IGLU-Studie (Internationale Grundschul-Lese-Untersuchung) aus dem Jahr 2006 (Berkemeyer, Bos & Maitius, 2012). Auf meinen Vorschlag hin führten die Mitarbeiter des Hauptverantwortlichen der Studie (Bos, Euen, Tarelli und Wendt) eine Zusatzanalyse der Daten durch. Dabei ging es um die Frage, ob die soziale Herkunft nur im durchschnittlichen Intelligenzbereich bedeutsam ist oder auch im oberen Bereich. Teilt man die soziale Herkunft grob in drei Klassen und vergleicht die untere und obere Klasse, so gilt: Ein Kind mit einem IQ unter 100 aus der oberen sozialen Klasse erhält mit einer Wahrscheinlichkeit von 50% eine Gymnasialempfehlung. Mit gleicher Wahrscheinlichkeit wird einem Kind mit einem IQ über 115 aus der unteren sozialen Schicht das Gymnasium empfohlen. Wenn sich dieser Trend fortsetzt, laufen wir Gefahr, dass das Gymnasium zunehmend von kognitiv weniger begabten Akademikerkindern besucht wird, während das Intelligenzpotenzial in bildungsfernen Schichten ungenutzt bleibt. In der Folge werden kognitiv weniger begabte Personen verantwortungsvolle berufliche Positionen einnehmen. Auch wenn sie alle Examina bestanden haben und damit das Wissen mitbringen, das man für einen Berufsstart braucht, kann bezweifelt werden, dass sie sich aufgrund der suboptimalen geistigen Flexibilität auf die immer stärker wechselnden Anforderungen unserer Wissensgesellschaft einstellen werden können.

In der Schweiz besuchen über alle Kantone hinweg im Durchschnitt lediglich 20% eines Jahrgangs ein Gymnasium. Vor dem Hintergrund der Normalverteilung der Intelligenz, aus der man ablesen kann, wie ähnlich sich die mittleren 70% sind, lässt sich ein Prozentsatz, der deutlich unter 40% liegt, durchaus rechtfertigen. Aber es stellt sich natürlich die Frage, ob es sich bei den 20%, die auf das Gymnasium gehen, wirklich um die Intelligentesten handelt. Da wir an der ETH Zürich den Zusammenhang zwischen Intelligenz und Lernerfolg erforschen, können wir auf der Grundlage erster Daten Aussagen zu diesem Thema treffen. Gingen die 20% intelligentesten Schüler auf das Gymnasium, so müssten diese im rechten Bereich der Populationsverteilung des IQ anzutreffen sein. Ausgehend von der Normalverteilung des IQ liegen die Werte der oberen 20% zwischen einem IQ von 113 und (theoretisch) unendlich. Der erwartete Median liegt bei 119, deshalb sollten 50% der Gymnasiasten einen IQ über 119 erreichen. Der arithmetische Mittelwert in einer Gymnasialstichprobe sollte bei 121 liegen.

In einer Stichprobe von 142 Gymnasiasten aus der Deutschschweiz mittleren Alters (16) wurde von Hofer, Doktorandin in meiner Abteilung, der Berliner Intelligenzstruktur-Test (BIS-Test) vorgegeben (Jäger, Süß & Beauducel, 1997). Dieser ist an Schweizer Mittelschülern (Maturität und Berufsmaturität) normiert. Für Aussagen zum Zusammenhang zwischen Lernen und Intelligenz ist dieser Test wegen seiner guten Differenzierung im oberen Bereich besonders geeignet, die Resultate lassen jedoch keine Aussagen zur Verteilung der Intelligenz von Gymnasiasten im Vergleich zur Gesamtpopulation zu. Der Test ist ausgerichtet auf eine präzise Beschreibung von Begabungsunterschieden auf hohem Niveau. Allerdings können wir mit diesem Datensatz die Repräsentativität der Stichprobenziehung abschätzen. Da keine Schulen einbezogen wurden, die die Berufsmatur anbieten, sollte der Mittelwert etwas über dem von den Autoren des BIS-Tests erzielten und auf 100 gesetzten Mittelwert liegen. Tatsächlich ist der arithmetische Mittelwert der Gymnasialstichprobe um 3 IQ Punkte nach oben verschoben. Zudem ist die Verteilung leicht rechtssteil (Schiefe = −.01), was bedeutet, dass der Anteil überdurchschnittlich intelligenter Schüler am Gymnasium etwas höher ist als an Schulen, welche die Berufsmaturität anbieten. Auch das ist plausibel und bestärkt die Annahme, dass eine repräsentative Stichprobe an Gymnasiasten gezogen wurde.

Wenn man die Stichprobe nun versuchsweise am theoretischen Mittelwert der Gymnasiasten von 121 IQ Punkten normiert, hätten 32% der Gymnasiasten einen IQ unter 113 – also unter dem theoretischen Eintrittswert für das Gymnasium bei einer Quote von 20%.

Diese erste, sehr konservative Schätzung des Anteils Schweizer Gymnasiasten mit einem IQ unter 113 lässt sich mithilfe einer zweiten, nach denselben Prinzipien akquirierten Stichprobe präzisieren, in der ein international normierter nicht-sprachlicher Intelligenztest vorgegeben wurde: *Raven's Advanced Progressive Matrices* (Raven, Raven & Court, 1998). Die Verteilung der aus den Normen errechneten IQ-Werte von 57 Schülern aus sechs deutschschweizerischen Gymnasien mittleren Alters (15) ist Abbildung 4 zu entnehmen. Die empirische Verteilung wurde in die theoretische IQ-Verteilung der Gesamtpopulation mit einer Fläche von 20% eingezeichnet, um der Vorgabe der 20%-Quote gerecht zu werden. In der IQ-Verteilung der Gesamtpopulation ist zudem markiert, wo die 20% Gymnasiasten theoretisch angesiedelt sein sollten, wenn sie einen Minimal-IQ von 113 mitbrächten. Tatsächlich liegt der in der Stichprobe gefundene Median bei 113 und der Mittelwert bei 112. Fasst man diese empirische Verteilung als Annäherung an die tatsächliche Intelligenzverteilung am Gymnasium auf, so scheinen Intention und Realität in Bezug auf die Zusammensetzung des Gymnasiums ein ganzes Stück auseinander zu liegen. Der Stichprobe zufolge haben 50% der Schweizer Gymnasiasten einen IQ unter dem theoretischen Minimal-IQ. Das sind 10% der Gesamtschülerschaft. Dementsprechend müssen 10% der Schweizer Schüler, die nicht das Gymnasium besuchen, einen IQ mitbringen, der sie eigentlich für diesen Schultyp qualifiziert.

Aufgrund der eher kleinen Stichprobe möchte ich mich nicht auf exakte Zahlen festlegen und den provisorischen Charakter dieser Aussagen betonen. Es ist nicht auszuschließen, dass man in einer größeren Stichprobe „nur" auf 40% fehlklassifizierte Schüler kommt. Aber selbst ein Anteil von 30% ist problematisch angesichts des Auftrags des Gymnasiums, auf ein Universitätsstudium vorzubereiten. Die hier angestellten Berechnungen verdeutlichen, was man auch logisch erschließen kann: Eine niedrige Gymnasialquote allein garantiert nicht die Einhaltung hoher Leistungsstandards. Entscheidend ist die Auswahl der Richtigen. Deshalb muss auch eine Erhöhung der Gymnasialquote nicht zwangsweise mit einer Abnahme der Leistung einhergehen. Würde sich in der Schweiz die Gymnasialquote auf 30% erhöhen, weil die geschätzten 10% der Schüler hinzukämen, welche trotz hoher Intelligenz bisher nicht auf das Gymnasium gingen, sollte das Leistungsniveau ansteigen.

Natürlich spielen für akademischen Erfolg auch andere Personenmerkmale wie Fleiß und Disziplin eine Rolle. Ein Weniger an Intelligenz kann in mancher Hinsicht durch ein Mehr an Fleiß kompensiert werden. Aber von

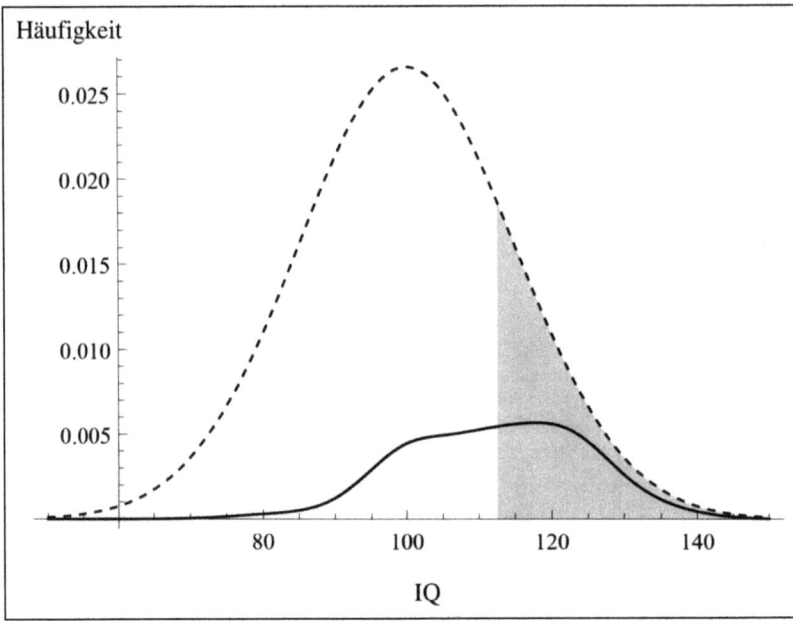

Abbildung 4: Ideale Normalverteilung des IQ (gestrichelte Linie), Position der oberen 20% (schattierte Fläche) und ermittelte Verteilung des mit dem RAVEN-Test ermittelten IQ bei Schweizer Gymnasiasten

Menschen mit einem IQ in der Nähe des Mittelwertes der Bevölkerung kann man keine überragenden eigenständigen geistigen Leistungen erwarten. Und natürlich bleibt es auch einem weit überdurchschnittlich intelligenten Menschen unbenommen, einen handwerklichen Beruf auszuüben. Aber das sollte eine bewusste und freiwillige Entscheidung dieser Person sein und nicht das Resultat einer durch die soziale Herkunft gesteuerten fremdbestimmten Bildungsentscheidung.

Natürlich wird beim Übertritt auf das Gymnasium nicht nach der sozialen Herkunft gefragt, sondern die Schulleistungen sind entscheidend. Entweder werden die in der Grund- oder Primarschule erzielten Noten in den Kernfächern Schriftsprache und Mathematik herangezogen, oder es werden, wie in einigen Kantonen der Schweiz, in diesen Fächern Aufnahmeprüfungen von den Gymnasien durchgeführt, die allerdings nicht standardisiert sind. Die Korrelation zwischen Schulnoten und Leistungstests liegt zwischen $r = .30$ und $r = .50$, was vor dem Hintergrund der Tatsache, dass eigentlich beide das gleiche intellektuelle Potenzial messen sollten, eher niedrig ist. Während innerhalb der Klassen die Korrelation etwas höher ist (etwa $r = .60$), sind

Noten zwischen den Klassen nur bedingt vergleichbar, weil es einen starken Lehrpersoneneffekt gibt. Mit anderen Worten: Lehrpersonen unterscheiden sich darin, wie streng sie benoten. Hinzu kommt, dass das Leistungsniveau der Klasse einen deutlichen Einfluss auf die Benotung hat. So wird ein Kind, dessen Leistungsstärke im mittleren Bereich liegt, in einer leistungsschwachen Klasse eine bessere Note bekommen als in einer leistungsstarken (Trautwein & Baeriswyl, 2007). Wenn wir uns bei Bildungsentscheidungen allein auf die Beurteilungen der Lehrpersonen verlassen, muss mit einem beachtlichen Anteil von Fehlurteilen gerechnet werden. Zum einen werden Kinder für einen akademischen Bildungsweg empfohlen, die eigentlich nicht die Voraussetzungen dafür mitbringen und zum anderen werden Kinder übersehen, die die intellektuellen Voraussetzungen mitbringen.

Sollte man angesichts der ernüchternden Resultate statt Noten also lieber den IQ als Entscheidungsgrundlage heranziehen? Sollen also die zuständigen Behörden Psychologen engagieren, die in Schulen Intelligenztests durchführen, um sicher zu stellen, dass alle die Kinder, die einen Wert haben, der eine Standardabweichung über dem Mittelwert liegt, auf ein Universitätsstudium vorbereitet werden? Da es sich dabei nur um die besten 15% handelt, und selbst in der Schweiz die erwünschte Universitätsquote höher liegt, wird es darüber hinaus noch Kapazitäten für Kinder geben, die einen leicht überdurchschnittlichen IQ haben. Und wenn man aufgrund von Intelligenztests entscheidet, soll man dann einen sprachbasierten Test verwenden oder eher einen wenig sprachabhängigen Matrizentest? Mit Intelligenztests, insbesondere mit solchen, die nicht an die Sprache gebunden sind, könnte man auch die Kinder beziehungsweise Jugendlichen entdecken, bei denen die Schulleistungen hinter dem Potenzial zurückbleiben. Dies trifft allerdings nur dann zu, wenn sie so rechtzeitig vorgegeben werden, dass die Intelligenz noch in Wissen umgesetzt werden kann. Mit nicht-sprachlichen Intelligenztests würde man mit Sicherheit einige Kinder entdecken, die aufgrund der Tatsache, dass ihre Muttersprache von der Landessprache abweicht, in ihrer Schulleistung hinter ihrem Potenzial zurückgeblieben sind. Eine Empfehlung, zu der ich uneingeschränkt stehe, ist deshalb, Eltern aus solchen Familien die Möglichkeit zu geben, die nicht-sprachliche Intelligenz ihrer Kinder spätestens im dritten oder vierten Schuljahr zu messen, weil dann noch ausreichend Zeit bleibt, Schüler mit hohem kognitiven Potenzial gezielt beim Erwerb von Kompetenzen zu fördern. Mit Einwilligung der Eltern sollte das Ergebnis der Schule mitgeteilt werden, damit diese Kinder, deren Intelligenz höher ist als dies die Schulleistung erwarten lässt, rechtzeitig unterstützen kann.

Steht man unmittelbar vor der Entscheidung über eine Gymnasialempfehlung, sollte man nicht nur die nicht-sprachliche, sondern auch die sprachliche Intelligenz erfassen. In diesem Alter wollen wir auch wissen, in welchem Maße die Intelligenz in das für eine Kultur relevante Wissen umgesetzt wurde, um dann auf diesem Wissen aufzubauen. Eine Antwort auf die Frage inwieweit ein junger Mensch im Gymnasium den dort dargebotenen komplexen Inhalten folgen können wird, erfordert eine umfassende Intelligenzdiagnostik, die sowohl sprachliche, mathematisch-numerische als auch visuell-räumliche Fähigkeiten umfasst. Dabei können kleinere Defizite in Teilbereichen durchaus akzeptiert werden, da wir ja auch wissen, dass in Grenzen Abstriche in Intelligenzbereichen durch Fleiss und Einsatz kompensiert werden können. Allerdings hilft es Schülern darüber Bescheid zu wissen, so dass sie auf diese kompensatorische Anstrengung ein besonderes Augenmerk legen können. Primär sollte man sich aber ab dem Alter von 15 Jahren auf seine Stärken besinnen und diese auszubauen versuchen. Ein gutes Gymnasium mit motiviertem Lehrpersonal, das über Fachwissen ebenso wie über pädagogische Kompetenzen verfügt, wird das leisten können. Es wird die (identifizierten) Talente der Schüler bestmöglich fördern und sie gleichzeitig im Bereich kleinerer Defizite an das Niveau heranführen, das später praktisch für jedes Universitätsstudium notwendig ist.

Aus dem bisher Gesagten wird deutlich: Intelligenztests und ggf. weitere Begabungstests sollten bei Bildungsentscheidungen herangezogen werden, um Versäumnisse in der Schulbildung auszugleichen. In einem Land, in dem es sozusagen von Kindesbeinen an gelingt, Menschen entsprechend ihrer intellektuellen Voraussetzungen zu fördern, kann man weitgehend auf den Einsatz von Intelligenztests verzichten und statt dessen bereichsspezifische Leistungstests einsetzen, welche nicht nur gelerntes Wissen abfragen, sondern auch die Anwendung von Wissen in neuen Kontexten erfordern. Vor diesem Hintergrund stellt sich die Frage, ob man nicht Intelligenztests ganz allgemein als Entscheidungsgrundlage für die Zuweisung zum Gymnasium heranziehen sollte. Das könnte man lange diskutieren, aber aus meiner Sicht spricht vor allem die Tatsache dagegen, dass man die Leistung in Intelligenztests durch Üben steigern kann. Das gilt insbesondere für nicht-sprachliche Tests wie die bereits erwähnten Matrizentests. Man steigert dadurch nicht seine Intelligenz, das heißt man wird nicht lernfähiger; der IQ verliert jedoch seine Aussagekraft. Würden Entscheidungen über Bildungswege tatsächlich auf der Grundlage von Intelligenztests getroffen, würden informierte und finanziell gut gestellte Eltern ihre Kinder zu psychologisch betreuten Trainingskursen schicken. Kinder dieser Eltern würden eine Intelligenz vortäuschen, die nicht ihrer tatsächlichen geistigen Kapazität entspricht und die soziale Schicht würde auch hier letztlich ihren Einfluss geltend machen.

Eine Wissens- und Informationsgesellschaft kann auf Dauer nur erfolgreich sein, wenn anspruchsvolle Inhaltsbereiche von einem substantiellen Teil der Bevölkerung durchdrungen werden. Deshalb kommt der Schule neben der individuellen Unterstützung junger Menschen beim Aufbau von Kompetenzen, welche für ihren späteren Lebensweg wichtig sind, die Aufgabe zu, als wichtig erachtetes Wissen zu erhalten und damit die Grundlage für dessen Weiterentwicklung zu schaffen. In jedem Inhaltsgebiet gibt es Erkenntnisse und Kompetenzen, die nur von einer Minderheit in einem vertretbaren Zeitraum erlangt werden können. Nach etwa acht Schuljahren dürfte der Zeitpunkt gekommen sein, an dem die Lernziele auseinandergehen und es sollten Inhalte auf dem Lehrplan stehen, welche die große Mehrheit der Schüler überfordern würde. Bevor überdurchschnittlich intelligente junge Menschen sich für ein spezialisiertes Universitätsstudium entscheiden, sollten sie über eine breite Allgemeinbildung verfügen, die ihnen in einer sich verändernden Welt die nötige Orientierung gibt. Darüber hinaus sollten Universitätsstudierende Kompetenzen mitbringen, die in jeder akademischen Disziplin gefordert sind. Dazu gehören das Erstellen von unterschiedlichen Textarten, Englischkenntnisse sowie die Nutzung mathematischer Modelle. Die schulischen Anforderungen für begabte junge Leute müssen so herausfordernd sein, dass diese hin und wieder ihre Grenzen erfahren und so den Aufwand abschätzen lernen, der mit einer vertieften geistigen Auseinandersetzung auf anspruchsvoller Ebene einhergeht.

Anders als in den drei deutschsprachigen Ländern wird in den angloamerikanischen Ländern ein Teil der Allgemeinbildung in die Universität verlegt: Mit etwa 17 bis 18 Jahren gehen die jungen Leute an das College, dessen Lehrplan in weiten Teilen dem der gymnasialen Oberstufe entspricht. Wie immer, wenn es um Bildungsfragen geht, ist die organisatorische Struktur zweitrangig. Entscheidend sind die Qualifikation und die Zielsetzung der für die Lehre verantwortlichen Personen. Die Vorbereitung auf ein Universitätsstudium – egal ob am College oder am Gymnasium – sollte durch Personen erfolgen, die über profundes Fachwissen verfügen und in der Lage sind, dieses in einen breiteren Kontext einzubetten. Traditionell wurde die Lehre am Gymnasium als Alternative (oder Rückfallposition) zur wissenschaftlichen Laufbahn gesehen. In der Schweiz wird eine vergleichbare Tradition fortgeführt. Dort haben Gymnasiallehrpersonen ein Masterstudium in ihrem Fach absolviert und in der Regel unterrichten sie nur dieses. In einem universitären Programm, das einen Arbeitsaufwand von einem Jahr umfasst, werden sie auf die Lehrtätigkeit vorbereitet. Da das Schweizer Gymnasium frühestens mit 12 Jahren beginnt, können die Lehrer ihre profunden Fachkenntnisse in einem anspruchsvollen, aber gleichzeitig eher allgemeinbildenden Unterricht umsetzen.

Im angloamerikanischen System werden auch sehr intelligente Jugendliche bis zum 17. Lebensjahr in allgemeinbildenden Schulen von Lehrpersonen mit einer vergleichsweise geringen fachlichen Ausbildung unterrichtet. Mit dem relativ frühen Übertritt in das College sind sie danach Lehrenden ausgesetzt, die neben dem Unterrichten auch einen Forschungsauftrag haben und denen im Allgemeinen eine pädagogische Ausbildung fehlt. Damit könnte die anspruchsvolle Allgemeinbildung, auf deren Vermittlung Gymnasiallehrpersonen spezialisiert sind, auf der Strecke bleiben. Klar überdurchschnittlich begabten jungen Leuten zu ermöglichen, sich im geschützten Raum an anspruchsvollen Themen versuchen zu können, ist der Vorteil eines Gymnasialsystems. Wie erfolgreich das Gymnasium in Zukunft sein wird, hängt ganz wesentlich davon ab, wie gut es gelingt, Lehrpersonen zu gewinnen, die gleichermaßen fachliche Kompetenz und pädagogisches Sendungsbewusstsein mitbringen. Wenn wir die Ressourcen besonders begabter junger Leute nutzen und optimieren wollen, dann müssen wir sicher stellen, dass sie in dem Lebensabschnitt zwischen dem Erreichen der allgemeinbildenden Lernziele und der Entscheidung für ein spezialisiertes Studium, also zwischen dem 15. und 19. Lebensjahr, durch fachlich wie pädagogisch besonders qualifizierte Personen gefördert werden. Dafür zu sorgen, dass der Lehrerberuf attraktiv bleibt für Menschen, die selbst überdurchschnittlich intelligent sind, ist eine Herausforderung, der sich jede Wissens- und Informationsgesellschaft stellen muss. Nur Menschen, die selbst eine positive Einstellung zum Lernen haben und sich gern geistigen Herausforderungen stellen, können eine Schulkultur schaffen, in der die Ressource Intelligenz optimal in geistige Kompetenzen umgesetzt wird.

4.5
Fazit

Ziel dieses Kapitels war es zu zeigen, das die Kognitionspsychologie profundes Wissen zur Verfügung stellt, um schulisches Lernen besser verstehen und steuern zu können. Derartiges Wissen können die Neurowissenschaften zurzeit nur punktuell liefern, weshalb es in der Aus- und Weiterbildung von Lehrpersonen nur eine marginale Rolle spielt. Hingegen sollte die Rolle der Kognitionspsychologie gestärkt werden nach dem Motto „Wer erfolgreich lehren will, muss das Lernen verstehen."

Literatur

Ansari, D., De Smedt, B. & Grabner, R. (2012). Neuroeducation – A critical overview of an emerging field. *Neuroethics, 2*, 105–117.

Baumert, J. & Schümer, G. (2001). *Familiäre Lebensverhältnisse, Bildungsbeteiligung und Kompetenzerwerb.* In Deutsches PISA-Konsortium (Hrsg.), PISA 2000 (S. 159–202). Opladen, DE: Leske + Budrich

Baumert, J., Kunter, M., Brunner, M., Krauss, S., Blum, W. & Neubrand, M. (2004). *Mathematikunterricht aus der Sicht der PISA Schülerinnen und Schüler und ihrer Lehrkräfte.* In M. Prenzel, J. et al. (Hrsg.), *PISA 2003: Der Bildungsstand der Jugendlichen in Deutschland, Ergebnisse des zweiten internationalen Vergleichs* (S. 314–254). Münster, DE: Waxmann.

Blakemore S. & Frith U. (2006). *Wie wir lernen. Was die Hirnforschung darüber weiß.* München, DE: DVA.

Berkemeyer, N., Bos & W., Maitius, V. (2012). *Chancenspiegel. Zur Leistungsfähigkeit und Chancengerechtigkeit der deutschen Schulsysteme.* Gütersloh, DE: Bertelsmann Stiftung.

Bruer, J. (1997). Education and the brain: A bridge too far. *Educational Researcher, 26*, 4–16.

Carey, S. (2000). Science education as conceptual change. *Journal of Applied Developmental Psychology, 21*, 13–19.

Chein, J. M. & Morrison, A. B. (2010). Expanding the mind's workspace: Training and transfer effects with a complex memory span task. *Psychonomic Bulletin & Review, 17*, 193–199.

Dehaene, S. (1997). *The number sense.* New York. NY, USA: Cambridge University Press.

DeLoache, J., Uttat, D. & Rosengreen K. (2004). Scale errors offer evidence for a perception-action dissociation early in life. *Science, 304*, 1027–1029.

Ericsson, K. A. (2006). The influence of experience and deliberate practice on the development of superior expert performance. In K. A. Ericsson, N. Charness, P. Feltovich & R. R. Hoffman (Hrsg.), *Cambridge handbook of expertise and expert performance* (pp. 685–706). Cambridge, UK: Cambridge University Press.

Goswami, U. (2004). Neuroscience and education. *British Journal of Educational Psychology, 74*, 1–14.

Goswami, U. (2004). *Cognitive Development.* Hove, GB: Psychology Press.

Haag, L. & Stern, E. (2000). Non scholae sed vitae discimus. Auf der Suche nach globalen und spezifischen Transfereffekten des Lateinunterrichts. *Zeitschrift für Pädagogische Psychologie, 14*, 146–157

Haag, L. & Stern, E. (2003). In search of the benefits of learning Latin. *Journal of Educational Psychology, 95*, 174–178.

Hardy, I., Schneider, M., Jonen, A., Möller, K. & Stern, E. (2005). Fostering diagrammatic reasoning in science education. *Swiss Journal of Psychology, 64*, 207–217.

Hascher, T. (2005). Die Erfahrungsfalle. *Journal für LehrerInnenbildung, 1*, 40–46.

Hatano, G. & Oura, Y. (2003). Reconceptualizing school learning using insight from expertise tesearch. *Educational Researcher, 32*, 26-29.

Jäger, A. O., Süß, H.-M. & Beauducel, A. (1997). *Berliner Intelligenzstruktur-Test. BIS-Test, Form 4*. Göttingen, DE: Hogrefe.

Kretschmann, R. (2000). Mut machen. Differenzierte Methoden für lernschwache Schüler. *Friedrich-Jahresheft Üben & Wiederholen. Sinn schaffen – Können entwickeln, 18*, 74-78

Lampert, M. (2001). *Teaching problems and the problems in teaching*. New Haven, CT, USA: Yale University Press.

Mähler, C. & Stern, E. (2010). Transfer. In D. H. Rost (Hrsg.), *Handwörterbuch Pädagogische Psychologie* (S. 859-869). Weinheim, DE: Beltz.

Melby-Lervåg, M. & Hulme, C. (2013). Is working memory training effective? A metaanalytic review. *Developmental Psychology, 49*, 270-291.

Neubauer, A. & Stern, E. (2007). *Lernen macht intelligent. Warum Begabung gefördert werden muss*. München, DE: DVA.

Pashler, H., McDaniel, M., Rohrer, D. & Bjork, R. (2009). Learning styles: Concepts and evidence. *Psychological Science in the Public Interest, 9*, 105-119.

Peterson, P. L., Fennema, E., Carpenter, T. P. & Loef, M. (1989). Teachers' pedagogical content beliefs in mathematics. *Cognition and Instruction, 6*, 1-40.

Ramsden, S. et al. (2011). Verbal and non-verbal intelligence changes in the teenage brain. *Nature, 479*, 113-116.

Raven, J. C., Raven, J. & Court, J. H. (1998). *Manual for raven's progressive matrices und vocabulary scales. Part 4, Advanced Progressive Matrices*. Frankfurt, DE: Swets & Zeitlinger.

Renkl, A. & Stern, E. (1994). Die Bedeutung von kognitiven Eingangsvoraussetzungen und Lernaufgaben für das Lösen von einfachen und komplexen Textaufgaben. *Zeitschrift für Pädagogische Psychologie, 8*, 27-39.

Rost, D. (2013). Handbuch Intelligenz. Weinheim, DE: Beltz.

Rost, D. (2013). Analyse und Bewertung pädagogisch-psychologischer Studien (3. Aufl.). Bad Heilbrunn, DE: Klinkhardt.

Roth, G. & Dicke, U. (2005). Evolution of the brain and intelligence. *Trends in Cognitive Sciences, 9*, 250-257.

Schneider, M. & Stern, E. (2010). The developmental relations between conceptual and procedural knowledge: A multimethod approach. *Developmental Psychology, 46*, 178-192.

Schumacher, R. (2007). The Brain is not enough. Potentials and limits in integrating neuroscience and pedagogy. *Analyse und Kritik, 2*, 38-46.

Shulman, L. S. (1987). Assessment for teaching: An initiative for the profession. *Phi Delta Kappan* (September), 39-44.

Shipstead, Z., Redick, T. S. & Engle, R. W. (2010). Does working memory training generalize? *Psychologica Belgica, 50*, 245-276.

Shipstead, Z., Redick, T. S. & Engle, R. W. (2012). Is working memory training effective? *Psychological Bulletin, 138*, 628-654.

Simon, H. A. & Gilmartin, K. J. (1973). A simulation of memory for chess positions. *Cognitive Psychology*, 5, 29–46.
Simos, P., Fletcher& J. Bergman, M. (2002). Dyslexia-specific brain activation profile becomes normal following successful remedial training. *Neurology*, 58, 1203–1213.
Staub, F. C. & Stern, E. (2002). The nature of teachers' pedagogical content beliefs matters for students' achievement gains: Quasi experimental evidence from elementary mathematics. *Journal of Educational Psychology*, 93, 144–155.
Stern, E. (2003). Lernen ist der mächtigste Mechanismus der kognitiven Entwicklung: Der Erwerb mathematischer Kompetenzen. In W. Schneider & M. Knopf (Hrsg.), *Entwicklung, Lehren und Lernen – zum Gedenken an Franz Emanuel Weinert* (S. 207–217). Göttingen, DE: Hogrefe.
Stern, E. (2005). Pedagogy meets neuroscience. *Science*, 310, 745.
Stern, E. (2009). The development of mathematical competencies: Sources of individual differences and their developmental trajectories In W. Schneider & M. Bullock (Eds.), *Human development from early childhood to early adulthood: Evidence from the Munich Longitudinal Study on the Genesis of Individual Competencies (LOGIC)* (pp.221–236). Mahwah, NJ, USA: Erlbaum.
Stern, E. & Grabner, R.H. (2013). Die Erforschung menschlicher Intelligenz. L. Ahnert (Hrsg.), *Theorien in der Entwicklungspsychologie* (S. 174–197). Heidelberg, DE: Spektrum.
Stern, E., Grabner, R. & Schumacher, R. (2005). *Lehr-Lern-Forschung und Neurowissenschaften: Erwartungen, Befunde und Forschungsperspektiven*. Bonn, DE: Bundesministerium für Bildung und Forschung.
Stern, E. & Hardy, I. (2004). Differentielle Psychologie des Lernens in Schule und Ausbildung. In K. Pawlik (Hrsg.), *Enzyklopädie der Psychologie – Differentielle Psychologie: Theorien und Anwendungen* (S. 573–618). Göttingen, DE: Hogrefe.
Stern, E., Hardy, I. & Koerber, S. (2002). Die Nutzung graphisch-visueller Repräsentationsformen im Sachunterricht. In K. Spreckelsen, A. Hartinger & K. Möller (Hrsg.), *Ansätze und Methoden empirischer Forschung zum Sachunterricht* (S. 119–131). Bad Heilbrunn, DE: Klinkhardt.
Stern, E. & Neubauer, A. (2013). Intelligenz. Große Unterschiede und ihre Folgen. München, DE: DVA.
Trautwein, U. & Baeriswyl, F. (2007). Wenn leistungsstarke Klassenkameraden ein Nachteil sind. Referenzgruppeneffekte bei Übertrittsentscheidungen. *Zeitschrift für Pädagogische Psychologie*, 21, 119–133.
Weinert, F. E. & Helmke, A. (1997). *Entwicklung im Grundschulalter*. Weinheim, DE: PVU.
Weinert, F. E. (1998). Entwicklung im Kindesalter – Bericht über eine Längsschnittstudie. Weinheim, DE: PVU.
Weinert, F. E. & Schneider, W. (1999). *Individual development from 3 to 12: Findings from the Munich Longitudinal Study*. New York, NY, USA: Cambridge University Press.

5
Klassenführung und lehrergeleiteter Unterricht[*]
Ergebnisse der internationalen Unterrichtsforschung

Rainer Dollase

Die sprachliche Mitteilung über reale Verhaltensweisen von rund 25 bis 30 Menschen im Unterricht ist grundlegend defizitär – ob man darüber schreibt oder redet, die volle Realität lässt sich mit Worten allein nicht abbilden. Jedes pädagogische Buch ist eine unvollständige Abstraktion, jede Diskussion die Unterhaltung über etwas, was man nicht genau beschreiben kann. Selbst wenn man ein Video über eine Unterrichtsstunde hätte, es gäbe unterschiedliche Wahrnehmungen und Streitereien darüber, wie was gemeint sei und ob es so stattgefunden hat, wie es jemand in Worte kleidet. Definitionen der in pädagogischen Diskursen verwendeten Begriffe werden auch dadurch nicht vollständig realitätsnah, dass man sie vorher definiert, also einen Begriff durch andere Begriffe substituiert. Das gilt auch für *Klassenführung* und *lehrergeleiteten Unterricht*.

Eingedenk dieser Unvollkommenheiten ist die Suche nach Eindeutigkeit in der sprachlichen Kommunikation über reales Verhalten eine Daueraufgabe – wenn sie auch nicht gelingen kann, so ist doch der Versuch als Angabe einer ungefähren Richtung zu sprachlichen Verständigungszwecken sinnvoll. Eine genauere Analyse folgt später (Subkapitel 3). Zunächst werden Definitionen von Klassenführung und lehrergeleitetem Unterricht gegeben (Teilkapitel 1) bzw. wie man sich über den guten Unterricht informiert (Subkapitel 2). Teilkapitel 4 beschäftigt sich mit der Analyse der Befundsammlung von Hattie (2009, 2011), ehe auf die pädagogischen Nachteile von Schulklassen und diverse Formen der Überwindung derselben eingegangen wird (Subkapitel 5). Hauptthese dieses Beitrags: Ein lehrergeleiteter Unterricht ist eine wirksame Form der Klassenführung.

---

[*] Der Text enthält Auszüge und einzelne Passagen aus Vortrags- und Buchmanuskripten des Verfassers, u. a. aus Dollase (2012), dem EU-TIPP Projekt, den Zeitschriften „Schulmanagement" und „Schulverwaltung", ohne dass diese, weil leicht verändert, kenntlich gemacht werden. Zur besseren Lesbarkeit wurde im allgemeinen Fall zugunsten des generischen Maskulinums darauf verzichtet, stets beide Geschlechter zu nennen.

5.1
Definitionen

Classroom management heißt so viel wie *Klassenführung* oder *Gruppenführung* – eigentlich reicht der deutsche Begriff, aber seit dem grundlegenden Werk des Amerikaners Kounin (*Techniken der Klassenführung*, 1970, 1976; deutscher Neudruck 2006) hierzu hat sich der englische Begriff etabliert, erst recht nach einem 1450 Seiten starken Handbuch von Evertson und Weinstein (*classroom management*, 2006) und einer deutschsprachigen Publikation gleichen Titels von Eichhorn (2008). „Management" heißt bloß: sich kümmern um, organisieren, leiten, regeln, verantwortlich sein etc. – ist also ein denkbar allgemeiner Begriff für Führung.

Klassenführung lässt sich eng oder weit definieren. Für manche passt alles dazu: wie man mit den Schülern spricht, wie man den Stoff aufbereitet, welche Beziehungen man zu den Schülern hat, die Elternarbeit, kurz: alles, was ein Lehrerleben ausmacht. Manche wollen gar festlegen, welche Definitionen erlaubt und welche es nicht sind – selbstverständlich sind alle erlaubt. Je nach Zweck ist die eine oder andere mehr oder weniger sinnvoll.

Deshalb hier eine für den weiteren analytischen Argumentationsgang zentrale Definition: *classroom management* umfasst diejenigen Verhaltensweisen von Lehrern und Schülern, die im Einzelunterricht nicht nötig sind, sondern erst ab zwei Schülern für den erfolgreichen (pädagogisch zu definierenden) Unterricht bzw. Lernprozess erforderlich werden. Ein trennscharfes Kriterium wäre: Wenn etwas auch im Einzelunterricht wichtig ist, gehört es nicht zum *classroom management*. Schüler motivieren muss man auch im Einzelunterricht, den Unterricht planen ebenfalls, gut erklären auch etc. Aber *Binnendifferenzierung* wird erst ab zwei Schülern nötig, gehört also dazu.

Diese Definition ist anders als in den Standardwerken: dort geht es meist um Mitarbeit und Vermeidung von Fehlverhalten (Kounin, 1970, 1976). Oder Evertson und Weinstein (2006) *„we define classroom management as the actions teachers take to create an environment that supports and faciliates both academic and social – emotional learning"*. Für unsere Definition nicht ganz passend, denn dieses ist auch im Einzelunterricht sinnvoll. Auch für Eichhorn (2008) ist *classroom management* so etwas wie Störungsprävention (S. 11–12). Lemlech (1988) definiert umfassend: *„classroom management is the orchestration of classroom life: planning curriculum, organizing procedures and resources, arranging the environment to maximize efficiency, monitoring student progress, anticipating potential problems"*. Zweifellos gehört vieles davon auch zum Einzelunterricht, ist also nicht im Sinne dieses Ansatzes spezifisch für die Klassenführung.

Klassenführung ist kein Programm, kein Regelwerk, kein Gesellschaftsspiel, keine Organisationsform – Klassenführung ist die Art und Weise des komplexitätsreduzierenden Umgangs mit einer Schulklasse, sie ist die Kompensation der Nachteile, die sich ergeben, wenn man mit mehreren Menschen gleichzeitig lernen soll. *Classroom management* ist kein Rezeptkatalog, angefüllt mit Tipps wie „Wenn der Schüler nicht aufpasst, dann sagen Sie ihm sofort, dass es Ihnen aufgefallen ist". Oder „Wenn er gegen die Regel verstößt, erinnern Sie ihn an die Regel und die Konsequenzen des Verstoßes". Auf keinen Fall. Ob er es dann tut, ist ebenfalls nicht sicher.

Dass man heute Unterricht mit Krankengymnastik verwechselt, in der Übung auf Übung erfolgt, oder mit einem Regelwerk, an das sich alle so wie bei einem Gesellschaftsspiel („Mensch ärgere Dich nicht") anpassen müssen, ist der systematischen Negierung der Bedeutung der Lehrerpersönlichkeit für den Unterrichtserfolg in den letzten Jahrzehnten geschuldet, die im Dunstkreis struktureller Deutungen aufblühte. Diese – ewig gestrige – Position ist empirisch falsch (vgl. Hattie, 2009).

Klassenführung geschieht immer – es gibt keine Pause. In Anlehnung an Watzlawick, Beavin und Jackson(1969) könnte man davon sprechen, dass man „nicht nicht die Klasse führen kann" – *classroom management* ist unausweichlich, es gibt kein Projekt, kein Programm, dass sie ersetzen könnte. Folglich ist sie Aufgabe und Bürde auch dann, wenn man glühender Anhänger irgendwelcher Projekte, Programme oder unterrichtlicher Konzepte ist.

Klassenführung muss hauptsächlich mit „persönlichen Wirkungsmitteln" (Hofer, 1989) bewerkstelligt werden: mit verbaler und nonverbaler Kommunikation, mit den Sinnen, mit der Persönlichkeit und dem Charakter, den Beziehungen zu den Schülern und mit Aufmerksamkeit. Und mit Organisation, die vorbereitet und überlegt sein will. Komplexitätsreduktion heißt auch: „jedem Schüler gerecht werden".

Die grundlegende Bedeutung der Klassenführung für den erfolgreichen Unterricht (nach kognitiven und sozialen Kriterien) ist sowohl historisch als auch durch die internationale empirische Unterrichtsforschung zu belegen. Kerschensteiner (1921) hat sinngemäß gesagt, begnadete Einzelerzieher versagten manchmal als Klassenlehrer, es gelänge ihnen nicht, die „leicht auseinander flatternden Kinderseelen" zusammenzuhalten. Eine Beobachtung, die auch bei vielen Lehrern, die im 19. Jahrhundert zunächst als Privatlehrer, dann als Lehrer an Schulen mit einer größeren Anzahl zu tun hatten, bekannt war (Delitsch, 1900). Wenn ich einem Kind etwas beibringen kann, kann ich es noch lange nicht mehreren gleichzeitig. Der Pädagoge und Psychologe Winnefeld hat 1948 (Neuauflage 1967, S. 143) geschrieben: „Vergrößert oder verkleinert man planmäßig die Gruppen, so gelingt es einigen beobachteten Menschen, auch noch große Gruppen glänzend zu steuern, während andere, die kleinere Gruppen relativ geschickt lenken können, bei größeren Gruppen versagen"(Winnefeld, 1967) . Für Winnefeld erwies sich die Gruppensteuerung als Eigenschaftsproblem des Lehrers (Louis, 1976, Schorb & Louis, 1982).

Lehrergeleiteter Unterricht oder gar *Frontalunterricht, lehrerzentrierter Unterricht* und ähnlich negativ konnotierte Vokabeln in Zeiten der Wertschätzung des „selbständigen", „kooperativen" oder „schülerzentrierten" Lernens, sind allesamt keine wirklich beschreibenden Begriffe, sondern eher Kampfwörter in hitzigen Diskussionen. Lehrkräfte leiten seit tausenden von Jahren und überall auf der Welt den Unterricht, sie sind verantwortlich für den durchschnittlichen Erfolg von Schule und ebenso lange und ebenso ubiquitär müssen Schüler am Ende eines Lernprozesses etwas „selbständig" können. Insofern ist jeder Unterricht in Vergangenheit, Gegenwart und Zukunft sowohl lehrergeleitet als auch selbständig und schülerzentriert, benötigt hin und wieder frontale Positionen von Lehrern und Schülern (um z. B. etwas zu zeigen, damit es alle sehen können), setzt eigenes Lernen der Schüler voraus, nimmt autonom entwickelte Fähigkeiten der zu Belehrenden auf etc. Auch im Frontalunterricht der 50er Jahre des vorigen Jahrhunderts war der Lehrer selbstverständlich ein „Moderator selbstgesteuerter Lernprozesse", insofern er seine Lehrervorträge und Hausaufgabenstellungen an das Schülerniveau anpassen musste (genauer: an das Mehrheitsniveau der Schülerschaft), Feedback verteilte etc. und das „selbständige Lernen" der Schüler mehrere nachmittägliche Stunden bei den Hausaufgaben beanspruchte.

Die Vielfalt der (Kampf-)Begriffe ergab sich aus der Suche nach den besten und wirksamsten, den angenehmsten und schönsten Methoden des Unterrichtens. Ist direktives, aktives Lehrverhalten oder stärkere Rücknahme des Lehrereinflusses effektiver? Kann man die Lernprozesse den Schülern selbst überlassen und selber Zeitung lesen oder Verwaltungsangelegenheiten im Unterricht erledigen? Oder gar als Lehrkraft nicht im Unterricht erscheinen, sondern nur die Ergebnisse selbständigen Lernens beurteilen? Gewissermaßen eine Output-Steuerung im Unterricht?

Seit Hatties Satz (2009, S. 243, zu Tafel 11.1, Übersetzung R.D.) „Diese Ergebnisse zeigen, dass (vom Lehrer ausgeführte, R.D.) aktive und geführte Instruktion sehr viel erfolgreicher ist als ungeführtes, *facilitatives* Lernen" dürften die Fragen beantwortet sein. Zumal sein Werk auch ein Beleg für die Gewissheit ist, dass Unterricht ein geistiger Prozess ist, der an der Oberfläche, also an Sitzordnung, Lokomotorik und Ochlokinese kaum zutreffend diagnostiziert werden kann. Gruppenunterricht und selbständiges Lernen kann fruchtbar oder völlig wirkungslos sein, Vorträge können begeisternd, aber auch einschläfernd sein.

5.2
Wie informiert man sich über den guten Unterricht?

Informiert man sich über den guten Unterricht nur aus der internationalen empirischen Unterrichtsforschung? Natürlich nicht. Es gibt sehr verschiedene Diskussions- und Diskurskreise, die denselben Anspruch der Totalerklärung behaupten. Mediale Diskurse transportieren manchmal Richtiges, manchmal Falsches im Vergleich zur empirischen Forschung, die OECD unterliegt dem Irrtum der kausalen Interpretation von nichtexperimentellen *Large-Scale-*Studien, außerdem misst sie unsinnigerweise die Gerechtigkeit des Schulsystems bei 15-Jährigen, Gutachter für politische Gremien offenbaren ihre Parteizugehörigkeit nicht, die die Einseitigkeit ihrer Ausführungen erklären könnten, Praktiker verteilen Tipps „aus der Praxis für die Praxis" und vernachlässigen die Erklärung für die Wirkungen und Nichtwirkungen, und die empirische Unterrichtsforschung kennt sich in konkreten Handlungen kaum aus, sondern untersucht überwiegend nur Kompetenzen und Dimensionen.

Die verschiedenen Diskurse müssten alle zusammenarbeiten, sich gegenseitig zur Kenntnis nehmen etc. – das tun sie nur nicht. Hattie gehört also – auch im Unterschied zu PISA Forschern – zu den Kennern von zigtausenden Untersuchungen. Mehr nicht. Hattie schreibt in der Publikation von 2009, dass sein Buch „kein Buch über das Leben im Klassenraum ist" d. h. kein Handlungswissen enthält, sondern variablenorientiertes Wissen über die richtigen Dimensionen des Verhaltens im Unterricht (R. Dollase, 2012). Wie fast alle Variablenforschung. Es sei, so schreibt er auch, kein Buch darüber, was Schule nicht verändern kann, es enthalte keine qualitativen Studien und vor allen Dingen – das sei seinen vielen Schnellkritikern ins Stammbuch geschrieben – es sei kein Buch über Forschungskritik. In Interviews (im Internet) setzt er sich jüngst auch von der Idee ab, er hätte sich zu Schulstrukturfragen geäußert. Er findet lediglich unwirksame niedrige Effektstärken (d-Werte) für innere wie äußere Differenzierung nach Leistung.

Ein wissenschaftlicher Laie macht sich selten Gedanken darüber, wie viele Publikationen es zum Thema „Unterricht" oder „Erziehung" gibt. Eine Analyse der Fachdatenbanken aus dem Jahre 2007 (*ERIC, psycinfo, psycbooks, psyndex*) erbrachte etwa über 1 Million Publikationen zum Thema „Erziehung", oder z. B. allein rund 35.000 zu „Aggression". Alles was mit „Unterricht" zusammenhängt, etwa „Lernen", „Lehren", „Instruktion" etc., macht insgesamt 1.5 Millionen fachwissenschaftliche Studien aus. Alle sind von mindestens zwei Fachleuten dahingehend geprüft worden (sog. *peer review*) ob die Arbeiten gewisse Mindeststandards für eine Veröffentlichung erfüllen. Niemand kann sagen, dass er dieses Konvolut gründlich durchgearbeitet habe. Bescheidenheit allenthalben ist angesagt. Ein Wissenschaftler kann im Leben etwa 5.000 bis 10.000 Studien zur Kenntnis nehmen.

Damit der Überblick gewahrt bleibt, arbeiten viele Kollegen an so genannten *Metaanalysen*. Das sind quantitative Zusammenfassungen möglichst vieler Untersuchungen, auch solcher, die keine sicheren kausalen Schlüsse erlauben, d.h. also keine Experimente im naturwissenschaftlichen Sinne sind (mit Kontrollgruppe), damit eine Ergebnistendenz in den vielen hunderttausenden von Untersuchungen deutlich wird. Wenn sich nämlich Ergebnisse in Studien, die keine Experimente sind, immer wieder wiederholen, dann machen sie die Annahme kausaler Schlussfolgerungen etwas sicherer. Deswegen sind Metaanalysen eine große Hilfe, um das Dickicht der vielen Studien zu lichten. Aus der statistischen Zusammenfassung von einzelnen Untersuchungen (weniger der inhaltlichen) ergeben sich viele Probleme, auf die hier nicht eingegangen wird (vgl. Rost, 2013).

Für lange Jahre war eine Meta Analyse von Wang, Haertel und Walberg (1993) orientierungsleitend. In dieser Metaanalyse, die wiederum auf der Zusammenfassung von 91 weiteren Metaanalysen fußte, wie auch auf der Befragung von 61 Forschungsexperten und 179 Handbuchartikeln, so dass insgesamt über 11.000 Studien in diese Metaanalyse einfließen, kam heraus, dass den *proximalen* Faktoren (Nahfaktoren) von Unterricht und Schule eine deutlich größere Wirkung zugeschrieben werden muss als den *distalen*, d.h. den politischen, administrativen und sozialen. Der führende Faktor (Platz 1) ist (mit einer Wirkung oberhalb von anderthalb Standardabweichungen Vorsprung vor einer Kontrollgruppe) *classroom management* gewesen. Dann folgten metakognitive und kognitive Voraussetzungen der Schüler, sodann elterliche Unterstützung und Bildungsnähe. Was dann folgt, auf den Plätzen 5 und folgende, sind überwiegend Verhaltensweisen, die sich auf das beziehen, was der Lehrer beeinflussen kann: Klassenklima, Quantität der Instruktion, soziale, motivatorische und affektive Charakteristika des Unterrichtes sowie soziale Interaktion zwischen Lehrern und Schülern. Zu den schwächsten Faktoren gehören Schulpolitik und die Schulorganisation, weshalb viele Empiriker die in Deutschland heftig geführten Debatten um die richtige Schulstruktur für eher nebensächlich halten. Auch die akademische Interaktion zwischen Lehrern und Schülern ist nicht so wirksam wie die eben erwähnte soziale Interaktion zwischen ihnen. Es kommt nicht auf die richtige Fragetechnik an, sondern insbesondere auf die soziale Qualität der Lehrer Schüler Beziehung.

Aufgrund der Metaanalyse von Wang et al. konnte man den Eindruck gewinnen, als sei Klassenführung die wichtigste Kompetenz eines Lehrers, um Mitarbeit zu steigern und Fehlverhalten in einer Schulklasse zu vermeiden und gleichzeitig besonders gute Lernergebnisse zu erzielen.

Im Jahre 2009 (deutsch 2013) erschien dann von John Hattie, die schon mehrfach erwähnte und bislang größte Meta-Metaanalyse zur Leistung in Schulen und Schulklassen. In diesem Werk wurden insgesamt über 800 Metaanalysen mit über 52,000 Studien, an denen über 83 Millionen Schüler weltweit teilgenommen haben, zusammen gefasst. Im Jahre 2011 (deutsch 2014) erschien von Hattie ein ergänzendes Buch, das Lehrern Tipps gibt, wie sie die Leistung in ihren Klassen verbessern können. Mittlerweile, so hört man, soll Hattie über 1000 Metaanalysen (ca. 70,000 Studien, 88 Millionen Schüler) zusammengefasst haben.

Grundsätzlich bestätigte Hattie die Ergebnisse von Wang et al. (1993). Deutlicher kommt allerdings heraus, dass die wichtigsten Faktoren für schulische Leistungen der Schüler von der Qualität der Lehrer, von den Lehrmethoden, von der Fachdidaktik (Curricula) und von den Schülern selbst ausgehen (Effektstärken über $d = 0.40$ – das entspricht etwas weniger als einer halben Standardabweichung). Deutlich schwächer ($d = 0.31$) ist das Elternhaus, und am schlechtesten die Schule und ihrer Organisation ($d = 0,23$). Damit wird bestätigt, dass proximale Faktoren für den Erfolg von Schule wichtiger sind als distale Faktoren.

Von größerem Interesse ist in diesem Zusammenhang der Stellenwert der Klassenführung. Überraschenderweise hat *classroom management* in dieser Metaanalyse nicht denselben hohen Stellenwert wie in der Metaanalyse von Wang et al. (1993). Mit $d = 0.52$ liegt die Klassenführung im Durchschnitt. Das liegt an der pauschalen Definition von Klassenführung (s. o.), die bei Hattie verwendet wird. Allerdings ist ein hier passender Teilaspekt, das so genannte *Bescheidwissen* (oder die *Allgegenwärtigkeit* der Lehrkraft oder *withitness*) mit $d = 1.2$ bei den stärksten Faktoren, die die Leistung der Schüler positiv beeinflussen.

Das Problem aller Metaanalysen ist stets die Addition und Zusammenfassung manchmal sehr unterschiedlicher Untersuchungen zu Faktoren und Kategorien. Jeder Autor entscheidet sich hier für ganz spezifische Zusammenfassungen, so dass die Bedeutung einzelner Größen nicht immer deutlich wird. Deshalb ist eine genaue Lektüre zu empfehlen. Wir dürfen aber festhalten, dass nach Metaanalysen *classroom management* zu den bedeutsamsten Faktoren eines erfolgreichen Unterrichtes gehört, sowohl bei Wang et.al. wie auch bei Hattie.

Die vielstimmige Kritik an den Publikationen (vgl. Terhart, 2011, 2014) von Hattie kann sich – außer auf die von ihm selbst genannten Kritikpunkte (s. o.) – eigentlich nur auf Hatties Deutungen bzw. theoretische Zusammenfassungen beziehen. Meinungen sind immer kritisierbar. Eine Sammlung von Fakten ist zunächst einmal nicht kritisierbar. Was aber aus psychologischer Sicht fehlt, ist eine kausale Theorie der Befunde: Die Beantwortung der Frage, warum die Ergebnisse so sind, wie sie sind. Hatties These vom *visible learning* – sichtbares Lernen – aus Lehrer- und Schülersicht ist eher eine bloße Zusammenfassung denn eine kausale Theorie, sicherlich als heuristische Metapher geeignet. Ansätze einer kausalen Erklärung sollen hier geliefert werden. Hattie & Yates (2014) gehen neuerdings auch auf die Suche nach kausalen Erklärungen.

5.3
Welche Bedeutung für die Praxis hat die empirische Forschung tatsächlich?

Eingangs wurde bereits die Unvollkommenheit sprachlicher Diskurse über Unterrichtsrealität angedeutet. In der Wissenschaft und dort, wo man mit gedruckten Texten ein Geschäft machen muss, herrschte die Illusion vor, dass man die Praxis durch Geschriebenes, Formulierungen des Wünschenswerten steuern könnte. Besonders verbreitet ist der Irrglaube innerhalb des Qualitätsmanagements (vgl. R. Dollase, 2009). Dort wird versucht, Standards zu formulieren, die dann von irgendjemand auf Einhaltung kontrolliert werden. Ist diese Kontrolle mit vermuteter Kongruenz der Realität zum Schriftlichen ausgegangen, redet man davon, dass die Standards eingehalten worden sind – falls nicht, muss „nachgesteuert" werden.

5.3.1
Von der Unzulänglichkeit sprachlicher Kommunikation über Unterricht

Diese auf den ersten Blick vernünftige Argumentation ist grundfalsch. Der belgische Maler René Margritte hat einmal eine Pfeife gemalt und darüber geschrieben „dies ist keine Pfeife" (*ceci ne pas une pipe*). Er wollte – nach einer Analyse von Foucault (1973) – damit zum Ausdruck bringen, dass weder der Text noch die gemalte Pfeife eine Pfeife sei. Alles, was wir schreiben oder malen oder in Symbole umformen, ist keine Realität.

Die Amerikaner Eheart & Leavitt (1989) haben in einer Videostudie nachgewiesen, dass Menschen Worte, zum Beispiel das Eigenschaftswort „freundlich", in der Realität sehr unterschiedlich realisieren. Von kalt, ironisch bis nüchtern bürokratisch hin zu herzlich und einfühlsam ist alles dabei. In mehreren Schriften habe ich immer wieder deutlich gemacht (R. Dollase, 1995), dass diese symbolkulturelle Adhäsion (d. h. der Glaube an die Wirksamkeit der Zeichen) der Intellektuellen, die nach C. Einstein (1973) glauben, man müsse eine Postkarte durchbohren, um das Original zu Tode zu bringen, zu kaum einer Verbesserung der pädagogischen Praxis führen kann. Nicht an ihren Worten sollt ihr sie erkennen, sondern an ihren Taten. Nicht „beschreiben können", sondern „machen können" ist entscheidend. („Wichtig is' auf'm Platz ..." – diesen Satz schreibt man den Fußball Trainern des Ruhrgebiets zu.)

Keine Veränderung der pädagogischen Praxis ist vielleicht zu radikal ausgedrückt. Sonst dürfte ich diesen Text auch nicht schreiben. Dennoch: Auch dieser Text kann nur gedankliche Impulse setzen, um die eigene Praxis zu verbessern. Auch Kochbücher und Rezeptsammlungen sind nur der Versuch, Essen durch eine verbale Beschreibung realisierbar zu machen. Selbst in der Gastronomie ist der Spielraum von Beschreibungen (also Rezepten) bei ihrer Umsetzung in Realität derart, dass im Ergebnis alles möglich ist: ein paradiesisches Spitzengericht oder Ungenießbares für den Müll (J. Dollase, 2014).

Sprache ist also nicht Realität. Die Sprache als Beschreibung von dem, was man tun soll, ist einer Reihe von Handlungsmissverständnissen ausgesetzt. Die Versprachlichung von Realität ist eine begriffliche Komplexitätsreduktion der Realität. Und in Analogie zu Margritte müsste man hier schreiben: Dieser Text ist keine Realität. Man kann, wenn man ihn richtig verstanden hat, vielleicht eine bessere Realität der Handlungen dazu „erfinden". Hinzu kommt, dass Menschen bei der Beschreibung von Realität hin und wieder zu einer Privatsprache neigen.

Beispiel: So sagte mir eine ehemalige Studentin, die mittlerweile Lehrerin war, dass sie mit den Klassenführungstechniken von Kounin (s. u.) im Alltag nichts habe anfangen können, sondern dass ihr nur zwei Regeln weitergeholfen hätten: „reingehen" und „reingeben". Nach einer näheren Erläuterung war völlig klar, dass sie mit „reingehen" eine der zentralen Variablen des Gruppenführungsverhaltens, nämlich Allgegenwärtigkeit meint und mit „reingeben" eine häufige unspezifische Aufforderung an Beteiligung im Sinne des *reciprocal teaching* (wechselseitiges lehren und lernen) oder des Kouninschen *Aufrechterhaltung des Gruppenfocus* meinte. Beides sind klassische Variablen der Klassenführungstechniken. Das Missverständnis war darin begründet, dass sie mit ihrer privatsprachlichen Bezeichnung das konkrete Verhalten besser zu beschreiben glaubte als mit den wissenschaftlich distanzierten Begriffen. Aus diesen Gründen sind Diskussionen über Erziehung, Interviews darüber und rein sprachliche Beratungsrunden mit allergrößter Vorsicht zu genießen. Wir benutzen Worte und wissen nicht, in welcher Form und in welcher Umsetzung diese Worte tatsächlich die Realität korrekt abbilden. Eine Verbesserung von Erziehung und Unterricht ist eigentlich nur durch gemeinsames Sehen der Realität, ob über Video oder in der Realität wäre egal, denkbar.

Ein weiterer Irrglaube betrifft die Relevanz empirischer, dimensionaler *Large-Scale*-Studien (z. B. PISA) – wie überhaupt all der riesenhaften Datensätze, die Daten mit Fragebogen (bzw. Papier-Bleistift Tests) erhoben haben, mit Strukturgleichungsmodellen auswerten und das dann für *unterrichtsrelevant* halten. (Strukturgleichungsmodelle sind Kausalmodelle, die auf korrelative Passung mit den Daten geprüft werden – also nicht *per se* die Wahrheit liefern, wie dies alle korrelativen Studien nicht können.) Zwischen den Untersuchungsergebnissen, die zum Beispiel die Empathie eines Lehrers mit dem kognitiven Erfolg von Unterricht in Verbindung bringen und zu der Schlussfolgerung kommen, dass Empathie eine besondere Bedeutung hat (vgl. Hattie, 2009), und der tatsächlichen Realität klafft nicht nur aus sprachlichen Gründen eine große Lücke, sondern einfach deshalb, weil die Dimension „Empathie" der Forschung nicht in einem 1:1 Verhältnis zum Handeln in der Realität stehen kann. Empathie muss für das Handeln konkretisiert, d. h. situativ operationalisiert werden. Im Handeln kann man Dimensionen (z. B. „Freundlichkeit") als verallgemeinernde Prinzipien erkennen, aber sie in Handlungsabläufe nur als situative Konkretisierungen mit allen Unsicherheiten und Willkürlichkeiten, die dabei entstehen, verwenden. In jeder Situation muss man überlegen, ob „Freundlichkeit" hier die richtige Verhaltensweise ist, wie sie in diesem Augenblick situationsspezifisch angemessen wäre etc.

Auch innerhalb der wissenschaftlichen Kommunikation gibt es aufschlussreiche Missverständnisse – unterschiedliche begriffliche Ansätze können letztlich dasselbe im Verhalten bedeuten. Hierzu ein Beispiel: in den berühmten Erziehungsstiluntersuchungen von Tausch und Tausch (1970, 1977) werden unter anderem folgende Variablen für die erfolgreiche Unterrichtung anspruchsvoller kognitiver Prozesse herausgefunden (in Anlehnung an Lewin, Lippitt, White, 1939 und Rogers 1984):

- *Akzeptanz* (Achtung, Wärme Rücksichtnahme),
- *Empathie* (nicht-wertendes einfühlendes Verstehen),
- *Kongruenz* (Echtheit, Fassadenfreiheit).

In ihrem Klassiker *Erziehungspsychologie* werden diese Dimensionen konkret beschrieben. Hierzu einige Beispiele für das „nicht-wertende einfühlende Verstehen", also für die Variable „Empathie" (1970, S. 181). Dort heißt es über eine Person, die es beherrscht, unter anderem: Sie versteht den anderen so, wie dieser sich im Augenblick selbst sieht, sie zeigt in ihren Äußerungen und Verhalten das Ausmaß an, inwieweit sie die Welt des anderen mit seinen Augen sieht, ihre Handlungen und Maßnahmen sind dem persönlichen Erleben des anderen angemessen – usw. Nun hat eine der klassischen Klassenführungsuntersuchungen von Kounin (1970, 1976) herausgefunden, das erfolgreiche Lehrer bei Ermahnungen der Schüler keine „Objektfehler" und keine „Zeitfehler" begehen. „Objektfehler" hieße, dass man den falschen Schüler tadelt, was im Eifer des Unterrichts durchaus geschehen kann, oder dass man jemanden tadelt, der nicht der Urheber einer Störung ist, sondern nur das Opfer. Oder dass man ein leichteres Fehlverhalten zurechtweist, während gleichzeitig im Hintergrund ein schwereres Fehlverhalten geschieht. Und „Zeitfehler" heißt, dass man einen gewissen Geräuschpegel zunächst eine Viertelstunde lang toleriert, um dann empört zu versuchen, mit Nachdruck und Geschrei diesen Lärmpegel zu vermindern („Seid Ihr jetzt endlich mal ruhig – ich habe es satt!"). „Zeitfehler" heißt also, dass man zu spät auf ein unerwünschtes Verhalten reagiert. In der „Erziehungspsychologie" von Tausch und Tausch (1970) steht kein Wort von „Objekt-" oder „Zeitfehlern". Studierende, die dieses Buch gelesen haben, kommen deshalb nicht auf die Idee, dass Objekt- und Zeitfehler Verstöße gegen die Empathie, gegen das „nicht wertende, einfühlende Verstehen" ihrer Schüler sind. Wenn man die Empathiedimension nämlich ernst nehmen würde, müsste man auch selbstverständlich Objekt- und Zeitfehler vermeiden.

Dieses Beispiel zeigt, dass bei einer exemplarischen Operationalisierung von Dimensionen niemals Vollständigkeit aller Handlungsmöglichkeiten, die zu dieser Dimension passen würden, erreicht werden kann. So ist es dann auch von mir beobachtet worden, dass Lehrer und Studierende steif und fest behauptet haben, dass die Empathiedimension bei Tausch und Tausch mit der Dimension „Allgegenwärtigkeit" bei Kounin (definiert als Abwesenheit von Objekt und Zeitfehlern) nicht vereinbar sei bzw. dass es sich um völlig unterschiedliche Ansätze handeln würde. Weit gefehlt – das Missverständnis ist den Handlungsdefiziten der dimensionalen (bzw. der variablenorientierten) Forschung geschuldet. Solche unnötigen und auf mangelnder reflektorischer Durchdringung des Handlungsalltags von Unterricht beruhender Fehlschlüsse verhindern im großen Stil eine weitere Optimierung des Unterrichts.

Die wissenschaftlichen, empirischen Ergebnisse als Grundlage für die Gestaltung des Handlungsalltags in der Schule zu nehmen, ist ein ziemliches Wagnis. Wenn man unter empirischen Untersuchung alle zu Rate zieht, die Zusammenhänge statistisch signifikant aufklären, dann darf man auch nicht verschweigen, dass selbst bei den allerbesten, zusammenfassenden Untersuchungen die Realität nur bis zur Hälfte oder etwas darüber durch bekannte Faktoren oder Dimensionen aufgeklärt wird. („Aufgeklärt" heißt „aufgeklärte Varianz", die man quantifizieren kann. Es bedeutet, dass man die menschliche Unterschiedlichkeit, die Variabilität, etwa zur Hälfte auf bekannte Faktoren zurückführen kann. Der Rest hat unbekannte Ursachen.) Wenn hierbei allerdings die Operationalisierungsnähe zwischen Ergebnissen und ursächlichen

Variablen zu ähnlich ist, gibt es nur eine „scheinbare" Erhöhung der aufgeklärten Varianz.

5.3.2
Klassenführung setzt Axiome voraus

Um die Klassenführung richtig zu verstehen und selber in der Lage zu sein, eine erfolgreiche Klassenführung zu verwirklichen, muss eine Erkenntnis akzeptiert werden, die von Pädagogen ungern gebilligt wird: Gruppen haben auch Nachteile, Gruppen können sich negativ auswirken, Gruppen können den Lernprozess stören. Gruppen und Schulklassen können den Lernprozess nur unter ganz bestimmten Bedingungen befördern. Dieses schlechte Image, das die Gruppe sowohl mit Blick auf die Ergebnisse der experimentellen Kleingruppenforschung wie auch in Bezug auf die Ermöglichung von Lernerfolg hat, wird von Praktikern meist nur unter dem Thema „Gruppengröße" thematisiert, wobei der Tenor vorherrscht, dass kleinere Gruppen, z. B. 15 Personen, positiv wirken könnten bzw. leichter durch Lehrkräfte zu steuern wären. Tatsache ist, dass schon bei zwei oder drei Personen eine Reihe von zusätzlichen Verhaltensweisen notwendig werden, die Komplizierung des Lehrens und Lernens schon anfängt (siehe ein Beispiel unten).

Meist hat man übrigens bei der Zusammenfassung von Effektstudien herausgefunden, dass im Einzelunterricht ($N = 1$) noch besser als im Zweier-Unterricht ($N = 2$) gelernt werden kann. Rost (2013) hat mit Recht darauf hingewiesen, dass diese „pädagogische Mund zu Mund Beatmung" in keinem Staatswesen finanziell ermöglicht werden kann. Klar – aber aus analytischen Gründen ist wichtig darauf hinzuweisen, dass Einzelunterricht am wirksamsten ist. Auch das „Zwei-Sigma-Problem" – so der Titel von Bloom (1984) – reflektiert das: 1:1 Unterricht ist zwei Standardabweichungen besser als Klassenunterricht.

Um Klassenführung richtig zu verstehen, ist die Akzeptanz eines weiteren Axioms notwendig. Der Lernprozess braucht Experten, d. h. Lehrpersonen, „kompetente Andere" sind unverzichtbar. Es wird auch bei einer Weiterentwicklung des elektronischen Lernens das wirklich erfolgreiche Lernen nicht ohne Lehrperson oder Experten möglich sein. Es wird in diesem Axiom angenommen, das ein gut informierter Zeitgenosse eine hohe Attraktivität für das Lernen eines Novizen hat – ein biologisches Erbe (oder eine anthropologische Konstante) hat uns auf das Lernen von Personen, die eine Sache besser zu verstehen scheinen, programmiert. Niemand arbeitet die Bedienungsanleitung für ein Computerprogramm Seite für Seite durch, wenn er die Möglichkeit hat, es von jemandem zu lernen, der es schon beherrscht.

Wenn etwas selbständig gelernt werden kann, muss es nicht in der Schule vermittelt werden. Schule ist nur da notwendig, wo es darauf ankommt, dass Experten oder Lehrer die Vermittlung übernehmen. Dieses Axiom beruht auf einer Wissensklassifikation, die wie folgt aussieht:

- Es gibt Wissen, das jeder Mensch selbst erwerben kann und das auf so genannten „privilegierten Lernprozessen" beruht. Hierbei ist keine weitere Hilfe nötig. Alle Menschen lernen laufen, krabbeln, sich bewegen, mit der Schwerkraft umgehen usw. Auch Telefonnummern suchen muss nicht im Unterricht angeboten werden (nur wenn die Eltern selbst das nicht vermitteln können oder wollen).
- Es gibt eine Menge grundsätzlich „beschaffbaren Wissens", d. h. jeder kann sich dieses Wissen, wenn er will, beschaffen. Wenn man etwas über ein Eichhörnchen erfahren möchte, so ist das über Google mittlerweile auch Grundschulkindern möglich. Man benötigt lediglich Kenntnisse der Beschaffungswege von Information.
- „Erschließbares Wissen" ist ein Prozess des Nachdenkens über vorhandene Information, bei dem ein Experte durchaus helfen kann. Wenn man eine gegebene Menge an Information hat, so lässt sich daraus weiteres Wissen erschließen. Beispiel: aus drei Seitenlängen kann ich ein Dreieck konstruieren (=neues Wissen). In diesem Schlussprozess ist Unterricht, sind Experten wichtig. Sie geben Impulse und regen das Denken an. Sie haben didaktische Arrangements, um diesen Schlussprozess zu erleichtern, zu konstruieren.
- „Präsentes Wissen" ist das, was man immer wissen muss und man niemals vergessen darf. Hierzu gehören zum Beispiel die Kenntnis der Bedeutung einer Quadratwurzel oder von Addition, Subtraktion, von Grundrechenarten, der Verkehrssprache, einem ausreichend großen Wortschatz in Deutsch oder einer Fremdsprache etc. Die Kontrolle, ob Wissensbestandteile in die Dauerpräsenz übergegangen sind, sollte man Lehrkräften überlassen, auch die Vermittlung von optimalen Lerntechniken, um etwas in das Langzeitgedächtnis zu bringen – sie können es besser, als wenn man es dauernd selbst macht, weil man dazu eine starke Motivation und Selbstdisziplin braucht.
- Ähnlich dem erschließbaren Wissen ist „methodische Kompetenz", wie man Wissen und Erkenntnis gewinnt, ebenso wichtig wie das „Verständnis theoretischer Denkfiguren", die zunächst Unerwartetes mithilfe neuer Theorien und Überlegungen erklären können. Es geht hier nicht um die Beschaffung von Erkenntnissen über einen Gegenstand über das Internet, sondern um die Kenntnis disziplinspezifischer Erkenntnismethoden. Beispiel: Experimente in Naturwissenschaften, Umfragen in den Sozi-

alwissenschaften. Dieses den Schülern beizubringen, ist eine exklusive Aufgabe für Lehrkräfte. Schüler können im selbstständigen lernen und in Gruppenarbeit nicht die gesamte Geschichte der naturwissenschaftlichen, sprachlichen, sozialwissenschaftlichen Theorie und ihrer Denkmuster und Methoden selber „nacherfinden".

Insofern ist für das richtige Verständnis von Gruppenführung und Klassenführung die Akzeptanz auch anderer Prozesse als des „selbstständigen Lernens" axiomatisch notwendig. Ein Experte, der mehreren gleichzeitig etwas beibringen muss, benötigt deshalb Kenntnisse in der lehrergeleiteten Klassenführung.

5.3.3
Klassenführung und Schülerinvestition

Helmke (1992) hat ein Angebots-Nutzungs-Modell des Unterrichtes entwickelt, in dem nahezu alle wichtigen Variablen des erfolgreichen Unterrichts zusammengefasst wurden: Familie, Unterrichtsangebot, Lehrpersonen, Qualität des Lehr- und Lernmaterials, Unterrichtszeit, Schulart, Schulklima, Fach, Altersgruppe, Klassenklima, Lernaktivitäten usw. Der entscheidende Punkt ist aber, dass Helmke – wie viele andere – alles, was man im Unterricht als Lehrperson tut, als Angebot an die Schüler, sich darauf einzulassen, versteht. Das gilt nicht unbedingt. Wenn Schüler nicht lernen wollen, sich auf Widerstand gegen Schule und Lehrkräfte aus irgendwelchen Gründen eingeschworen haben, dann helfen gut gemeinte Ratschläge wenig. Wenn die Lernenden auf das Angebot der öffentlichen Schulen nicht eingehen, gibt es eine ganz andere Aufgabe für die Lehrkräfte, nämlich die Fähigkeit, andere Menschen zu beeinflussen. Aufgabe der Lehrkräfte ist es dann, für die Annahme der Angebote zu werben bzw. die Regeln für die Teilnahme am Unterricht so zu ändern, dass deren Annahme zwingend notwendig ist, d. h. im Weigerungsfalle Sanktionen zu verhängen. Sehr altmodisch, aber wieder sehr modern (vgl. R. Dollase, 2014).

In der pädagogischen Literatur werden oft Sozialformen des Unterrichtes oder Unterrichtskonzepte empfohlen, zu denen die Schüler gar nicht fähig bzw. nicht willens sind. Entschuldigend heißt es dann meist irgendwo, es seien dazu viele Voraussetzungen nötig.

Ein Beispiel: das Gruppenpuzzle. Bei dieser Art von Gruppenunterricht gibt es zunächst themenverschiedene Gruppenarbeit. Nach einer gewissen Zeit wird diese erste Gruppenarbeitsphase beendet und die Schüler werden neu zusammengesetzt. Und zwar so, dass sich alle Themen, vertreten durch je eine Person, wieder in einer neuen Gruppe zusammenfinden. Dadurch ist jeder Schüler – so die Theorie – Experte für ein bestimmtes Thema und er ist in dieser zweiten Gruppenarbeitsphase gezwungen, für die Beantwortung einer übergeordneten Frage seine eigene thematische Kompetenz einzubringen – keiner der anderen weiß ja was darüber. Diese Relevanz soll sein Engagement, seine Mitarbeit, sein Aufpassen schon in der ersten Phase der Gruppenarbeit steigern. So steht es in der Theorie und in der Praxis läuft es unter Umständen ganz anders ab. Ich habe bei einer Hospitation gehört, dass Schüler auf die zweite Phase wie folgt reagierten: „Neben den Arsch setze ich mich nicht!" oder: „Was soll das? Ich bleib hier sitzen!" oder „Ich hab' keine Lust" oder „Ich möchte aber mit dem Kevin zusammenarbeiten!" usw. Die Aufgabe einer Lehrkraft wäre es, erst einmal dafür zu sorgen, dass die Schüler motiviert sind, sich auf einen bestimmtes Konzept des Unterrichtes einzulassen. Niemand garantiert, dass sich Schüler auf ein gut ausgedachtes Konzept so wie geplant einlassen.

Häufig wird bei Reformansätzen immer wieder so getan, als sei die vorgeschlagene und gepriesene Methode ein didaktisches Wundermittel, das ohne einen solchen Motivierungs- und Veranlassungsprozess seitens einer erwachsenen Bezugspersonen funktionieren würde. Solche Wunderrezepte gibt es nicht und wird es nie geben, weshalb der motivatorische Einsatz von Lehrkräften notwendig bleibt. Die Gestaltung der Lehrer-Schüler Beziehung wäre schließlich der Grundstein für jede Art von Veranlassung und Motivation. Die Art der Lehrer-Schüler-Beziehung ist deshalb eine Klassenführungstechnik. Die Schülerinvestition wird weiter unten noch einmal aufgegriffen.

5.3.4
Empirische Forschung korrigiert falsche Verallgemeinerungen von Meinungen

Eine unbestritten wichtige Funktion der empirischen Forschung ist die der Korrektur von Ansichten der pädagogischen Alltagsdiskussion. Ohne Empirie hätte man immer noch vermutet, dass Einzelkinder sozial isoliert sind (was nicht stimmt, vgl. Falbo & Polit, 1986), dass Intelligenz vollständig angeboren ist (ebenfalls falsch, vgl. Rost, 2013) oder dass Menschen aus der Unterschicht im Vergleich zur Mittelschicht robust und gesund seien (falsch, vgl. Davis & Havighurst, 1946). Solche Vorurteile gehören der Vergangenheit an – neue entstehen laufend und müssen durch empirische Forschung korrigiert werden.

- Beispiel 1: Als 2003 die ersten Pisa Ergebnisse publiziert wurden, gab es zahlreiche Wissenschaftler, die vermuteten, das Gesamtschulsystem in Finnland sei für das gute Abschneiden der Schüler dort ursächlich. Gleichzeitig wurden einige Kennzeichen des finnischen Schulsystems und weitere Befunde von PISA nicht hervorgehoben. Zum Beispiel, dass auch die Pisa Verlierer ein Gesamtschulsystem haben (z. B. der letzte Platz: Peru) oder dass die Bildungsgerechtigkeit in Finnland offenbar am Ende der Schulzeit aufhört. An die Universität wechseln in Finnland so wenig Arbeiterkinder wie sonst nirgends in der OECD. Auch Andeutungen, dass in Finnland häufiger Gruppen- und Projektarbeit gemacht würde, stimmten nicht. Der finnische Unterricht ist überwiegend lehrerzentriert. Die Finnen schulen ihre Kinder mit sieben Jahren ein – einige ideologisch eingefärbte Interpretatoren aus Wissenschaft und Politik nahmen kurz nach Erscheinen der Pisa Ergebnisse an, dass die Vorschulerziehung in Finnland besonders aufwändig sei und die Kinder früh gefördert würden.
- Beispiel 2: Von Pisa 2003 auf Pisa 2012 ist die Schülerschaft Schwedens in Mathematik, Lesekompetenz und Naturwissenschaft von über 500 Leistungspunkten im Jahre 2003 auf deutlich unter 490 Punkte gesunken. Schwedische Kollegen der Universität Göteborg machten die Einführung des selbstständigen Lernens dafür verantwortlich. Ob das so ist oder nicht, bedarf weiterer kausal belastbarer Studien. Immerhin korrigiert dieser empirische Befund durch PISA die hierzulande vorherrschende Meinung, dass man sich an Schweden ein Vorbild für ein erfolgreiches Schulsystem nehmen könne.
- Beispiel 3: Zahlreich sind die Studien, die dem gegliederten Schulsystem durchaus positive Noten erteilen. Diese Studien alle zu erwähnen, ist hier nicht der Platz. Dennoch soll auf eine Studie von Dustmann, Puhani & Schönberg, (2014) hingewiesen werden. Deren Ergebnis: „Overall, our findings underscore that flexibilities built into a tracking system, which allow students to revise initial track choices at a later stage, effectively remedy even a prolonged exposure to a less advanced school environment."(*abstract* Text). Die OECD stellt Deutschland regelmäßig ein schlechtes Zeugnis aus, weil Deutschland ein gegliedertes Schulsystem hat und es dadurch zu Ungerechtigkeiten käme. Der Fehler dieser Argumentation liegt darin, dass die OECD die Gerechtigkeit des Schulsystems bei Fünfzehnjährigen misst. Wenn man, wie in der o. g. Untersuchung geschehen, einen späteren Lebenszeitpunkt wählt, so gibt es kaum Unterschiede bzw. viele der ehemals „benachteiligten" Schüler erreichen auch „höher" (ein mehr als problematischer Begriff) angesehene Bildungsgänge. Fast die Hälfte (44 %) der bayerischen Studierenden kommen z. B. nicht direkt vom Gymnasium an die Universität. Ähnlich liegen die Zahlen in Baden-Württemberg.

- Beispiel 4: Besonders irritierend ist immer wieder der Hinweis darauf, dass andere Länder mit den Herausforderungen der modernen Schule besser fertig würden als Deutschland. Dabei werden gerne die großen Unterschiede, die zwischen Deutschland und anderen Ländern bestehen, verschwiegen. Beim Vergleich mit Finnland etwa ist bekannt, das die Finnen durchgängig multiprofessionelle Teams an Schulen haben, das heißt, dass sie zusätzlich zum Lehrkörper noch eine Reihe von administrativen und pädagogisch psychologischen Zusatzkräften beschäftigen. Eine Umfrage der OECD, an der Deutschland bezeichnenderweise nicht teilgenommen hat, liefert Vergleichszahlen: im OECD Mittel kommen auf 16 Lehrpersonen eine Vollzeitstelle pädagogisch unterstützendes Personal und auf 9 Lehrer eine Vollzeitstelle für administratives Personal. Würde dieses Zusatzpersonal in Deutschland zur Verfügung stehen, würden die Klagen über bürokratische Belastung und Probleme mit der Bewältigung von Heterogenität sicher schnell verstummen. Nur eine Zahl: In Italien kommt auf rund 500 Schüler ein Schulpsychologe, in Deutschland auf ungefähr 16.000 (geschätzte Zahl für das Jahr 2011). Dass Deutschland so wenig Zusatzpersonal hat, hängt mit der Gliederung des Schulsystems zusammen. Das gegliederte Schulsystem schluckt einen Teil der Heterogenität, deswegen war früher Zusatzpersonal nicht nötig. Heterogenität ist aufwändig zu bewältigen und erfordert zusätzliche Ressourcen. Bei der genannten Umfrage schnitt beispielsweise Österreich, das ebenfalls ein gegliedertes Schulsystem hat, als Außenseiter besonders schlecht ab, weil es kaum pädagogisch unterstützendes Personal oder administratives Zusatzpersonal beschäftigt. Die folgende Vermutung scheint bis auf weiteres legitim: Je mehr „gemeinsames Lernen", je heterogener die Schulklassen, desto mehr Zusatzpersonal wird benötigt.

Man erkennt an diesen Beispielen, wie dringend notwendig die Korrektur öffentlicher Meinung durch empirische Untersuchungen ist. Allerdings bedarf es dann auch einer kompetenten Zahl von wissenschaftlich vorgebildeten Journalisten, die die volle Wahrheit dieser Studien publizieren und nicht nur scheinbar zum Zeitgeist passende Details.

5.3.5
Grenzen der Hilfe durch empirische Wissenschaft im Unterricht

Auch die beste empirische Forschung hat keine unmittelbare Relevanz für die Praxis, wie weiter oben dargestellt worden ist. Deshalb sind die Interpretationen und die pädagogischen oder bildungspolitischen Schlussfolgerungen aus der Zusammenstellung von Fachliteratur durch „Bedienungsanleitungen für wissenschaftliche Untersuchungen" ergänzungsbedürftig. Es wird offenbar gerne vergessen, das empirische Durchschnittsresultate nur zeigen, wie gut oder schlecht es bislang gelungen ist, diese Methode oder diesen Faktor zu realisieren. Natürlich zeigen empirische Ergebnisse nicht, was man mit weiterer Optimierung der einzelnen Faktoren erreichen könnte. Auch für die Zusammenstellung der Ergebnisse bei Hattie (2009) gilt, dass Durchschnittsresultate nicht auf den Einzelfall übertragen werden dürfen (sog. *ökologischer Fehlschluß*).

Die Ergebnisse von Hattie sind also empirische Trends über bisherige Erfahrungen mit bestimmten Unterrichtsmethoden und Einflussfaktoren des Schul- und Bildungssystems. Diese Trends können aber bei der lokalen Optimierung in pädagogischen Handlungsfeldern (R. Dollase, 1984, 1985, 1993) (sprich „Unterricht") Ideen bereitstellen, was man wie besser machen könnte. Bei der Vorstellungsreise von Hattie (im Jahre 2013) durch Europa hat er deshalb auch häufiger darauf hingewiesen, dass die einzelne Lehrkraft im Unterricht eine experimentelle und evaluierende Haltung gegenüber ihrem eigenen Unterricht einnehmen muss. Schließlich geht es um eine Optimierung der durch empirische Untersuchungen nicht aufgeklärten „Restvarianz" (es könnte die Hälfte sein). Hattie formulierte deshalb (2013, mdl. Mitteilung, Berlin) folgende zwei Heuristiken:

- *Teach to DIE for* wobei D = *D*iagnose, I = *I*ntervention und E = *E*valuation bedeutet;
- *Know thy impact* („Kenne deine Wirkung"). Die Ergebnisse der Forschung vor Ort müssen immer wieder kontrolliert werden. Unterrichten muss wirkungsorientiert sein.

Wenn man die bei Hattie (2009) verwendeten Effektstärken (Cohens d) in sogenannte *Non-Overlap-Raten* umwandelt, so bedeutet ein $d = 0.40$, dass 27.4 % der Population unter Einwirkung eines Faktors besser sind als vorher bzw. besser als eine Kontrollgruppe. Ein $d = 0.60$ heißt, dass 38.2 % besser sind und $d = 0.80$ (kommt nur selten vor), dass 47.4 % der Population anschließend besser sind. Deutlicher als mit diesen Zahlen kann man nicht zeigen, das empirische Ergebnisse nur eine begrenzte Handlungsrelevanz haben können; sie zeigen sehr deutlich, das große Teile der Varianz nicht erklärt sind, und es ist gefährlich, auf unvollständig aufgeklärter Grundlage definitive Handlungsanweisungen zu geben (siehe dazu R. Dollase, 1984, 1985, 1993).

Innerhalb der empirischen Forschung sind ansonsten zahlreiche paradoxe Phänomene bekannt. Zum Beispiel die *Equifinalität*, d. h. verschiedene Methoden können zum selben Ergebnis führen (vgl. Albrecht, 1999) oder

Multifinalität (ein und dieselbe Methode kann unterschiedliche Wirkungen erzielen). Ähnliche Phänomene gibt es auch in der empirischen Unterrichtsforschung. So haben Weinert und Helmke (1997, S. 250) gezeigt, dass die Unterrichtsprofile der sechs erfolgreichsten Grundschulklassen (Basis: Lernzuwachs in Mathematik) alle sehr unterschiedlich sein können. Helmke (2006) schreibt dazu „Es gibt nicht das richtige Profil, das zu erreichen man sich als Lehrperson bemühen sollte, sondern es führen sehr unterschiedliche Wege zum Erfolg. Mit anderen Worten: Je nach Talent und Neigung gibt es viele Möglichkeiten zu unterrichten: Schwächen oder Defizite bei einem Merkmale lassen sich auf vielfache – aber nicht beliebige Weise – durch Stärken in anderen Bereichen kompensieren oder substituieren." Die entscheidende Frage der weiteren empirischen Forschung ist es, die „nicht beliebige Weise" genauer zu erforschen.

5.4
Hatties Befundsammlung anders interpretiert

Eine mögliche Kritik an der Zusammenstellung und Interpretation von Befunden der internationalen empirischen Unterrichtsforschung bei Hattie (2009) besteht, wie weiter oben ausgeführt, darin, dass kausale Theorien, die die Ergebnisse insgesamt erklären, nicht direkt offeriert werden, sondern eher Zusammenfassungen und Heuristiken (wie z.B. *visible learning*, d.h. : *„this explanation of visible teaching relates to teachers as activators, as deliberate change agents, and as directors of learning*", S. 25). Das soll hier in einer ersten Skizze versucht werden (ausführlich in R. Dollase, 2016, i. V.).

Zunächst einmal: Die rund 150 Faktoren bei Hattie sind nicht gleichwertig. Manches gilt immer und in jeder Sekunde, zum Beispiel die Lehrer-Schüler-Beziehung, manches ist hin und wieder einsetzbare didaktische Technik (zum Beispiel *e-learning* oder *mind mapping*). Man kann zum Beispiel, um einen Unterricht zu bewerten oder zu bewerben, nicht konstatieren, man würde *mind mapping* verwenden, deshalb sei der Unterricht modern und gut. So als wenn das eine das andere kompensieren könne. Die 150 Faktoren spielen, auch im Sinne der oben genannten Position von Helmke, nicht in einer Liga. Manche gehören immer dazu, manche in Kombination mit anderen, manche sind Beiwerk und nebensächlich, manche unersetzlich und nicht kompensierbar.

Aus diesem Grunde muss Klassenführung zunächst einmal in die Lehrerkompetenzen eingeordnet werden, ehe auf drei Haupterkenntnisse der Hattieschen Befundsammlung und deren entwicklungs- und sozialpsychologische Begründung eingegangen wird.

5.4.1
Einordnung von classroom management in Bereiche der Lehrkompetenzen

Die Isolation der Fähigkeit zur Gruppenführung wird vielleicht deutlich, wenn man sich einmal überlegt, welche Fähigkeiten bzw. Fähigkeitsbereiche ein erfolgreicher Lehrer insgesamt abdecken muss. Hier werden diese Kompetenzen in drei Fähigkeitsbereiche sortiert (nicht empirisch):

- *Fähigkeit zum Unterrichten.* Lehrkräfte müssen Fachkenntnisse haben und vermitteln können, sie müssen Übungs- und Kontrollaufgaben stellen können, Lernarrangements und Material herstellen können, Antworten und Lösungen bewerten können etc. Alles, was unter Fachdidaktik zu fassen wäre, gehört in diesen Fähigkeitsbereich. Diese Fähigkeit muss man auch im Einzelunterricht beherrschen. Fachdidaktik ist wichtig, weil sie die grundlegende Voraussetzung zum Unterrichten ist. Selbstverständlich gehört eine solide fachwissenschaftliche Grundlage dazu. Dass fachwissenschaftliche Expertise auch in der Grundschule von großer Wichtigkeit ist, um die sogenannten Denkfehler der Kinder besser zu verstehen, hatte bereits die Entwicklungspsychologie Piagets gezeigt.
- *Fähigkeit zur Beeinflussung anderer Menschen.* Im Einzelunterricht wie im Klassenunterricht ist es notwendig, dass der Lernende auf die Anregungen, Impulse und Aufforderungen der lehrenden Person eingehen kann. Hierzu bedarf es eines ganz bestimmten Auftretens und der Fähigkeit, Beziehungen zu gestalten. Man muss mithilfe der „persönlichen Wirkungsmittel" (Hofer, 1989) das Gegenüber überzeugen, erziehen, verändern, zur Selbststeuerung anregen etc. Überzeugen beispielsweise ist nicht nur eine Frage der fachwissenschaftlichen und fachdidaktischen Kompetenz, sondern zugleich auch eine mitmenschliche Fähigkeit, die heutzutage in der Ausbildung zu wenig beachtet wird.
- Ein *Beispiel*: Eine Lehrerin teilt nach einer Einführungsphase Arbeitsblätter aus und während des dann folgenden Rundgangs durch die Klasse kommt sie an eine hinten sitzende Gruppe von Mädchen, die vor ihren Augen das Arbeitsblatt zerreißen und stöhnen: „ Ach, wie ist das langweilig!", „Hast du nichts Spannendes, was wir tun können?" In einer solchen Situation ist eine Lehrkraft in ihrer Fähigkeit, andere zu beeinflussen, gefragt. Ein solcher Widerstand kann selbstverständlich auch im Einzelunterricht geschehen. Die Meldung an Eltern oder Schulleitung kann – muss aber nicht helfen. Besser wäre wahrscheinlich die Pflege der Beziehungen zu den Schülern – hat man eine gute, belastbare Beziehung, gibt es meist weniger Widerstand.

- *Fähigkeit zur Gruppenführung.* Diese Fähigkeit ist nur dann erforderlich, wenn man mehr als eine Person zu unterrichten hat. Das ist die eigentliche Fähigkeit, die McGrath (1991, S. 164) *entrainment*, d. h. Zugbesteigung, nennt: Zu Beginn des Unterrichtes steigen alle in einen Zug, einige vorne, einige hinten und alle kommen, während der Zug fährt, ein Stück weiter in ihrem Lernfortschritt. Im Original heißt es *„Entrainment refers to synchronization (temporal coordination) of phase and periodicity of two or more processes."* Lernprozesse müssen bei vielen so organisiert werden, dass jeder etwas davon hat. Gruppenführung ist die Kompensation der Nachteile der großen Zahl, es ist die Herstellung von Mitarbeit und Vollbeschäftigung im Unterricht und das Vermeiden von gruppenspezifischen Nachteilen.

Diese drei Fähigkeiten sind voneinander logisch unabhängig, d. h. man kann ein hervorragender Fachdidaktiker sein, ohne die beiden anderen Fähigkeiten zu beherrschen. Man kann durchaus andere beeinflussen und gut unterrichten können, aber man ist nicht in der Lage eine Gruppe zu führen. Es sind drei Fähigkeiten, die miteinander wenig zu tun haben – sie können alle gleich gut oder schlecht ausgebildet sein – aber das muss empirisch nicht sein.

- Es kommt noch eine vierte Fähigkeit hinzu, die man als *intrapsychische Voraussetzung für den Lehrberuf* bezeichnen könnte. Als Lehrer ist man eine öffentliche Person – viele Augenpaare schauen einen an. Man muss bereit sein, diese Herausforderung anzunehmen, man muss seine egozentrische Handlungsorientierung überwinden, oder – in der Diktion moderner Sozialpsychologie – eine dynamische statt einer statischen Orientierung realisieren können (Wicklund & Gollwitzer, 1982), man muss vigilanzfähig sein, d. h. aufgrund seiner sensorischen Ausstattung Wachsamkeit besitzen. Man benötigt gewissermaßen auch physiologische, medizinische Voraussetzungen, etwa die Fähigkeit zum Multitasking für die Gruppenführung, die ja beim Menschen ganz unabhängig von der Ausbildung aus medizinischen Gründen beeinträchtigt sein kann. Wenn man diese Fähigkeiten aber nicht hat, so wird eine Kompensation eigener körperlicher Unzulänglichkeiten immer noch möglich sein. Dazu aber später mehr.

5.4.2
Drei Haupterkenntnisse der Befundsammlung von Hattie

Insgesamt kann man nun drei wichtige Ergebnisse konstatieren, die durch Hatties Befundsammlung bestätigt werden und die man entwicklungs- und sozialpsychologisch erklären kann. Ich stelle sie nachfolgend etwas ausführlicher dar.

5.4.2.1
Lernerfolg in Schule und Unterricht hängt in erster Linie von Schülereigenschaften ab

Hattie (2003) berichtet über Untersuchungen, in denen die Varianz des Lernerfolges nach verschiedenen Varianzquellen aufgeteilt wurde. Ungefähr die Hälfte der Varianz geht auf Schülereigenschaften zurück, ungefähr 25 % auf den Lehrer und die restlichen 25 % zu gleichen Anteilen auf die häusliche Umgebung, die Gleichaltrigen, die Schule und die Schulleitung. Das stimmt mit grundlegenden entwicklungspsychologischen und pädagogisch-psychologischen Annahmen überein. Bereits im Vorschulalter sind Untersuchungen durchgeführt worden (White, Kaban, Shapiro & Attonucci (1977), die zeigen, dass die meisten Interaktionen mit der sächlichen Umwelt und vom Kind selber initiiert werden. Dort, wo durch die Erwachsenenwelt bestimmte Lernziele aufgestellt werden, wird das Lernen von kompetenten Anderen wichtig: deswegen fassen einige Kollegen die Aussage von Hattie auch als „auf den Lehrer kommt es an" (z. B. Felten, 2013) zusammen. Die Lehrkraft und ihr Verhalten als kompetenter Anderer ist unter den durch Schule bzw. Elternbildung, Organisation, Gleichaltrige manipulierbaren Einflussfaktoren auf jeden Fall die stärkste Kraft.

Bei Hattie selbst findet man, dass die größte Effektstärke auf die „Selbsteinschätzung der Fähigkeiten der Schüler" entfällt ($d = 1.44$): Wenn ein Schüler weiß, dass er sehr gut oder schlecht ist, dann ist dies eine zutreffende Prognose für den Lernerfolg. Diese Selbsteinschätzung der Fähigkeiten bzw. die Schüler-Erwartungen an den Leistungsfortschritt sind kein pädagogischer Trick oder eine Methode, um bessere Ergebnisse zu erzielen, sondern sie dient als Indikator für die Fähigkeiten, die der Schüler zum Unterricht mitbringt. Folgerichtig hat auch die schulische Feststellung der früheren Leistungsfähigkeit (*prior achievement* bei Hattie, 2009) eine hohe Effektstärke ($d = 0.67$).

5.4.2.2
Ein Mensch lernt von kompetenten Anderen bzw. von jenen, die er als kompetent wahrnimmt

Daraus folgt, dass die erwachsenen Bezugspersonen in Erziehung und Unterricht eine besondere Bedeutung haben und wirksamer sind als zum Beispiel die Gleichaltrigen, die in der Regel noch nicht als kompetent wahrgenommen werden. (Die in einer Unterrichtsstunde z. B. beim Gruppenpuzzle erworbene „Kompetenz" ist im Vergleich dazu zu flüchtig, vorübergehend und wirkt nicht sonderlich.)

Die entwicklungspsychologischen Erkenntnisse zum Aufwachsen eines Menschen sind hochkomplex. Ohne bestimmte Autoren (vgl. Brandtstädter, 1980, 2011) für die folgende Zusammenstellung verantwortlich machen zu können, lassen sich folgende Grundregeln destillieren:

(a) Zunächst einmal das Realismusprinzip. Ziel der Entwicklung eines Menschen ist es, ein realistisches Bild der Umwelt und von sich selbst und seinen Fähigkeiten zu haben, damit er wirksam im eigenen Interesse handeln kann.

(b) Die Verinnerlichung der Welt und das realistische Bild der eigenen Fähigkeiten geschieht durch Selbst- und Fremdprogrammierung. Der heranwachsende Mensch lernt durch eigene Erfahrung und dadurch, dass er von anderen hört, lernt, beobachtet etc. Er zieht aus allem, was um ihn herum passiert, typische Schlüsse.

(c) Was „realistisch" ist, stellt das Individuum selber fest (Subjektivismusprinzip),

(d) Insbesondere in Unsicherheitssituationen und Situationen der Hilflosigkeit ist der heranwachsende Mensch auf kompetente Andere, Bezugspersonen oder auch Lehrkräfte in Unsicherheitssituationen gegenüber einem neuen Unterrichtsstoff angewiesen. Es ist ein völlig logisches und vernünftiges Prinzip, dass man von denen lernen will, die etwas schon können, was man lernen will oder muss (Bezugspersonenprinzip).

(e) Ein Großteil der psychologischen Forschung besteht nun darin, dass man versucht herauszufinden, welche von den vielen Informationsquellen, die auf den Heranwachsenden einstürmen, seine Fähigkeiten, Einstellungen und Haltungen im Zusammenhang mit seinen Interessen bzw. seiner genetischen Veranlagung, effektiv wirken. Der heranwachsende Mensch muss sich überlegen, welche der vielen Quellen über die Realität und über sich selbst, „glaubwürdig" sind und welche er übernehmen kann. Im Modelllernen (z. B. Bandura und Walters, 1963) etwa wird thematisiert, unter welchen Umständen das Modelllernen tatsächlich zu wirksamen Verhaltensänderungen führt (Glaubwürdigkeitsprinzip).

Wenn man diesen letzten Punkt (e) deutet und interpretiert, dann ist Erziehung und Unterrichtung eine Art Konkurrenzkampf um Glaubwürdigkeit. Folgerichtig müsste auch in der Zusammenstellung von Hattie (2009) deutlich werden, dass die Glaubwürdigkeit des Lehrers bedeutsam ist. Und in der Tat, für die Lehrer Glaubwürdigkeit (*teacher credibility*) ergibt sich $d = 0.90$. Die lehrergeleiteten Unterrichtsaktivitäten wie Diskussion im Unterricht mit der gesamten Klasse, das Erklärenkönnen (*teacher clarity*), das professionelle Feedback, die Lehrer-Schüler-Interaktionen, die Lehrer-Schüler Beziehungen und auch die direkte Instruktion erreichen $d = 0.82$ bis $d = 0.59$.

Die große Bedeutung der aktivierenden und leitenden Lehrpersonen zeigt sich auch im empirischen Abschneiden der direkten Instruktion. Die direkte Instruktion wird häufig mit dem ungeeigneten Begriff *Frontalunterricht* bzw. *lehrerzentrierter Unterricht* assoziiert, was, wie Hattie (2009, S. 205–206) erläutert, nicht stimmt. In der direkten Instruktion werden zunächst die Lernziele den Schülern mitgeteilt, ebenso die Erfolgskriterien d. h. woran die Schüler erkennen, dass sie eine bestimmte Operation beherrschen. Sodann versucht der Lehrer, die Schüler zu begeistern und zu motivieren, dann präsentiert er und erklärt das, was gelernt werden muss und dann gibt es eine „geführte Übung" (*guided practice*). Also eine Übung mit Rückmeldung und Hilfestellung, dann eine Plenumsarbeit und dann muss der Schüler zeigen, dass er den Unterrichtsstoff auch ganz alleine beherrscht. Diese Phase heißt dann *independent practice* („unabhängige Übung"). Diese Art der *direct instruction* hat hochgradige Ähnlichkeit mit dem *scaffolding* (Wygotski, 1964).

Für Hattie ist an vielen Stellen klar (s. o.), dass vom Lehrer ausgeführte aktive und geführte Instruktion sehr viel erfolgreicher ist als der „Lehrer als Moderator selbstgesteuerter Lernprozesse". Lehrergeleiteter Unterricht heißt auch, dass er durch Empathie, durch *Achtung, Wärme, Rücksichtnahme*, durch nicht direktive Impulse gekennzeichnet ist. Auch solche Eigenschaften, die sehr stark an die Dimensionen von Rogers (vgl. Tausch & Tausch, 1977) erinnern, bekommen Effektstärken von mehr als $d = 0.60$.

5.4.2.3
Gruppen und Schulklassen haben zahlreiche motivatorische und organisatorische Nachteile

Selbständiges Gruppenlernen kann nicht zwangsläufig gut funktionieren – es müssen erst besondere Schülervoraussetzungen geschaffen werden. Hatties

Daten zeigen folgerichtig nur geringe Effektstärken für verschiedene Formen des Gruppenlernens. Das insgesamt schwache Abschneiden gruppenbezogener Unterrichtsführung (*cooperative learning* erreicht gerade den *hinge point* von d = 0.41, allerdings nicht in Mathematik d = 0.01, *ability grouping, open education*, erreichen nur Werte bis d = 0.16) wirft die Frage nach der Erklärung dafür besonders deutlich auf. Möglicherweise erreicht man mit diesen Verfahren faktisch weniger, weil die Voraussetzungen hierfür fehlen bzw. Gruppen faktische Nachteile haben, die nicht dadurch überwunden werden, dass man Schüler in Gruppen aufteilt. Und durch Moralisieren („... dann müssen sie es eben lernen ...") die Realität auszuheben versucht.

Wenn wie hier die Unterscheidung zwischen den Erfordernissen des Einzelunterrichts und den exklusiven Anforderungen des Unterrichts mit zwei und mehr Schülern in den Mittelpunkt der Definition von *classroom management* gestellt wird, muss folgerichtig der psychologische und pädagogische Unterschied begründet werden. Die vielbeschworene Komplexität des Unterrichts hat nach dem amerikanischen Unterrichtsforscher Doyle (2006) verschiedene Dimensionen:

- *multidimensionality*: viele Ereignisse auf unterschiedlichen Ebenen, viele Personen mit unterschiedlichen Zielen und Bedürfnissen machen eine Klasse aus;
- *simultaneity*: Vieles geschieht gleichzeitig, unterschiedliche Vorgänge geschehen simultan.
- *immediacy*: schnelle Handlungsentscheidung, ein Grundschullehrer hat nach Untersuchungen von Jackson (1968) rund 500 kommunikative Austausche an einem Tag;
- *unpredictability*: Ereignisse im Klassenraum sind überraschend und kaum prognostizierbar.
- *publicness*: alles, was passiert, geschieht öffentlich, hat also Beobachter;
- *history*: alles, was jetzt passiert, basiert auf einer Vorgeschichte der bisherigen Interaktionen.

Man kann sich nun fragen, welche dieser Komplexitätsdimensionen allein oder überwiegend der Tatsache geschuldet sind, dass man in Klassen (also Gruppenstärken zwischen 20 und 30 Personen) unterrichtet und welche anderen auch im Einzelunterricht auftreten könnten. Nehmen wir zunächst die eher eindeutigen Fälle: *publicness* gibt es im Einzelunterricht nicht, Öffentlichkeit wäre also ein typisches Kennzeichen von Unterricht in Schulklassen. Auch *simultaneity* ist ein eindeutiges Kennzeichen für den Unterricht in Schulklassen gegenüber dem Einzelunterricht. Nicht ausschließlich typisch Gruppenunterricht wären die Dimensionen *immediacy*, *unpredictability* und *history* – auch im Einzelunterricht gibt es die Notwendigkeit schneller spontaner Entscheidungen, die Unprognostizierbarkeit der Reaktionen des Schülers und die Abhängigkeit der Interaktion von den bisherigen Regeln.

Von den Doyle'schen Dimensionen bleiben – *cum grano salis* – auf jeden Fall *simultaneity* und *publicness* der Interaktionen als gruppenspezifisch übrig. Man muss mehrere Vorgänge gleichzeitig steuernd umfassen können, und jede Interaktion geschieht öffentlich, hat also Zuschauer und Zuhörer. Bei *multidimensionality* ist es nicht ganz so eindeutig – zumindest aus psychologischer Sicht. Auch die Interaktion mit einem einzelnen Gegenüber kann vielschichtig sein – allerdings fasst Doyle auch die Vielzahl von Personen mit unterschiedlichen Eigenheiten, Einstellungen, Sitten und Gebräuchen unter diese Dimension. Doyles Beitrag also: *Multidimensionalität, Öffentlichkeit, Simultanität*.

Eine wesentliche Dimension hat Doyle und haben viele andere übersehen: die *informelle Struktur*, d. h., dass es zwischen zwei und mehr Personen Sympathie und Antipathie oder irgendeine andere interpersonelle Emotion geben kann. Solche Beziehungsqualitäten (soziometrische Strukturen) haben eine immense Wirkung auf die Fähigkeit zur Zusammenarbeit, auf das soziale Lernen, auf das Mobben etc. – und damit sind sie auch für die Leistungen der Schüler bedeutsam (vgl. R. Dollase, 1974, 1976). Die (soziometrischen) Beziehungsstrukturen zwischen Schülern stellen eine besondere Anforderungen an Lehrer wie Schüler, z. B. Zusammenarbeit trotz Antipathie aus Schülersicht oder taktvolle Rücksichtnahme bei unterrichtlichen Rückmeldungen (z. B. bei verfeindeten Schülern) aus Lehrersicht. Ein und dieselbe Maßnahme (z. B. Lob) schließlich hat doppelte Wirkung, wenn es einen von zwei Konkurrierenden und halbe, wenn es beide Konkurrenten trifft. Lehrkraftmaßnahmen werden in ihrem Effekt durch Strukturen zwischen Schülern moderiert.

Für die Zwecke dieser Publikation werden die typischen Dimensionen bzw. Aspekte der Unterscheidung vom Einzelunterricht also wie folgt zusammengefasst:

- *Komplexitätsaspekt* (der u. a. die Doylschen Dimensionen *multidimensionality* und *simultaneity* enthält, aber – wie noch zu zeigen sein wird – wesentlich mehr Aspekte, z. B. *Heterogenität*);
- *Zuschaueraspekt* (alles wird von anderen beobachtet);
- *Strukturaspekt* (zwischen Schülern gibt es eine soziometrische Struktur).

Die Abgrenzung gruppenspezifischer Anforderungen an Lehrende und Lernende im Unterschied zum Einzelunterricht ist damit noch nicht hinreichend systematisiert. Eher zufällig findet man z. B. im Konzept *environmental force units* (Jackson & Wolfson, 1968; Berk, 1971) – einer Art Frustrationstaxonomie – auch die Enttäuschungsquellen „Wunsch eines Schülers gegen Wunsch eines anderen Schülers", „nicht-intentionale Behinderungen durch die Gruppe" oder „Lehrkraftunachtsamkeit", die hier unter dem Komplexitätsaspekt subsummiert werden.

In einem Gedankenexperiment kann man sich leicht vergegenwärtigen, welche neuen Phänomene oder Anforderungen auftauchen, wenn man statt einem Schüler nun zwei zu unterrichten hat. Als erschwerende Nachteile könnten z. B. auftreten: die Teilung der Aufmerksamkeit, die Senkung der Fortschrittsgeschwindigkeit (Orientierung am schwächeren Schüler), die Gefahr des Leerlaufs für einen der beiden, Verlust der Offenheit durch *publicness*, d. h., man muss so reden und handeln, dass es für beide akzeptabel ist, Äußerungen zu einem der beiden dürfen den anderen nicht beeinträchtigen, der Lernprozess des einen könnte durch den anderen gestört werden, ungünstige Vergleichseffekte mit Motivationsverlust könnten auftreten (beispielsweise Vergleiche hinsichtlich der freundlichen Gleichbehandlung durch die Lehrkraft, hinsichtlich Leistung und Lerngeschwindigkeit wie Bildung eines motivationsvernichtenden niedrigen Selbstkonzeptes, wenn der andere besser ist etc.), Streitereien zwischen beiden Schülern, Vervielfältigung von Ressourcen (Lehr- und Lernmaterial etc.) – die Liste ist nicht erschöpfend (Meyer, 1984). Selbstredend könnten auch Vorteile auftreten: So könnten die beiden sich gegenseitig anspornen oder sich durch die Freude am gemeinsamen Tun extrinsisch motivieren, sie könnten zugleich Sozialverhalten üben, sich gegenseitig helfen und damit die Lehrkraft entlasten usw.

Das Gedankenexperiment verdeutlicht, dass die Unterweisung in der Gruppe – im Unterschied zum Einzelunterricht – neue Anforderungen nicht nur für die Lehrenden, sondern auch für die Lernenden stellt. Diese Anforderungen stellen sich bereits bei Gruppen von zwei Personen und umso schärfer in größeren Gruppen. Den Lernenden wird eine erhöhte Frustrationstoleranz wegen Behinderungen durch die Menge anderer Schüler oder die knappe Verfügbarkeit der Lehrkraft (bei gleichmäßiger individueller Zuwendung blieben in einer Klasse von 25 in einer Unterrichtsstunde gerade mal 1.8 Minuten pro Kind übrig), wegen Leerlaufs, Störung und psychischer Beeinträchtigung durch andere Schüler etc. abgenötigt. Die Lehrenden müssen viele simultane Prozesse bemerken und positiv beeinflussen, komplizierte Beziehungsstrukturen beachten, auf Verallgemeinerbarkeit ihrer Äußerungen und Maßnahmen bedacht sein, Leerlauf für viele vermeiden, mit gegenseitigen Störungen und Konflikten umgehen, mit der Erschwerung individueller bedürfnisgerechter Reaktionen und dem Zwang zu Kurzkontakten zurechtkommen.

Die Aussage Kerschensteiners (1921) „begnadete Einzelerzieher versagen als Klassenlehrer" lässt sich nun leicht nachvollziehen: Es sind viele Fähigkeiten auf Seiten der Lehrer und Schüler notwendig, um die typischen Gruppenprobleme zu managen.

Ab drei Schülern können übrigens noch weitere Phänomene des Strukturaspektes entstehen: die Bildung von Mehrheiten bzw. Minderheiten sind durch Koalitionen (2 gegen 1) möglich. Auch ist die Interaktion zwischen zwei Schülern durch einen dritten beobachtbar. Friktionen der Gruppe und weitere Dynamiken, die sich aus einer Kombination von Zuschauer- und Strukturaspekt ergeben, sind möglich.

Um sich über Handlungsabläufe zu verständigen, ist eine besondere Form der Darstellung zu wählen. Am besten wären natürlich Filme. Die Darstellung von Frage und Antwort oder von Verbalbeiträgen, die häufig und auch hier gewählt wird, ist ebenfalls relativ unbefriedigend, weil man die audiovisuellen Geschehnisse, die nach Aussage des nonverbalen Kommunikationsforschers Mehrabian (1981) überwiegen (7–38-55-Regel: Das Mögen/ Nichtmögen ist zu 7 % durch den stimmlichen Inhalt, zu 38 % durch den stimmlichen Ausdruck und zu 55 % durch den mimischen Ausdruck bestimmt) nonverbal und nicht inhaltlich bedeutsam sind, nicht darstellen kann.

5.4.2.3.1
Der Komplexitätsaspekt

Es werden hier zwei Jugendliche vorgestellt, die einen Nachhilfeunterricht in Statistik bei dem Mathematikstudenten Gunthardt besuchen. Wir lassen das Alter der Schüler offen, sie sind sie so um die 14 Jahre alt, Gesamtschüler, die ja früher (in den 1970er und 1980er Jahren) mit „Standardabweichung" und „Mittelwert" im Matheunterricht bekannt gemacht wurden. Wir nennen die beiden Elvira und Onofried. Beide haben die letzte Klassenarbeit in Statistik „mangelhaft" geschrieben und sind nun von ihren Eltern zum Nachhilfelehrer Gunthardt geschickt worden. Gunthardt begrüßt Elvira und Onofried herzlich. Er kassiert zunächst je 10 € von Onofried und Elvira, bedankt sich schon mal für das Geld und beginnt damit, dass er ein einfaches Beispiel zur Bestimmung der Standardabweichung vorrechnet. „Ihr Lieben, heute haben wir das Thema Standardabweichung. Ich mach mal ein ganz einfaches Beispiel und ihr könnt mich unterbrechen, wenn ihr etwas nicht verstanden habt", so beginnt er. Auf einer Flip-Chart erklärt er die Häufigkeitsverteilung an wenigen Fällen, die Bestimmung des Mittelwertes, die Differenz zwischen einzelnem Wert und Mittelwert, der Quadrierung etc. Die beiden haben keine Fragen. Nachdem der Lehrer das einfache Beispiel erklärt hatte, kündigte er an: „Ich habe ein Arbeitsblatt mit einem einfachen Beispiel, und ihr könnt das jetzt einmal alleine rechnen." Elvira und Onofried beginnen. Überraschenderweise ist Elvira in drei Minuten fertig, und mit einem kurzen Blick erkennt Gunthardt: „Alles richtig!" Onofried grübelt und grübelt und scheint immer noch mit den ersten Schritten beschäftigt zu sein.

Ein klassisches Problem des Komplexitätsaspektes. Die eine lernt schnell, der andere lernt langsam. Was soll die Lehrkraft nun tun? Sie kann Elvira sagen „Nun warte mal schön bis Onofried fertig ist!" Sie kann aber auch ein weiteres Arbeitsblatt vorbereitet haben, dass sie Elvira nun gibt. Die Zahlenbeispiele sind etwas schwieriger, verteilen sich um den Nullpunkt, enthalten einige negative und einige positive Werte. Während Elvira das schwierigere Arbeitsblatt bearbeitet, setzt Gunthardt sich neben Onofried und hilft ihm die erste Aufgabe zu erledigen. Als sie fertig sind, ist Elvira bereits mit dem zweiten Arbeitsblatt zu Ende gekommen – „Alles richtig!" sagt Gunthardt. Nun hat Gunthardt ein Problem, das er kaum lösen kann. Elvira ist deutlich schneller, und Onofried ist deutlich langsamer. Ein weitsichtiger Lehrer hat nun ein weiteres Arbeitsblatt zur Verfügung, noch schwieriger, dass er Elvira gibt. Mit Onofried macht er sich nun an die Erarbeitung des 2. Arbeitsblattes. Hätte der Lehrer Gunthardt eine andere Möglichkeit gehabt? Er könnte empfehlen, dass Elvira dem Onofried helfen soll. Dann hätte Gunthardt in dieser Situation frei. Elvira würde ihrer Mutter sagen, dass sie nicht mehr zur Nachhilfe geht, weil sie dem Onofried alles erklären müsse und der Lehrer täte nichts. Außerdem weiß Gunthardt nicht, wie es um die pädagogischen bzw. Erklärqualitäten von Elvira bestellt ist. Kann sie das überhaupt? Hat sie schon einen Blick für mögliche Schwierigkeiten von Onofried?

Ein normaler Lehrer hat 25 bis 30 Schüler in der Klasse, die unter Umständen sehr unterschiedlich schnell lernen. Der Komplexitätsaspekt umfasst genau dieses Problem: Wie organisiere ich unterschiedlich schnell Lernende, ohne das Leerlauf entsteht? In unserem Beispiel hat Gunthardt das Problem durch die Vorbereitung weiterführender Arbeitsblätter für die bessere von zwei Lernenden gelöst. Er hätte auch einfachere Aufgaben für den schwächeren Schüler vorbereiten können. Die Schlussfolgerung aus diesem Beispiel ist eindeutig: Für jede Unterrichtsstunde müssen Materialien und Arbeitsblätter für unterschiedliche Lerngeschwindigkeiten vorbereitet werden. Unterricht mit mehreren kostet Material und Vorbereitungszeit. Beides – Materialbeschaffung und längere Vorbereitungszeit – sind im engeren Sinne Tätigkeiten, die unter Klassenführung zu subsummieren sind.

5.4.2.3.2
Der Zuschaueraspekt

In dem Moment, in dem Elvira mit dem ersten Arbeitsblatt fertig ist, drängt es jeden Lehrer zum Lob. Wenn Elvira alleine da gewesen wäre, hätte man dieses Lob überschwänglich ausgesprochen. „Toll" – „Wunderbar" – „Ich bin sicher, dass du bald die Standardabweichung verstanden hast!". Nun aber sitzt ein Schüler daneben, der erkennbar langsamer ist und die Standardabweichung noch nicht verstanden hat. Können wir Elvira jetzt loben? Was würde ein Lob für Elvira mit der Befindlichkeit von Onofried machen? Würde er sich mehr anstrengen? Oder würde er erst recht von sich selber annehmen, dass er ein hoffnungsloser und unbegabter Mathematiker ist?

Beim Zuschaueraspekt muss berücksichtigt werden, dass alle Äußerung des Lehrers Gunthardt nunmehr von zwei Personen bewertet werden. Nehmen wir einmal an, er hätte nicht Elvira, die ihr erstes Arbeitsblatt richtig gelöst hat, gelobt, sondern Onofried, der sich offenkundig schwer mit dem Aufgaben des Arbeitsblattes tut, aber schon einige Teillösungen vorgelegt hat. Gunthardt hätte sagen können „Gut, Onofried – da ist ja schon ein richtiger Ansatz erkenntlich!" Was macht dieses Lob mit Onofried? Er wird gelobt, obwohl Elvira besser ist? Im Sinne pädagogischer, zugegebenermaßen merkwürdiger, Überlegungen soll man Schüler nach deren Selbstnorm beurteilen d.h. ich solle in Anwesenheit der besseren Elvira den schlechteren Onofried loben, weil er immerhin etwas richtig angefangen hat. Die empirisch psychologische Forschung hat für diese Fälle eine „paradoxe Wirkung" des Lobes ermittelt, dass in diesem Fall bedeuten würde: Onofried nimmt dieses Lob als Hinweis darauf wahr, dass der Lehrer seine Begabung niedrig einschätzt, weil er ihn – obwohl schlechter als Elvira – lobt. Lob für eine im sozialen Vergleich schlechtere Leistung wirkt gönnerhaft und demotivierend (Meyer, 1984). Die psychologischen Probleme der Reaktion auf die Leistungen von Elvira und Onofried sind also erheblich.

5.4.2.3.3
Der Strukturaspekt

Sind Elvira und Onofried befreundet (+ +)? Mag Onofried Elvira, Elvira findet den Onofried weder nett noch ablehnenswert (+ o)? Mögen sich beide wechselseitig nicht leiden (– –)? Mag Onofried Elvira, Elvira findet Onofried aber eklig (+ –)? Die deutsche Schulpädagogik hat sich um die interpersonellen Antipathien und Sympathien zwischen Schülern so gut wie kaum gekümmert. Lediglich in der soziometrischen Forschung, der Analyse von interpersonellen Strukturen in Gruppen und Schulklassen, sind solche Probleme thematisiert worden (R. Dollase, 1976). Diese Probleme haben für die Reaktion der Lehrkräfte und für die Leistung von Elvira und Onofried eine große Bedeutung.

Wenn Elvira und Onofried sich gut verstehen und miteinander befreundet sind (+ +), kann man in der Tat eine wechselseitige Hilfeleistung anregen. Elvira würde vermutlich bereitwillig dem Onofried helfen und Onofried würde diese Hilfe gerne annehmen. Er würde „sein Gesicht nicht verlieren". Wenn beide verfeindet wären (- -), würde weder Elvira noch Onofried mit der Hilfestellung einverstanden sein. Für Onofried wäre es gar eine Demütigung, wenn die ärgste Feindin ihm nun helfen müsste.

Die interpersonellen Beziehungen zwischen Schülern modulieren die Wirkung der Lehrerkommunikation (eine Art struktureller Transformation). Mal würde ein Lob besonders gut wirken, wenn nämlich ich ein Lob bekommen habe und mein mit mir verfeindeter Kollege nicht, mal würde, wenn das Lob beiden verfeindeten Schülern ausgesprochen wird – das Lob nur halb so bedeutsam sein. Das Beispiel von Elvira, Onofried und Gunthardt zeigte nur einige Probleme von Komplexitäts-, Zuschauer- und Strukturaspekt. Im folgenden Text werden diese drei Aspekte noch etwas systematischer erläutert. Zum Beispiel durch experimentelle Befunde zu Nachteilen von Gruppen.

5.4.2.4
Leistungsnachteile von Gruppen

Eine kleine Auswahl von Leistungs- und Entscheidungsnachteilen von Gruppen (nach Wilke und van Knippenberg, 1992, Wilke und Wit, 2001):

- *Verstecktes Profil (hidden profile)*. Bei Gruppenarbeit gibt es ein verstecktes Profil der Einsichten, Kenntnisse und Fähigkeiten, wobei die beste Lösung für ein Problem nicht erkannt wird. Oft sind gerade jene soziometrisch – strukturell dominant, die nicht im Besitz der besten Lösung sind, sondern sich nur besser als andere durchsetzen können.
- *Gemeinsame Kenntnis (common knowledge)*. in Gruppen besteht die Tendenz, dass das gemeinsame Wissen diskutiert wird, statt das eigene, z. T. spezifische Wissen jedes einzelnen, so dass viele gute Ideen für Lösungen unerkannt bleiben.
- *Produktionsblockierung (production blocking)*. Gruppen, die Ideen entwickeln sollen, müssen sich für die Äußerung von Ideen gewisse Kommunikationsregeln auferlegen. Es darf nur einer sprechen, während die anderen zuhören. Während man aber zuhört, ist man ganz auf die Ideen

des Sprechenden fixiert, muss ihm zuhören und kann deswegen keine eigenen Ideen entwickeln. Deshalb wird zur Maximierung des Ideenoutputs die nominelle Gruppenarbeit empfohlen: erst denkt jeder alleine über die Lösung eines Problems nach, ehe die (dann am besten noch schriftlich fixierten) Lösungen gemeinschaftlich diskutiert werden. Das verhindert auch, dass diejenigen, die es in geschickter Art und Weise verstehen, die Ideen anderer Schüler als ihre eigenen auszugeben, einen über Gebühr positiven Eindruck hinterlassen (Anmerkung: in einigen Bundesländern zählen für die Noten auch die mündlichen Beiträge).

- *Trittbrettfahrereffekte (free riding)*. Schüler lassen andere in Gruppenarbeit arbeiten und profitieren von deren Ergebnisse, indem sie diese einfach abschreiben. Sie „lassen" gewissermaßen denken und lernen.
- *Ausnutzungseffekt (sucker effect)*. Schüler, die sich in Gruppenarbeit oft angestrengt haben und mit ihren Arbeiten anderen helfen mussten bzw. diese daran partizipieren ließen, fühlen sich ausgenutzt und strengen sich nicht weiter an, um dem Ausnutzen zu entgehen.
- *Soziales Faulenzen (social loafing)*. Es gibt ein unbewusstes Nachlassen der Anstrengung, sobald Menschen in Gruppen arbeiten. Individuelle Verantwortung erzeugt mehr Anstrengungsbereitschaft, da das Ergebnis auf den Urheber der Idee oder Leistung zurückgeführt wird. Bei Gruppenarbeit wird die Verantwortung auf die anonyme Gruppe insgesamt attribuiert, d. h. zurückgeführt. Um in den Genuss der Vorteile dieser pauschalen Zuschreibung zu kommen, strengt man sich weniger an.
- *Soziale Hemmung (social inhibition)*. Andere Schüler können bei komplizierten oder ungeübten Aufgaben allein durch ihre bloße Anwesenheit das Finden anspruchsvoller Lösungen blockieren. Mehr dazu beim Zuschaueraspekt.
- *Risikoschub (risky shift)*. Gruppen können unter bestimmten Bedingungen leichtsinniger sein als Individuen. Auch das hängt mit der Diffusion der Verantwortung in Gruppen zusammen. Diese Leichtsinnigkeit muss sich nicht immer auf kreative oder gewagte fachliche Lösung beziehen, sondern kann sich auch normabweichend manifestieren. Beispiel: Schüler tun nichts für die eigentliche Gruppenarbeit, sondern unterhalten sich über themenfremde Gegenstände. Sie gehen das Risiko des Nichttuns ein.

In Gruppen und Klassen ist nach Lage der praktischen Erfahrung wie nach wissenschaftlichen Untersuchungen die Komplexität sämtlicher Interaktionen in jeglicher Hinsicht erhöht. Diese Komplexität hat, wie gezeigt wurde, viele Facetten. Das bleibt nicht ohne Folgen, die meist nicht für das Lernen günstig, sondern eher schädlich sind. Die Folgen betreffen sowohl die Lehrenden wie auch die Lernenden. Beide sind durch die Komplexität der

Gruppe einer Reihe von Problemen ausgesetzt, die im Unterricht durch entsprechende Klassenführung ausgeglichen werden muss. Hattie berichtet über eine Untersuchung von Nuthall (2007) nach der im typischen Arbeitsblatts- bzw. Gruppenunterricht 80 % des Feedback von anderen Schülern kommt – von diesen Rückmeldungen sind aber 80 % falsch. Man lernt eben nicht von gelangweilten Mitschülern sondern von kompetenten und pädagogisch ausgebildeten Experten.

5.4.2.5
Fehlende soziale Verhaltensweisen

Die hier entfaltete Argumentation lässt sich durch zahlreiche Studien zur Sozialpsychologie der Schulklasse weiter vertiefen. In eigenen Studien (R. Dollase u. a., 2000) konnte beispielsweise gezeigt werden, dass in der Sekundarstufe I die Wertschätzung der Klassenkameraden ab der Pubertät dramatisch sinkt, d. h., dass man mit ihrem Verhalten unzufrieden wird. Der Grund sind offenbar die in jeder Gruppe und jeder Schulklasse entstehenden soziometrischen Strukturen, die nur unzureichend durch externe Faktoren wie soziale Schicht etc. aufgeklärt werden können. Auch scheint es einen Zeitwandel zu geben, das Kinder heute (bzw. Ende der Neunzigerjahre des letzten Jahrhunderts, R. Dollase, 2000) völlig anders und ängstlicher auf die Gleichaltrigen in der Gruppe reagieren. So stieg etwa in einer Zeitwandelstudie von 1974 bis 1997 die Zustimmung zu dem Item „ Macht es dir viel aus, wenn andere Kinder sich mit dir streiten?" von 29 % auf 51 %. Auch die Wahrnehmung von Sympathie und Antipathie verändert sich bei einer orts- und methodenidentischen Replikation von 1974 auf 1996. So steigt etwa die Zustimmung zur Frage „Gibt es viele Kinder, die dich nicht leiden können?" von 35 % auf 47 % und auf die Frage „Gibt es viele Kinder, die Du nicht leiden kannst?" antworten 1974 33 % und 1997 54 % mit „Ja".

Auch die Vertreter eines kooperativen Lernens wissen um die Schwierigkeiten, Gruppen zur fruchtbaren Zusammenarbeit zu bringen. Green, mittlerweile verstorbener Nestor des „kooperativen Lernens" in Deutschland, schrieb „nur weil wir Schüler in Gruppen einteilen, heißt es noch nicht, dass sie als Team zusammenarbeiten". Der Unterschied zwischen kooperativem Lernen und Gruppenarbeit besteht nach Green in den 5 grundlegenden Elementen (http://methodenpool.uni-koeln.de/koopunterricht/ger_the_difference.pdf):

- Das erste und wichtigste Element beim kooperativen Lernen ist positive Abhängigkeit.

- Das zweite grundlegende Element des kooperativen Lernens besteht in unterstützender Interaktion, vorzugsweise von Angesicht zu Angesicht.
- Das dritte grundlegende Elemente des kooperativen Lernens ist individuelle und Gruppenverantwortlichkeit.
- Das vierte Element des kooperativen Lernens besteht darin, die Schüler zu lehren, in kleinen Gruppen angemessen miteinander zu kommunizieren.
- Das fünfte grundlegende Element des kooperativen Lernens ist das Bewerten in Gruppen.

In der Tat: Wenn alle Schüler in einer Gruppe oder in einer Schulklasse diese fünf Elemente wirklich beherrschen, dann müsste Gruppenarbeit fruchtbar sein. Das Problem liegt darin, dass es für Menschen schwierig ist, diese Elemente des kooperativen Lernens zu realisieren. Selbst Professoren in einer Fakultät für Psychologie, die ein gemeinsames Forschungsprojekt planen, sind nicht in der Lage, diese Prinzipien zu realisieren. Man kann die Realität nicht mit Sollvorstellungen wegdiskutieren, etwa nach dem Motto: „Dann müssen sie es eben lernen" – Empirie zeigt ja das Lehrer und Schüler insbesondere dieses offenbar nicht so gut können so dass nennenswerte Effektstärken, die den Schwellenwert von $d = 0.40$ überspringen, erreicht werden können. Das kooperative lernen erreicht $d = 0.41$, wobei diese Effektstärke fachspezifisch ist. In Mathematik liegt er nahe Null, er ist für ältere Schüler höher (s. o.). Hattie (2009, S. 212–214) hat auch erkannt: Wenn man die Leistung eines Schülers steigern möchte, wäre es notwendig, jedem Schüler einen Freund zur Seite zu stellen. Womit er auf das Problem der soziometrischen Beziehungen in einer Schulklasse hinweist – ohne diese Fachvokabel jedoch zu gebrauchen.

Ansonsten ist das kooperative Lernen von allen Methoden, die irgendetwas mit Gruppen zu tun haben, Binnendifferenzierung, Fähigkeitsgruppierung, altersübergreifende Gruppierungen, schülerkontrolliertes Lernen und offener Unterricht noch das wirksamste. Bei den anderen genannten Methoden übersteigen die Effektstärken nicht $d = 0.16$. Einige Gruppenmethoden haben bei Hattie allerdings höhere d-Werte als das kooperative Lernen. Sie sind aber nicht relevant, um Gruppenarbeit zu bewerten. Untersuchung über den Zusammenhang zwischen kooperativem Lernen und Wettbewerbslernen gehen auf Kleingruppenexperimente zurück, in denen gezeigt werden konnte, dass Wettbewerb zwischen mehreren Gruppen nicht so günstig ist wie Kooperation zwischen Gruppen, gibt also nicht an, ob Gruppenlernen per se günstiger ist. Noch ein Beispiel: Der Effekt von $d = 0.49$ für *small group learning* ist nur an College-Studenten ermittelt worden, die sich gemeinsam auf eine mündliche Prüfung vorbereiten. Das ist mit Unterricht nicht vergleichbar.

5.5
Wie kann durch lehrergeleiteten Unterricht die Klassenführung optimiert werden?

Schüler lernen von kompetenten Anderen – Gruppenprozesse können in jeder Schulklasse die individuellen Lernprozesse erheblich stören – das sind die beiden Randbedingungen eines Kräfteparallelogramms, zu denen die Resultante gefunden werden muss. Lehrer haben also eine zentrale Aufgabe in diesem Suchprozess, auch für die Schaffung der Voraussetzungen beim Schüler.

5.5.1
Klassenführung durch Wahrnehmungs- und Kontaktkapazität der Lehrkräfte

Eingangs dieses Textes wurde bereits auf Kerschensteiner (1921) bzw. Winnefeld (1967, S. 143) hingewiesen. Diese Pädagogen hatten erkannt, dass die Fähigkeit zum erfolgreichen Einzelunterricht nicht auch gleich bedeutet, dass man Lernprozesse in Gruppen organisieren kann. Begnadete Einzelerzieher könnten als Klassenlehrer versagen. Louis (1976), Schorb u. a. (1982) haben in Anlehnung an Winnefeld die Eigenschaft der Komplexkapazität, die sich unterteilt in Wahrnehmungs- und Kontaktkapazität sowie die personale Gewichtigkeit und die personale Geräumigkeit (etwa: Kontaktfähigkeit mit sehr verschiedenen Menschen) für den geschickten Umgang mit Schulklassen gefordert.

- Komplexkapazität bezeichnet die Anzahl unterschiedlicher Reize, die ein Mensch gleichzeitig wahrnehmen, verarbeiten und im Handeln berücksichtigen kann; auf den Lehrer bezogen bedeutet eine relativ hohe Komplexkapazität die Fähigkeit „trotz verschiedenartiger Ansprüche die Handlungseinheit wahren zu können" (Louis, 1976, S. 52, zitiert nach Schorb, 1982, S. 88).
- Unter „Wahrnehmungskapazität" versteht man eine differenzierte und objektive Wahrnehmung der komplexen Vorgänge – wenn diese gestört ist, ist eine Steuerung dieser Vorgänge nicht möglich. Es ist wünschenswert, als Lehrkraft möglichst viele Vorgänge in der Klasse richtig wahrzunehmen. Des Weiteren unterteilt Louis die Wahrnehmungskapazität noch in „Wahrnehmungsbegrenzungen" womit die Neigung zu Ausschnitten aus der Gesamtwahrnehmung gemeint sind, „Richtungskonstanten" womit die Bevorzugung bestimmter Richtungen der Wahrnehmung im Raum gemeint sind (stärker nach links oder rechts, nach vorne oder hinten),

„Wahrnehmungsvereinfachungen" womit differenzierte Wahrnehmungen vereinfacht werden und „Wahrnehmungsverfälschungen", d. h. die Veränderungen von Wahrnehmungen aufgrund unbewusster oder bewusster Vorurteile.
- Kontaktkapazität ist eine „spezifische Fähigkeit, viele Menschen gleichzeitig in Anspruch zu nehmen und ihren Erwartungen entsprechen zu können". Ohne Wahrnehmungskapazität ist eine hohe Kontaktkapazität auch kaum denkbar. Nach Winnefeld (1967, S. 143) ist Kontaktkapazität die Fähigkeit „Gruppen steuernd umfassen zu können". Zur Kontaktkapazität gehört die „personale Gewichtigkeit" als Eigenschaft zum Beispiel des Lehrers oder Gruppenführers, – wer personal gewichtig ist, „Gewicht" hat, etwas ausstrahlt, Autorität hat, der vermag viele Menschen zu führen und viele Kontakte zu gestalten. Die personale Geräumigkeit ist das Vermögen „sehr verschiedenartigen Menschen gerecht werden zu können, selbst so breit veranlagt zu sein, dass man mit unterschiedlich strukturierten und interessierten Gesprächspartnern in innere Korrespondenz treten und ihnen das Gefühl des Verstanden- und Angenommenseins vermitteln kann" (Louis,1976, 56).

Viele Lehrer, vor allem aber auch Studierende des Lehramts fragen, ob Menschen dazu physiologisch überhaupt in der Lage seien, mit 25 bis 30 Menschen gleichzeitig Kontakte aufrechterhalten zu können und die differenzierten Vorgänge, die durch volatile Selbststeuerung noch weiter kompliziert werden, überhaupt vollständig wahrzunehmen. Tatsache ist, dass sich Menschen in dieser Fähigkeit sehr stark unterscheiden. Ohne Frage aber- das hat die Studie von Kounin (1970) gezeigt – gibt es zahlreiche Menschen, die dazu in der Lage sind. Das ist kein im neurologischen Sinne tatsächliches *multitasking* (weil man nur eine Tätigkeit zu einem Augenblick verfolgen kann), sondern ein hochfrequentes Zeitscheibenverfahren – Bruchteil einer Sekunde für Vorgang a, dann Bruchteil einer Sekunde für Vorgang b etc. (Hattie & Yates, 2014).Ein Beispiel aus dem Alltag kann hier weiterhelfen. Bei Partys kann man „aufmerksame" und „unaufmerksame" Gastgeber unterscheiden. Auf der Party eines aufmerksamen Gastgebers klappt der Speisen- und Getränkenachschub, Menschen stehen nicht alleine herum, sondern werden vom Gastgeber miteinander bekannt gemacht. Der Gastgeber merkt, wenn irgendwo ein Problem entsteht, er hat seine Augen überall und die Ochsenschwanzsuppe kommt pünktlich um 0:30 Uhr. Beim unaufmerksamen Gastgeber klappt weder der Speisen- noch Getränkenachschub, Gäste stehen gelangweilt herum, haben keine Gesprächsthemen, sind mit den anderen nicht bekannt gemacht worden und die Ochsenschwanzsuppe kommt statt um 0:30 Uhr erst um 4:00 Uhr morgens, wenn die meisten Gäste schon gelangweilt gegangen sind. Bei einer Party handelt es sich um dasselbe Problem wie in der Schulklasse. Wer alle Vorgänge wahrnimmt, kann auch viele Vorgänge in die richtigen Bahnen lenken. Leerlauf und Wartezeiten sind selten. Jeder hat bei einem aufmerksamen Gastgeber das Gefühl, dass er sich auf der Party gut unterhalten hat.

Wenn man *classroom mangement* als Wahrnehmungs- und Kontaktkompetenz der Lehrkraft betrachtet, dann kann man sich leicht vorstellen, wieso der Zustand der „psychologischen Verkleinerung der Gruppe" (R. Dollase, 1995) dadurch entstehen kann. Die große Zahl stört nicht, weil der Gastgeber bzw. die Lehrkraft in der Lage ist, für viele einen kontinuierlichen Erlebens- oder Denkablauf oder Lernprozess zu organisieren, einfach dadurch, dass er weiß, was alles in der Gruppe passiert und an welcher Stelle er eingreifen muss. Jeder hat das Gefühl, dass die große Zahl nicht stört. Über den korrekten Inhalt der Wahrnehmungs- und Kontaktkapazität und der richtigen Reaktion auf das, was man wahrgenommen hat, wird in diesem Konzept nichts ausgesagt. Die Wahrnehmung muss richtig sein und die Kontaktkapazität muss richtige und passende bzw. angemessene Inhalte transportieren.

Louis, Winnefeld und andere haben diese Komplexkapazität des Menschen mehr oder weniger für ein angeborenes Persönlichkeitsmerkmal gehalten. Louis (1976, S. 57) schreibt dazu: „Die Kontaktkapazität eines Menschen ist ein relativ konstantes Persönlichkeitsmerkmal, das im frühen Sozialisationsprozeß erworben wird und kaum zu verändern ist." Zweifel an dieser Position sind erlaubt.

5.5.2
Klassenführung mit Hilfe von Kounin's Dimensionen

Einen Durchbruch in der Frage nach den konkreten Verhaltensweisen für den geschickten Umgang mit Gruppen lieferte m. E. die Videorecorderstudie von Kounin aus dem Jahre 1970 (dt. 1976, 2006). Mit der simultanen Aufzeichnung von Schüler- und Lehrerverhalten und dem Trick, die Bänder nach Beobachtung einer Eskalation im Klassenzimmer (definiert durch geringe Mitarbeitsrate und hohe Fehlverhaltensquote) wieder zurückzuspulen und zu suchen, welche Verhaltensweisen der Eskalation vorausgingen, findet Kounin – theoriefrei und intuitiv – eine Reihe höchst banaler, aber empirisch enorm wirksamer Verhaltensweisen, die eine hohe Mitarbeitsrate und geringe Fehlverhaltensquote bewirken. Es sind dies – knapp zusammengefasst – folgende Verhaltensweisen:

- *Bescheidwissen (withitness)*: Die Fähigkeit der Lehrkraft bei Ermahnungen und Disziplinierungen sog. Objektfehler bzw. Zeitfehler zu vermeiden.

Ein Objektfehler ist z. B. die Zurechtweisung des falschen Schülers oder die eines leichteren Fehlverhaltens bei vorauslaufendem oder gleichzeitigem schwereren Fehlverhalten. Ein Zeitfehler ist z. B. die Zurechtweisung leichten Fehlverhaltens erst nach seiner Ausbreitung. Die Fähigkeit zur Vermeidung der Fehler wird *withitness* oder *Bescheidwissen* genannt, oder auch *Dabeisein*. In der deutschen Übersetzung heißt es *Allgegenwärtigkeit* – an der korrekten und rechtzeitigen Reaktion merken die Schüler, dass die Lehrkraft alle Ereignisse in der Klasse mitbekommt. Entscheidend ist das Gefühl, dass die Lehrkraft alles Wichtige weiß – sie passt genau auf und erinnert sich z. b. auch nach einstündiger Diskussion noch an Beiträge und Beiträger zu Anfang.

- *Überlappung (overlappingness)*: Die Fähigkeit der Lehrkraft, mehrere Vorgänge durch Einsatz verbaler und nonverbaler Kommunikation gleichzeitig zu steuern (auch: Mehrfachverarbeitung von Information, *multitasking*). Das schließt die korrekte Wahrnehmung mehrerer Vorgänge ebenso ein wie die unaufwendige Steuerung zweier oder mehr Kontakte. Beispiel: Man beantwortet Fragen am Tisch einer Schülergruppe und nickt auf eine Frage eines hinzukommenden Kindes einer anderen Gruppe.
- *Reibungsloser Ablauf (smoothness)*: Die Fähigkeit der Lehrkraft zur Vermeidung von Sprunghaftigkeit im Unterricht. Erfolgreiche Lehrkräfte vermeiden Reizabhängigkeit (sie stören den kommunikativen Ablauf, weil sie abrupt von einem äußeren, unwichtigen Reiz abgelenkt werden), Unvermitteltheiten (sie stören, weil ihnen plötzlich etwas thematisch nicht passendes einfällt), thematische Inkonsequenz (sie schieben ein neues Thema dazwischen und kommen dann doch auf das alte zurück), thematische Verkürzung (Abbruch) oder Unentschlossenheit (sie schwanken über den weiteren Ablauf). Schlechte Lehrkräfte stören den Unterricht durch diese Fehler selbst.
- *Schwung (momentum)*: Die Fähigkeit der Lehrkraft, Verzögerungen im Unterrichtsablauf zu vermeiden, d. h. z. B. Überproblematisierungen von Arbeitsmitteln, Verhaltensweisen oder Inhalten zu verhindern oder Handlungseinheiten (z. B. Wechsel des Sitzplatzes, auch *Fragmentierung* genannt) so zu zerhacken, dass Unterricht seinen Schwung verliert.
- *Aufrechterhaltung des Gruppenfokus (group focus)*: Die Lehrkraft muss möglichst viele Schüler für den gerade stattfindenden Lern-, Erziehungs- oder Bildungsprozess mobilisieren (auch motivieren, Gruppenmobilisierung, d. h. möglichst alle werden angesprochen und sind grundsätzlich individuell verpflichtet etwas zu tun, Beispiel: nach einer Lehrerfrage jemanden per Zufall dran nehmen), für einen großen Beschäftigungsradius (alle haben was zu tun) sorgen und für möglichst viele Leistungen

oder Reaktionen der Schüler eine Rückmeldung organisieren (Rechenschaftsprinzip).

Die weiteren Dimensionen *Valenz und Herausforderung* wie auch *Programmierte Überdrußvermeidung* sind für die Überlegungen hier nicht wichtig. Die genannten Dimensionen korrelieren erheblich mit Mitarbeit und ausbleibendem Fehlverhalten (die meisten bis $r = .60$ oder noch höher). Sie gelten für Klassenunterricht wie für Stillarbeit (also auch für Gruppenarbeit, wenngleich einige der Dimensionen hierbei nicht in dem Maße korrelieren wie im Plenum). Sie wurden in Primarschulen erhoben, sind mittlerweile aber auch bei älteren Schülern bestätigt worden (vgl. z. B. Doyle, 1986). Es gibt z. Zt. keinen besseren Ratschlag zur Erreichung dieser schlichten, aber für guten Unterricht als Voraussetzung dienenden basalen Kriterien *Mitarbeit* und *ausbleibendes Fehlverhalten*.

Zunächst einmal muss betont werden, dass die Dimensionen von Kounin, insbesondere die *Allgegenwärtigkeit* und die *Überlappung*, zum Teil auch die *Aufrechterhaltung des Gruppenfocus* mit den aus der deutschen Reformpädagogik bekannten Begriffen „Wahrnehmungs- und Kontaktkapazität" bzw. „Komplexkapazität" völlig identisch sind. Die Unterschiede bestehen lediglich in der gewählten Operationalisierung. Die Wahrnehmungskapazität wird bei Kounin über Objekt- und Zeitfehler indiziert – jede Dimension hat aber auch noch andere Operationalisierungen, die damit zusammenhängen. Wenn man die erste Kounin Dimension nur auf seine Operationalisierungen bezieht (Objekt und Zeitfehler vermeiden) dann könnte man diese Dimension auch mit „Gerechtigkeit" beschreiben. Obwohl die Studie von Kounin eine Beobachtungsstudie ist, bleibt sie dabei, dass einzelne Operationalisierungen nur auf allgemeine Dimensionen hinweisen (Objekt- und Zeitfehler auf die *Allgegenwärtigkeit* bzw. auf *withitness*). Die Schwächen einer solchen Vorgehensweise wurden weiter oben als Manko der variablentheoretischen Forschung zum Unterricht bereits benannt.

Die Realisierung der Kouninschen Dimensionen erscheint vielen Lehrern und Lehramtsstudierenden als nahezu unmöglich. Es gibt aber solche Lehrkräfte, sonst hätte Kounin diese nicht empirisch finden können. Also ist es möglich, auch wenn es für viele Lehrkräfte einer Überforderung darstellen mag. Man kann sich leicht vorstellen, dass die Kounin Dimensionen eine erhebliche Konzentrationsleistung von der Lehrkraft erfordern. Man muss aufpassen, sehr wach sein, sich konzentrieren und vor allen Dingen die Unterrichtsplanung derartig gut vorbereitet haben, dass man in der Tat Kapazitäten frei halten kann, um auf die Schüler zu achten und sich voll auf sie zu konzentrieren. Auch muss die Unterrichtsplanung so transparent und verinnerlicht sein, dass man Wahrnehmungs- und Kontaktkapazität noch leisten kann. Die Unterrichtsplanung muss so vorausschauend sein, dass Leerlauf und Unterbrechungen so selten wie eben möglich vorkommen.

Die Dimensionen *Reibungslosigkeit* und *Schwung* können auch im Einzelunterricht relevant sein. Das gilt in gewisser Weise auch für das *Rechenschaftsprinzip*. Die anderen Dimensionen aber sind exklusiv für die Arbeit in Gruppen notwendig.

Die Kouninschen Dimensionen haben Gültigkeit sowohl im Gruppenunterricht als auch im lehrerzentrierten Unterricht, weil sie in beiden Situationen ermittelt werden konnten. Wegen der Forderung nach *Reibungslosigkeit* und *Schwung* missverstehen manche Rezipienten die Unterrichtsgestaltung mithilfe der Kouninschen Dimensionen als ein atemloses und hektisches Geschehen. Auch das ist falsch, denn *Reibungslosigkeit* und *Schwung* kann auch in einem entschleunigten Tempo stattfinden.

Man fragt sich angesichts der hohen empirischen Wirkung der Klassenführungsdimensionen nach Kounin, warum im normalen Unterricht derartig banale Fehler wie Objekt- und Zeitfehler gemacht werden, weshalb überhaupt Leerlauf entsteht. Zweifelsohne handelt es sich um Tugenden, die im Einzelunterricht völlig normal und unhinterfragt sind – einen einzelnen Schüler, der vor mir was anderes macht als mir zuhören, also sich z.B. auf dem Boden wälzt, bemerke (und ermahne) ich doch auch sofort. Im Unterricht kann ich das übersehen, weil ich mit anderen Dingen beschäftigt bin. Offensichtlich entgeht Lehrern aufgrund ihrer Beanspruchung im Unterricht eine Vielzahl von Problemen – die banalen Forderungen sind in der Praxis äußerst schwierig zu realisieren. Manches klingt theoretisch einfach – ist aber praktisch schwer.

Einige der Fehler sind gewiss auf fehlende oder ungenügende Unterrichtsplanung zurückzuführen bzw. auf Unsicherheit im Stoff. Wenn Lehramtsanwärter hauptsächlich damit beschäftigt sind, den Unterrichtsablauf zu arrangieren, haben sie womöglich keine Kapazitäten mehr frei, um sich um die Schüler zu kümmern. Manche der Fehler, so etwa in den Dimensionen *Reibungslosigkeit* und *Schwung*, entstehen auch dann, wenn einer Lehrkraft der Unterricht keine Freude mehr bereitet oder wenn organisatorische Teilaspekte vorher nicht genügend durchdacht worden sind. Lehrkräfte schließlich, die krank oder innerlich abgelenkt sind, werden typische Fehler bezogen auf *Allgegenwärtigkeit (withitness)* machen.

Eine entscheidende Frage ist nun, ob die Realisierung der Kouninschen Dimensionen und ihr überraschend hoher empirischer Effekt auch mit dem Konzept der „psychologischen Verkleinerung von Schulklassen" (R. Dollase, 1995) erklärt werden kann. Kounin hat keine Theorie für die Wirksamkeit seiner Dimensionen in der genannten Veröffentlichung entwickeln wollen. In mehreren Arbeiten habe ich deshalb versucht, die „psychologische bzw. virtuelle Reduzierung der Schulklassengröße" als Interpretation der Wirksamkeit der Kouninschen Dimensionen plausibel zu machen.

Theoretische Deutungen sind prinzipiell beliebig – nicht nur eine einzige Theorie wird mit den empirischen Ergebnissen in Übereinstimmung zu bringen sein, sondern eher zahlreiche. Aus diesem Grunde kann die Wirksamkeit der Kouninschen Dimensionen genauso wie die Komplexkapazität von Lehrkräften auch so interpretiert werden, dass die Nachteile der großen Zahl durch ihre Realisierung kompensiert werden. Schüler fühlen sich individuell beachtet, alle Aktivitäten beziehen sie ein und darüber hinaus verläuft der Unterricht auch noch reibungslos und schwungvoll. Die psychische Situation, die man als Schüler im Einzelunterricht erlebt, wird in ganz ähnlicher Weise bei Kounin-Lehrern in Gruppen erreicht.

Der Lehrer, der sich an Kounin orientiert, sorgt damit für eine virtuelle Reduzierung der Schulklassengröße, weil er sich virtuell (genauer: kommunikativ, scheinbar) durch ihren Unterrichtsstil vermehrfacht, d. h., die Schüler fühlen sich verstärkt so wie im Einzelunterricht. Diese Interpretation impliziert:

- im Einzelunterricht gibt es kaum Disziplinprobleme wegen Leerlauf und Nichtbeachtung und
- die oben beschriebenen typischen Gruppenphänomene sind Ursache für mangelnde Mitarbeit und Fehlverhaltensweisen. Erst ihre Überwindung macht Unterricht in einer per se zu großen Klasse erträglich.

Als mögliche Plausibilität für die Interpretation der virtuellen oder psychologischen Reduzierung der Gruppengröße in der Kounin-Studie können ein empirischer und ein gedanklicher Grund genannt werden. Der empirische Grund: Die wesentlichen Kouninschen Dimensionen korrelieren alle substantiell mit der Schulklassengröße negativ (nicht sehr hoch, nach Auspartialisierung der anderen aber doch zwischen etwa $r = -.15$ und $r = -.27$), je höher die Ausprägung in den Dimensionen, also je gelungener sie exerziert werden, desto kleiner die Klasse. Es wird also schwieriger, die Dimensionen mit größer werdender Klasse zu realisieren (die Klassengrößen schwankten bei Kounin zwischen 21 und 39 Kindern). Der gedankliche Grund: Die für den Unterricht in Klassen wichtigsten Kouninschen Dimensionen (also: *Allgegenwärtigkeit* und *Überlappung*, *Reibungslosigkeit* und *Schwung*, sowie *Gruppenmobilisierung* – sie korrelieren alle mit Mitarbeit in der Klasse über $r = .60$) sind im Einzelunterricht wenig sinnvoll, weil ein Verstoß dagegen im Einzelunterricht pathologisch wäre bzw. kaum vorkommen könnte. So ist es beispielsweise nicht möglich, im Einzelunterricht Objekt- oder Zeitfehler zu machen, die Forderung nach Überlappung stellt sich erst gar nicht, ebenso die Gruppenmobilisierung nicht. Gegen Schwung und Reibungslosigkeit kann man zwar im Einzelunterricht verstoßen – man wird jedoch dazu seltener gedrängt (es sei denn, der Einzellehrer hat keine Lust zum Unterrichten).Trotz der partiellen Nähe der Konstrukte *Signalkontinuität* oder *entrainment* (Mc Grath, 1991; siehe oben) werden sie hier zugunsten des Konstruktes der *virtuellen (oder psychologischen) Reduzierung der Gruppengröße* verworfen. Kounin selbst hat m. W. die *Signalkontinuität* nicht auf seine 70er Studie angewendet. Exemplarisch soll die bessere Eignung an der Dimension *Bescheidwissen* verdeutlicht werden. Die Mitarbeit steigt und Fehlverhalten unterbleibt, wenn der Lehrer durch Vermeidung von Objekt- und Zeitfehlern signalisiert, dass er die Vorgänge im Unterricht korrekt erfasst. Er muss dabei nicht Angst und Schrecken verbreiten, es reicht die durchaus freundliche Bemerkung, ein Blick oder die Erhebung der Stimme beim Reden. Lehrkräfte, die Objekt- und Zeitfehler machen, tun dies manchmal mit aller Schärfe und durchaus lautstark – ohne Effekt auf Mitarbeit und Fehlverhalten. Die Bemerkung ist wichtig, weil die Effektivität der Kouninschen Dimensionen gerne mit anderen Mechanismen erklärt wird (wie autokratische Strenge). *Signalkontinuität* erklärt aber hier z. B. nichts: Durch den Fortgang des Unterrichts ist sie ja gegeben, sie geht nur an dem einen oder andern Schüler vorbei und erst bei der Bemerkung seiner Abweichung stellt sie sich wieder her. Nicht also die Kontinuität der Signale, sondern die spezifische virtuelle Orientierung auf die Kommunikation mit dem Lehrer stellt Mitarbeit und Ausbleiben des Fehlverhaltens wieder her. Wegen der virtuellen Beschwörung von Strukturkennzeichen der Einzellehrsituation wird – so meine Interpretation – der Effekt erreicht. *Entrainment* schließlich ist auf die reibungslose Zusammenarbeit in Produktionsgruppen hin entworfen – das Konstrukt wäre allerdings beispielsweise innerhalb spezifischer Unterrichtssituationen, etwa Gestaltung der Kooperation bei Gruppenarbeit, brauchbar. *Entrainment* dann herzustellen, wird ja meist den Schülern überlassen – eine schwere Aufgabe, die in Gruppen natürlich oft nicht gelingt.

Das Konstrukt *Psychologische bzw. virtuelle Reduzierung der Gruppengröße* wird also zunächst nur zur *ex post facto* Erklärung der Wirksamkeit eines Teils der Kouninschen Dimensionen, unbeschadet der Verträglichkeit der Daten mit anderen Erklärungen, in Anspruch genommen. Es sind in jedem Fall Dimensionen, die den Nachteilen der Gruppenunterweisung entgegengesetzt werden können; sie betreffen etwas, was man beim Einzelunterricht nicht braucht. Zugleich hat das Konstrukt Beziehungen zur historischen Dimension des Unterrichts in Klassen. Jenzer (1991) hat hierzu ausgearbeitet, dass die Geschichte der Schulklasse mit all ihren Vorformen, Varianten und Derivaten oft unter der Vision des *kollektiven Einzelunterrichts* (sic!) gestanden hat. Die Überlegung ist auch zu naheliegend: dass die gesellschaftlichen und ökonomischen Zwänge zu einer „unnatürlichen" (oder „nicht erleichternden") Relation Lehrer-Schüler führen mussten und dass dieser Zwang durch entsprechende unterrichtliche und/oder organisatorische Maßnahmen wieder ausgeglichen werden musste. Zugleich ist der Fortschritt zu immer kleiner werdenden Klassen statistisch nachweisbar (vgl. z. B. Jenzer, 1991, S. 403). Dass auf dieser Überlegung selten Theorien des Unterrichts aufgebaut werden, hängt mit der ideologisierenden Schönfärberei der Gruppe oder Gemeinschaft zusammen oder damit, dass man vor lauter didaktischer Fixierung oder „Wie bringe ich es dem Kinde bei?"-Überlegungen, die Probleme der simultanen Unterweisung einer größeren Zahl von Kindern schlicht übersehen hat. Ein Grossteil der pädagogisch-psychologischen Forschung untersucht, wie *ein* Kind gut lernt.

In der Zusammenstellung von Hattie (2009) schneiden die Klassenführungstechniken insgesamt mit $d = 0.52$ durchschnittlich positiv ab. Allerdings wird Klassenführung in der Befundsammlung von Hattie sehr komplex und nicht so eng definiert wie in diesem Beitrag. Das *Bescheidwissen* bzw. das *Dabeisein* oder die *Allgegenwärtigkeit* (= verschiedene Übersetzungen des engl. Begriffs *withitness*) kommt auf $d = 1.2$ (Metaanalyse von Marzano, 2000). Der Haupteffekt der Kouninschen Dimensionen ist allerdings auf Mitarbeit und ausbleibendes Fehlverhalten zu erwarten und nicht auf kognitive Leistungsfähigkeit der Schüler.

Welchen Sinn hat die Verallgemeinerung des Konstrukts *virtuelle Reduzierung der Gruppengröße*? Es wird nicht nur die Wirksamkeit der Kouninschen Dimensionen erklärt, sondern auch anderer, ungleich kunstvoller und theoretisch weitläufig begründeter Ansätze. Möglicherweise ist ihr Schattenbeitrag zur Reduzierung der Gruppengröße der wirksamste Anteil in ihnen – und nicht die deklarativen Wirksamkeitsbehauptungen auf der Vorderbühne der theoretischen Begründung. Für die empirische Bewährung des Konstruktes wären Studien über die kognitive und soziale Effektivität von unprofessionellem Einzelunterricht wichtig. Wenn der besser wäre als guter Klassenunterricht, hätte das weitreichende Konsequenzen. Möglicherweise sind Zeit für den Einzelnen und Interaktion mit dem Einzelnen die entscheidenden Lernerfolgsvariablen – und nicht Didaktik und Methodik. Wie man aus dem Vorschulbereich empirisch weiß, werden beispielsweise soziale Lernziele eben nicht durch den Besuch des Kindergartens erreicht – im Gegenteil, gerade die nicht in der Institution erzogenen Kinder sind z. B. weniger gewalttätig (vgl. R. Dollase, 1979). Für eine gelungene soziale Entwicklung benötigen wir lediglich eine Handvoll anderer Menschen, darunter einige Gleichaltrige (vgl. R. Dollase, 1994, 2015).

5.5.3
Der lehrergeleitete Unterricht kann dysfunktionale Ereignisse leichter unterbinden

Lehrergeleiteter Unterricht kann Gruppenprobleme überwinden, weil er dysfunktionale Ereignisse unterbinden bzw. sofort darauf reagieren kann. Im lehrergeleiteten Unterricht kann man Schüler, die nicht so leistungsfähig oder aber beeinträchtigt sind, schonen bzw. vor abwertenden Äußerungen der Klassenkameraden leichter schützen. Diese Schonung wird diesen Schülern kaum zuteil, wenn sie es häufig mit ihren Klassenkameraden alleine zu tun haben. Untersuchungen zur Inklusion/Integration zeigen, dass die inkludierten Schüler eher Randpositionen im Soziogramm einnehmen, d. h. informell nicht vollständig integriert sind. Hierzu gab es auch in früheren Jahrzehnten schon deutliche Resultate, etwa bezogen auf Körperbehinderte (vgl. Marenbach, 1985).

Im lehrergeleiteten Unterricht kann man falsche oder unverständliche Aussagen von beeinträchtigten Schülern paraphrasieren und der Antwort dadurch die Peinlichkeiten nehmen. Man ist in der Lage, einfache Fragen an gute Schüler zu stellen und schwierige Fragen auch an schlechte. Dadurch könnte höflich maskiert werden, dass der Lehrer bestimmte Schüler für begabt und andere für weniger begabt hält. Fragen des Lehrers können im lehrergeleiteten Unterricht so „gerahmt" (framing) und eingeleitet werden, dass der Eindruck einer anspruchsvollen Fragestellung und einer anspruchsvollen Interaktion gewahrt bleibt, obwohl sie leicht zu beantworten sind. Im lehrergeleiteten Unterricht (der natürlich auch Phasen der Arbeitsblattbearbeitung enthalten muss und soll) kann die Lehrkraft sich mal in dieser mal in jener Gruppe als gleichberechtigtes Gruppenmitglied zur Mitarbeit anbieten. Dann hat die Lehrkraft eine bessere Kontrolle über etwaige Mobbingäußerungen von Mitschülern.

In Mitchell (2008, 2014), einer Zusammenstellung von Untersuchungen zur Inklusion und *special education*, zeigt sich, dass die direkte Instruktion, die einem lehrergeleiteten Unterricht entspricht, in einer Reihe von Metaanalysen Effektstärken zwischen $d = 0{,}82$ und $d = 0{,}90$ erhält. Damit ist belegt, dass ein lehrergeleiteter Unterricht auch in der sonderpädagogischen bzw. in inklusiver Beschulung erfolgreich sein kann.

5.5.4
Schülervoraussetzungen sind für jede Form von Unterricht in Gruppen und Klassen notwendig

Der bisherige Argumentationsgang lautet ungefähr: Schulklassen als Gruppen haben Nachteile, weil sie den optimalen individuellen Lernprozess stören können. Mit Hilfe eines komplexkapazitativen Unterrichtsstils, der zur psychologischen Verkleinerung von Schulklassen führt, sind die Probleme zum großen Teil lösbar. Die Probleme können aber auch in anderen Unterrichtsstilen mit demselben Effekt wie bei Kounin gelöst werden. Alle machen mit und Fehlverhalten ist selten, das kann auch in anderen Unterrichtsformen und -konzepten geschehen. Viele Faktoren können daran beteiligt werden.

Aus dieser Tatsache ergeben sich Anforderungen an viele Instanzen: Lehrkräfte, Schüler, die Unterrichtsorganisation, das Schulsystem und die Bildungspolitik. Zur Überwindung des Gruppennachteils kann man also bei allen genannten Faktoren ansetzen. Die Leistung, die diese Instanzen erbringen müssen, um den Gruppennachteil zu überwinden, sollen „pädagogische Investitionen" genannt werden.

Es sind – so meine abschließende These – pädagogische Investitionen nötig, um den Nachteil der Erziehung und Bildung in Gruppen zu kompensieren. Unterrichthalten ist zuallererst eine kompensatorische Tätigkeit. Die pädagogische Investition ergibt sich aus dem Differenzbetrag zwischen *a priori* vorhandenen Nachteilen und Vorteilen der Gruppenunterweisung, die je Klasse schwanken. Die empirisch nahezu überall negative Bilanzsumme (es mag da Ausnahmen geben) erfordert Investitionen, die aus verschiedenen Quellen kommen können: Energie der Institution, Lehrkraftenergie, Schülerenergie und Elternenergie summieren sich zur Gesamtenergie. Zur Energie der Institution gehören z. B. Investitionen für die äußere Differenzierung, Homogenisierung der Kinder, finanzielle Investition in Schulausstattung, Lehrkraft-Schüler-Quotient, Selektionsaufwand, Material und Raum. Die Lehrkraftenergie wird durch Investitionen in Materialvorbereitung, Didaktik, Organisation, Methodik, Techniken des Gruppenführungsverhaltens, psychophysiologische Fitness, Trainings- und Ausbildungsinvestitionen etc. gestellt. Die Kosten der Schüler betreffen u. a. Wohlverhalten, Regelbeachtung, Frustrationstoleranz, Anpassungsleistung an das Kollektiv, Mitwirkung an der Unterrichtsarbeit und Herstellung der Unterrichtsvoraussetzungen. Die Eltern müssen beispielsweise in die Vorbereitung der Kinder für die Schule, in die erzieherische Unterstützung des Norm- und Regelsystems dort, in Hilfe, Nachhilfe und emotionale Unterstützung bei Problemen investieren (These von der Mehrschultrigkeit der Lastenverteilung).

Die Entscheidung für eine der Investitionsstrategien der o. g. Instanzen wird z. B. davon abhängen,

- wo die Investitionen am nötigsten sind und wo man am effektivsten pädagogisch investieren kann (Schulsystem, Lehrer, Eltern, Kinder, Material),
- von der sozialen Erwünschtheit (Konformität) der pädagogischen Leistung (Strafe ist unerwünscht – Überzeugung erwünscht), sowie
- von den Möglichkeiten der Realisierung, der in den Strategien jeweils verlangten Leistungen (verfügbare menschliche und materielle Ressourcen). Können diese Investitionen erbracht werden?

Es wird hier in Analogie zum Erhaltungssatz der Energie die Vermutung geäußert, dass bei allen o. g. Strategien der psychologischen Reduzierung der Gruppengröße die Gesamtsumme der pädagogischen Investitionen stets gleich bleibt. Aus Platzgründen kann die Beweisführung nur exemplarisch sein: in einer populärwissenschaftlichen Broschüre zur „freien Arbeit" von Gerve (1991, S. 21) heißt es: „das Einüben von Regeln" ist die entscheidende Grundlage für ein Gelingen der freien Arbeit. Solche Regeln könnten sein: „störe niemanden bei der Arbeit; such dir in Ruhe etwas aus, bearbeite die Aufgabe bis zum Ende, kontrolliere selbst, räume wieder auf; bewege dich ruhig im Klassenraum und arbeite stets so leise, dass sich die anderen auf ihre Arbeit konzentrieren können; geh sorgfältig mit den Arbeitsmaterialien um; suche Aufgaben aus, die nicht zu leicht und nicht zu schwer für dich sind; suche dir Aufgaben aus verschiedenen Lernbereichen; halte fest, was Du gearbeitet hast; wenn du etwas sagen oder fragen willst, geh zu demjenigen hin; hilf, wenn du helfen kannst; laß dir helfen, wenn du nicht weiterkommst; frage zuerst Mitschüler, dann den Lehrer; usw."

Im Klartext: Der Verfasser setzt derart stark auf die Strategie der Selbst- und Miteinanderbeschäftigung, dass die Kosten für die Schaffung der Voraussetzungen (Kinderenergie und Elternenergie) maßlos in die Höhe schnellen. Kinder, die diese Voraussetzungen haben, brauchen nicht mehr in die Schule – sie könnten mit einem Ausweis für die Stadtbibliothek ausgestattet werden und dem Recht auf gelegentliche Sprechstunden bei einem Experten. Der Ansatz *freie Arbeit* gaukelt in dieser Fassung eine patente Methode vor, indem die Hauptinvestition in die Schülervoraussetzungen verschoben wird.

Die psychologische bzw. virtuelle Reduzierung der Gruppengröße ist ein Nullsummenspiel – wir können lediglich die Hauptlasten zwischen verschiedenen potentiellen Investoren verschieben. Bei den Kouninschen Dimensionen übrigens trägt die Lehrkraft die Hauptlast der Energieaufwendung.

Von großer Bedeutung dürfte es deshalb sein, insbesondere Schüler zu einem Verhalten anzuregen, dass die Probleme heterogener Schulklassen erträglicher macht. Die Unterrichtung der Schüler in heterogenen Gruppen und Klassen werden wegen der Heterogenität nicht einfacher, sondern schwieriger. Es wird von den Schülern, damit das Modell des *gemeinsamen Lernens* funktioniert, ein mehr an Disziplin zu erwarten sein. Gemeinsames Lernen erfordert von Schülern mehr Disziplin, also eine Sekundärtugend – pädagogisch und politisch-historisch lange Zeit geächtet. Dabei ist Disziplin nur eine funktionale Notwendigkeit, um in Gruppen unterrichten zu können und nicht Ausdruck undemokratischer autoritärer Ideologien.

Man kann drei Eigenschaften genauer benennen (R. Dollase, 2014, 10–11), die psychologische Voraussetzungen für das Gelingen des Lernens in heterogenen Gruppen sind:

- *Indolenz*, d.h. Schmerzfreiheit gegenüber Ablehnung und ungünstigen Vergleichen, Störungen in der Lernumgebung, Verlieren bei Leistungsvergleichen. Der Schüler muss unempfindlich werden gegen Schulversagen und eigene Minderleistungen, gewissermaßen desensibilisiert. Er darf sich über das Verlieren, die ausbleibende Anerkennung oder das informelle Ausgrenzen nicht aufregen. Er muss es stoisch ertragen können oder aber seine Frustration beherrschen. Abneigung gegen andere Schüler, Ärger über Beleidigungen muss er schnell vergessen oder aber seine sich daran anschließende Erregung perfekt beherrschen können (*anger management*, vgl. R. Dollase, 2010).
- *Willigkeit*, d.h. Schüler müssen sich führen lassen können, sie sind führbar, sie lassen sich begeistern, sie tun das, was man ihnen sagt, sie sind gehorsam und sie sind formbar. Unterricht kann nur wirken, wenn die Schüler mitmachen und tun, was von ihnen verlangt wird. Je schwieriger die Zusammensetzung der Schulklasse, umso notwendiger.
- *Geduld*, d.h. Schüler müssen warten können, sie müssen Rücksicht nehmen können, sie müssen Leerlauf ertragen können, sie müssen asynchrone Vorgänge erdulden können, sie müssen mit Unterforderung aber auch mit Überforderung zurecht kommen, sie müssen Bedürfnisse aufschieben. Leerlauf dürfen sie nicht nutzen, um zu stören.

Der Aktionsrat Bildung hat im Jahre 2014 eine Stressliste für rund 50 verschiedene Berufe vorgelegt. Auf den ersten Plätzen dieser Liste findet man als besonders stressgeplagt: Lehrer an der Sonderschule, Berufsschullehrer, andere Lehrer, Lehrer an Realschulen, Lehrer an Grundschulen, Lehrer an Hauptschulen, Schulleiter, Kindergärtner, Krankenpfleger, Altenpfleger etc. Alle anderen Berufe haben deutlich weniger Stress. Besonders gering ist er bei reinen Büroberufen, dort wo man nicht durch das Verhalten der Klienten gestört wird. Eine Schweizer Untersuchung hat herausgefunden (Ulich, Inversini & Wülser, 2002), dass es insbesondere das „störende Verhalten einzelner Schüler" (70.7 % starke und eher starke Belastung) und die „zu große Heterogenität einer Schulklasse"(55.3 % starke und eher starke Belastung) sind, die den Lehrern das Leben schwer machen.

5.5.5
Binnendifferenzierung ist keine Lösung der Gruppenprobleme, sondern eine Problembeschreibung

Binnendifferenzierung ist eine Problembeschreibung und keine Lösung. Dieser etwas provokante Satz ergibt sich aus der Beobachtung dessen, was in heterogenen Schulklassen bei Binnendifferenzierung geschieht. Zunächst einmal hatte Meyer (1984) experimentell nachgewiesen, dass die Zuweisung zu unterschiedlich schweren Aufgaben im Beisein der anderen Klassenmitglieder eine Botschaft sein kann, wen man für begabt und wen man für weniger begabt hält. Lehrkräfte, die dann lautstark verkünden, dass in jeder Gruppe mindestens ein starker Schüler sein müsse, verkennen ebenfalls den brisanten Sprengstoff, der im sozialen Vergleich steckt. Beobachtungen der Binnendifferenzierung zeigen allerdings nicht nur Diskriminierung bei Aufgabenzuweisung, bei Hilfeleistung und der Rückmeldung über die Arbeit – sondern häufig auch Inaktivität, d. h. einige Schüler arbeiten in den Gruppen und die anderen schreiben ab. Die Artikulation von Hilfsbedürftigkeit bei Binnendifferenzierung kann von den anderen Schülern wahrgenommen werden und gilt als Eingeständnis, dass man Probleme mit dem Unterrichtsstoff hat. Das mag bei Grundschülern problemlos akzeptiert werden, in der Sekundarstufe I, insbesondere in der Pubertät, sind solche Vergleiche den Schülern meistens unangenehm. Ein weiteres Problem ist die Kontrolle der gedanklichen Wege der Schüler bei selbständiger Gruppen- oder Alleinarbeit. Da nicht alle auf ein Tafelbild bzw. auf ein Problem hin synchron orientiert werden, sondern die Schüler an unterschiedlichen Problemen unterschiedlicher Schwierigkeit und in unterschiedlichen Phasen arbeiten, wird die Rückmeldung über das richtige oder nicht richtige Vorgehen der Schüler meist einem Kontrollzettel, den man sich selber von der Fensterbank holen kann, überlassen.

Durch die weite Verbreitung dieser Art binnendifferenzierter Gruppen- bzw. Selbstarbeit in Gruppen können, wie auch schon in der Untersuchung von Nuthall (2007) beschrieben wurde, falsche Rückmeldungen (80 % der Rückmeldungen durch Gleichaltrige sind falsch) die Schüler durch ihre Mitschüler erreichen bzw. die Rückmeldung ist, wenn sie nur aus der richtigen Lösung auf einem Kontrollbogen besteht, nicht instruktiv für die Verbesserung von Fehlern.

Bei Hattie (2009) findet man für Lehrererwartungen $d = 0.43$: Lehrer sollten von den Schülern nicht zu wenig erwarten. Andererseits ist der Verzicht auf Etikettierung der Schüler („der kann nicht mathematisch denken") mit einer Effektstärke von $d = 0.61$ verbunden (*not labeling students*). Auch das sind Ergebnisse, die bei der Binnendifferenzierung bedacht werden müssen.

5.6
Zusammenfassung

Gruppennachteile können also, um die vorangegangenen Ausführungen zusammenzufassen, durch Eigenschaften der Lehrkraft kompensiert bzw. gelöst werden. Ein lehrergeleitete Unterricht kann die Gruppenprobleme überwinden, wenn er sich stark an den Klassenführungstechniken von Kounin (2006) und vergleichbaren Empfehlungen orientiert. Gleichzeitig ist das Investment der Schüler für einen Unterricht in der Gruppe und insbesondere in heterogenen Gruppen zu stärken. Wenn Schüler sich wohl verhalten d. h. Disziplin zeigen, können heterogene Gruppen für die Unterrichtung einfacher zu handhaben sein. Die oft empfohlene Binnendifferenzierung kann zu Inaktivität, zu Diskriminierung aber auch zu unvollständiger und falscher Rückmeldung an die Schüler führen. Aus diesem Grunde können Vorschläge zur Binnendifferenzierung eigentlich nur als Problembeschreibung, in der simplen Form einer unterschiedlichen zieldifferenten Behandlung von Schülern nicht direkt als Lösung aufgefasst werden, da zahlreiche negative Nebenwirkung wissenschaftlich nachgewiesen und praktisch auch beobachtbar sind.

Klassenführung und lehrergeleitete Unterricht – überraschend an dieser Analyse ist, das beides offenbar eine Einheit bilden kann und damit ein erfolgversprechender Weg zur Bewältigung der Heterogenität von Schulklassen ist.

Literatur

Albrecht, G. (1999). Methodische Probleme der Erforschung sozialer Probleme. In G. Albrecht, A. Groenemeyer & F. W. Stallberg (Hrsg.), *Handbuch Soziale Probleme*. (S. 768–882) Opladen, DE: Westdeutscher Verlag.

Aktionsrat Bildung (Hrsg.) (2014). *Psychische Belastungen und Burnout beim Bildungspersonal. Empfehlungen zur Kompetenz- und Organisationsentwicklung.* Münster, DE: Waxmann.

Bandura, A. & Walters, R. H. (1963). *Social Learning and personality development.* New York, NY, USA: Holt, Rinehart & Winston.

Berk, L. (1971). Effects of variations in the nursery school setting on environmental constraints and children's mode of adaptation. *Child Development, 42*, 839–869.

Bloom, B. S. (1984). The 2 sigma problem: The search for methods of group instruction as effective as one-to-one tutoring. *Educational Researcher, 13*, 4–16.

Brandtstädter, J. (1980). Gedanken zu einem psychologischen Modell optimaler Entwicklung. *Zeitschrift für klinische Psychologie und Psychotherapie, 28*, 209–222.

Brandtstädter, J. (2011). *Positive Entwicklung. Zur Psychologie gelingender Lebensführung.* Heidelberg, DE: Spektrum.

Davis, A. & Havighurst, R. J. (1946). Social class and color differences in childrearing. *American Sociological Review, 11*, 698–710.

Delitsch, J. (1900). Über Schülerfreundschaften in einer Volksschulklasse. *Zeitschrift für Kinderforschung, 5*, 150–163.

Dollase, J. (2014). *Himmel und Erde. In der Küche eines Restaurantkritikers.* Aarau, CH: AT.

Dollase, R. (1974). *Struktur und Status.* Weinheim, DE: Beltz.

Dollase, R. (1976). *Soziometrische Techniken* (2. Aufl.). Weinheim, DE: Beltz.

Dollase, R. (1979). *Sozial-emotionale Erziehung in Kindergarten und Vorklasse.* Hannover, DE: Schroedel.

Dollase, R. (1984). *Grenzen der Erziehung.* Düsseldorf, DE: Schwann.

Dollase, R. (1985). *Entwicklung und Erziehung. Angewandte Entwicklungspsychologie für Pädagogen.* Stuttgart, DE: Klett.

Dollase, R. (1993). Zwischen Scio und Nescio – Zur Optimierung der lokalen Effektivität pädagogischer Tätigkeitsfelder. In H. Bauersfeld & R. Bromme (Hrsg.), Bildung und Aufklärung. Festschrift für Helmuth Skowronek (S. 59–68). Münster, DE: Waxmann.

Dollase, R. (1995). Der respektlose Umgang mit der Wirklichkeit – Eine aktuelle Pathologie der Überbewertung von Sprache oder: Das Carl Einstein Syndrom. In J. Lauffer & I. Volkmer (Hrsg.), *Kommunikative Kompetenz in einer sich wandelnden Medienwelt* (S. 199–211). Opladen, DE: Leske + Budrich.

Dollase, R. (2000). Kinder zwischen Familie und Peers. Ergebnisse soziometrischer Zeitwandelstudien in Kindergärten, Grund- und Hauptschulen zwischen 1972 und 1976. In Herlth, A., Engelbert,A., Mansel, J., & Palentin, C. (Hrsg.), *Spannungsfeld Familienkindheit* (S. 176–191). Opladen, DE: Leske + Budrich.

Dollase, R. (2009). Kritik der Qualitätssicherung – Bürokratische, sinnlose und sinnvolle Wege zu mehr Qualität. *Zeitschrift für Politische Psychologie, 14*, 435–452.

Dollase, R. (2012). Classroom Management. Theorie und Praxis des Umgangs mit Heterogenität *Handbuch Schulmanagement* (Vol. 142). München, DE: Oldenbourg.

Dollase, R. (2014). Ein anderer Blick auf das Soziale Lernen: Nachteile der Schulklasse durch Selbstbeherrschung überwinden. *Gruppendynamik und Organisationsberatung, 45*, 45–56.

Dollase, R. (2015). *Gruppen im Elementarbereich*. Stuttgart, DE: Kohlhammer.

Dollase, R. (2016). *Die psychologische Verkleinerung von Schulklassen und Gruppen. Grundriss einer Investitionslehre des guten Unterrichts* (Arbeitstitel). Hohengehren, DE: Schneider(in Vorbereitung).

Dollase, R., Bieler, A., Ridder, A., Köhnemann, I. & Woitowitz, K. (2000). Nachhall im Klassenzimmer. In W. Heitmeyer & R. Anhut (Hrsg.), *Bedrohte Stadtgesellschaft* (S. 199–255). Weinheim, DE: Juventa.

Doyle, W. (1986). Classroom organization and management. In M. C. Wittrock (Ed.), *Handbook on research on teaching* (3 ed., pp. 392–431). New York, NY, USA: Macmillan.

Doyle, W. (2006). Ecological approaches to classroom management. In C. M. Evertson & C. Weinstein (Eds.), Handbook of classroom management (pp. 97–125). Mahwah, NJ, USA: Erlbaum.

Dustmann, C., Puhani, P. A. & Schönberg, U. (2014). *The long-term effects of early track choice* (IZA DP, No. 7897). Hannover, DE: Universität Hannover.

Eheart, B. & Leavitt, R. (1989). Family day care: Discrepancies between intended and observed caregiving practices. *Early Childhood Research Quarterly, 4*, 145–162.

Eichhorn, C. (2008). *Classroom-Management*. Stuttgart, DE: Klett Cotta.

Einstein, C. (1973). *Die Fabrikation der Fiktionen*. Reinbek, DE: Rowohlt.

Evertson, C. M. & Weinstein, E. A. (Eds.) (2006). *Handbook of classroom management*. Mahwah,NJ, USA: Erlbaum.

Falbo, T. & Polit, D. F. (1986). Quantitative review of the only child literature: Research evidence and theory development. *Psychological Bulletin, 100*, 176–189.

Felten, M. (2013). *Auf die Lehrer kommt es an! Für eine Rückkehr der Pädagogik in die Schule*. Gütersloh, DE: Gütersloher Verlagshaus.

Foucault, M. (1974). *Dies ist keine Pfeife*. München, DE: Hanser.

Gerve, F. (1991). *Freiarbeit*. Lichtenau, DE: AOL.

Hattie, J. (2003). *Teachers make a difference: What is the research evidence?* Australian Council for Educational Research Annual Conference on building teacher quality, Auckland, AU: University of Auckland.

Hattie, J. (2009). *Visible learning, A synthesis of over 800 meta-analyses relating to achievement*. London, GB: Routledge.

Hattie, J. (2012). *Visible learning for teachers*. London, GB: Routledge.

Hattie, J. & Yates, G. (2014). *Visible learning and the science of how we learn*. New York, NY, USA: Routledge.

Helmke, A. (1992). Bedingungsfaktoren der Schulleistung. In K. H. Ingenkamp, R. S. Jäger, H. Petillon & B. Wolff (Hrsg.), *Empirisch pädagogische Forschung 1970–1990 in der BRD* (S. 595–602). Weinheim, DE: Deutscher Studienverlag.

Hofer, F. J. (1989). *Kundenorientiertes Verkaufsverhalten* (2. Aufl.). Köln, DE: Böhlau.
Jackson, P. W. & Wolfson, B. J. (1968). Varieties of constraint in a nursery school. Young Children, 60, 22–27.
Jenzer, C. (1991). *Die Schulklasse*. Bern, CH: Lang.
Kerschensteiner, G. (1921). *Die Seele des Erziehers und das Problem der Lehrerbildung*. Leipzig, DE: Teubner.
Kounin, J. (1970). *Discipline and group management in classrooms*. New York, NY, USA: Holt, Rinehart & Winston
Kounin, J. S. (1976). *Techniken der Klassenführung*. Bern, CH und Stuttgart, DE: Huber und Klett.
Kounin, J. S. (2006). *Techniken der Klassenführung*. Münster, DE: Waxmann.
Lemlech, J. (1988). *Classroom management*. New York, NY, USA: Longman.
Lewin, K., Lippitt, R. & White, R. K. (1939). Patterns of aggressive behavior in experimentally created social climates. *Journal of Social Psychology, 10*, 271–301.
Louis, B. (Hrsg.) (1976). *Lehrer- und Schülerverhalten in wechselseitiger Bezogenheit*. Donauwörth, DE: Auer.
Marenbach, J. (1985). *Gruppendynamik zwischen Koerperbehinderten und Nichtbehinderten. Soziometrie in der Begegnung mit Koerperbehinderten*. Berlin, DE: Marhold.
Marzano, R. J. (2000). *A new era of school reform: Going where the research takes us*. Aurora, CO, USA: Mid Continent Research for Education and Learning.
McGrath, J. E. (1991). Time, interaction and performance (TIP): A theory of groups. *Small Group Research, 22*, 147–174.
Mehrabian, A. (1981). *Silent messages: Implicit communication of emotions and attitudes (2 ed.)*. Belmont, TN, USA: Wadsworth.
Meyer, W. U. (1984). *Das Konzept von der eigenen Begabung*. Bern, CH: Huber.
Nuthall, G. A. (2007). *The hidden lives of learners*. Wellington, NZ: New Zealand Council for Educational Research.
Rogers, C. (1984). *Lernen in Freiheit. Zur Bildungsreform in Schule und Universität*. München, DE: Kösel.
Rost, D. (2013a). Handbuch Intelligenz. Weinheim, DE: Beltz.
Rost, D. (2013b). Interpretation und Bewertung pädagogisch-psychologischer Studien: Eine Einführung (3. Aufl.). Bad Heilbrunn, DE: Klinkhardt.
Schorb, A. O. & Louis, B. (1982). *Unterrichtsanalyse – Ein Grundkurs im Medienverbund*. München, DE: TR Verlagsunion
Tausch, R. & Tausch, A. (1977). *Erziehungspsychologie* (8. Aufl.). Göttingen, DE: Hogrefe.
Terhart, E. (2011). Has John Hattie really found the holy grail of research on teaching? An extended review of visible learning. *Journal of Curriculum Studies, 43*, 425–438.
Terhart, E. (Hrsg.) (2014). *Die Hattie-Studie in der Diskussion. Probleme sichtbar machen*. Seelze, DE: Kallmeyer Klett.

Ulich, E., Inversini, S. & Wülser, M. (2002). *Arbeitsbedingungen, Belastungen und Ressourcen der Lehrkräfte des Kantons Basel-Stadt*. Zürich, CH: Institut für Arbeitsforschung und Organisationsberatung.

Wang, M. C., Haertel, G. D. & Walberg, H. J. (1993). Toward a knowledge base for school learning. *Review of Educational Research, 63*, 249-294.

White, B. L., Kaban, B., Shapiro, B. & Attonucci, J. (1977). Competence and experience. In I. C. Uzgiris & F. Weizmann (Eds.), *The structuring of experience* (pp.115-152) New York, NY, USA: Plenum.

Wicklund, R. A. & Gollwitzer, P. M. (1982). *Symbolic self completion*. Hillsdale, N.J., USA: Erlbaum.

Wilke, H. & van Knippenberg, A. (1992). Gruppenleistung. In W. Stroebe, M. Hewstone, J.-P. Codol & G. M. Stephenson (Hrsg.), *Sozialpsychologie. Eine Einführung* (S. 333-368). Berlin, DE: Springer.

Wilke, H. & Wit, A. (2001). Gruppenleistung. In W. Stroebe, K. Jonas & M. Hewstone (Hrsg.), *Sozialpsychologie. Eine Einführung* (S. 497-536). Berlin, DE: Springer.

Winnefeld, F. (1967). *Pädagogischer Kontakt und pädagogisches Feld* (4. Aufl.). München, DE: Reinhardt.

Wygotski, L. S. (1964). *Denken und Sprechen*. Berlin, DDR: Akademie Verlag.

Detlef H. Rost (Hrsg.)

Intelligenz, Hochbegabung, Vorschulerziehung, Bildungsbenachteiligung

2010, 208 Seiten, br., 29,90 €,
ISBN 978-3-8309-2377-0
E-Book: 26,90 €, ISBN 978-3-8309-7377-5

Dieser Band versammelt aktuelle empirische Forschungsergebnisse aus Pädagogik und Psychologie sowie Perspektiven, die sich im Umfeld von Intelligenz, Hochbegabung, vorschulischer Förderung und Bildungsbenachteiligung eröffnen. Trotz differierender Fragestellung bestätigen die Autoren in ihren Beiträgen die außerordentliche Bedeutung von Intelligenz bzw. Begabung, Förderung und sozialem Hintergrund für die persönliche Entwicklung, insbesondere auch für Schulleistungen und diverse Facetten des Lebenserfolgs. Die Ergebnisse der langjährigen Studien sind somit für die Institutionen Schule, Schulverwaltung und Schulpolitik von besonderer Bedeutung und sollten bei deren Entscheidungen zur Optimierung des nachhaltigen Bildungserfolgs aller Kinder und Jugendlichen zur Kenntnis genommen werden.

Mit Beiträgen von Wilfried Bos, Magdalena Buddeberg, Rainer Dollase, Joan Freeman, Detlef H. Rost, Frank M. Spinath und Tobias C. Stubbe.